Oldenbourg Interpretation
Band 76

Oldenbourg Interpretationen
Herausgegeben von
Klaus-Michael Bogdal und Clemens Kammler

begründet von
Rupert Hirschenauer (†) und Albrecht Weber

Band 76

Anna Seghers
# Das siebte Kreuz

Interpretation von
Ursula Elsner

Oldenbourg

Der Interpretation liegt folgende Taschenbuchausgabe zugrunde:
Anna Seghers, Das siebte Kreuz. Berlin: Aufbau ⁵1996 u. ö. (Band 05151).
Daraus wird zitiert wie folgt: (II/I, 84). Die erste römische Ziffer bezeichnet das
Kapitel, die zweite den Abschnitt, die arabischen Zahlen die entsprechende Seite
des Primärtextes. Dadurch kann auch eine andere, nicht seitenidentische Ausgabe
anstelle der o. g. benutzt werden.

Zitate sind halbfett gekennzeichnet.

Die Deutsche Bibliothek – CIP-Einheitsaufnahme
**Elsner, Ursula:**
Anna Seghers, Das siebte Kreuz / interpretiert von Ursula Elsner. -
1. Aufl. - München : Oldenbourg, 1999
  (Oldenbourg-Interpretationen ; Bd. 76)
  ISBN 3-486-88696-7

Das Papier ist aus chlorfrei gebleichtem Zellstoff hergestellt, ist säurefrei und
recyclingfähig.

© 1999 Oldenbourg Schulbuchverlag GmbH, München, Düsseldorf, Stuttgart
www.oldenbourg-bsv.de

Das Werk und seine Teile sind urheberrechtlich geschützt. Jede Nutzung in
anderen als den gesetzlich zugelassenen Fällen bedarf deshalb der vorherigen
schriftlichen Einwilligung des Verlages. Hinweis zu § 52 a UrhG: Weder das Werk
noch seine Teile dürfen ohne eine solche Einwilligung eingescannt und in ein
Netzwerk eingestellt werden. Dies gilt auch für Intranets von Schulen und
sonstigen Bildungseinrichtungen. Der Verlag übernimmt für die Inhalte, die
Sicherheit und die Gebührenfreiheit der in diesem Werk genannten externen Links
keine Verantwortung. Der Verlag schließt seine Haftung für Schäden aller Art aus.
Ebenso kann der Verlag keine Gewähr für Veränderungen eines Internetlinks
übernehmen.

Bei den Zitaten, Literaturangaben und Materialien im Anhang ist die neue
Rechtschreibung noch nicht berücksichtigt.

1. Auflage 1999   R
Druck  10  09  08  07  06
Die letzte Zahl bezeichnet das Jahr des Drucks.

Umschlagkonzept: Mendell & Oberer
Typografisches Gesamtkonzept: Gorbach GmbH, Buchendorf
Lektorat: Ruth Bornefeld, Usha Swamy
Herstellung: Lutz Siebert-Wendt
Satz: jürgen ullrich typosatz, Nördlingen
Druck und Bindung: Appl Druck, Wemding

ISBN:       3-486-**88696**-7
ISBN: 978-3-637-**88696**-4  (ab 1.1.2007)

# Inhalt

Vorwort *9*

1 **Der historisch-biografische Kontext des Romans** *11*
1.1 Exil und Exilliteratur 1933–1945 *11*
1.1.1 Leben und Wirken von Anna Seghers im Exil *21*

2 **Das entstehungsgeschichtliche Umfeld** *25*
2.1 Authentische Stoffbezüge und Vorstufen des Romans *27*
2.2 Gestaltung des nationalsozialistischen Alltags *29*
2.3 Osthofen und ›Westhofen‹ – Wirklichkeit und Fiktion *37*

3 **Analyse und Interpretation des Romans** *43*
3.1 Titelmetapher und Widmung *43*
3.2 Raum- und Zeitverhältnisse *47*
3.3 Aufbau und Struktur des Romans *51*
3.3.1 Kompositionsverfahren *51*
3.3.2 Flucht als Romanfabel *54*
3.4 Sprachlich-stilistische Gestaltung des Romans *57*
3.4.1 Erzählperspektive und Erzählweise *62*
3.4.2 Realistische Darstellung mit Mitteln des Fantastischen *64*
3.5 Figurenkonstellation *72*
3.5.1 Das Personal des Romans *72*
3.5.2 Georg Heisler – ein Held? *77*
3.5.3 Sieben Flüchtlinge – viele KZ-Schicksale *83*
3.5.4 Die Repräsentanten des Nationalsozialismus *89*

4 **Rezeption des Romans** *98*
4.1 Publikationsgeschichte *98*
4.2 Der Film »The Seventh Cross« (1944) *99*
4.3 Theater- und Hörspielfassungen *108*
4.3.1 Das Hörspiel »Das siebte Kreuz« (1955) *108*
4.3.2 Das Drama »Das siebte Kreuz. Ein deutsches Volksstück« (1981) und zwei amerikanische Theaterfassungen (1943 und 1949) *110*
4.3.3 Das Hörspiel »Die Jacke« (1985) *114*

5   Intertextuelle Bezüge  *116*
5.1   Wiederaufnahme von Romanfiguren in späteren
      Erzählungen  *118*
5.1.1 »Das Ende« (1945) – Zillichs Flucht und Suizid nach
      dem Krieg  *119*
5.1.2 »Die Saboteure« (1946) – Sabotage in der Munitionsfabrik
      bei Griesheim  *123*
5.1.3 »Vierzig Jahre der Margarete Wolf« (1958) –
      Wallaus Schwester erinnert sich  *126*

**Unterrichtshilfen**  *130*
1  Didaktische Aspekte  *130*
2  Sekundärliteratur für den Unterricht  *132*
3  Unterrichtsreihen  *135*
4  Unterrichtssequenzen  *137*
5  Klausurvorschläge  *148*
6  Tafelbilder  *149*
7  Materialien  *152*

**Anhang**  *164*
Anmerkungen  *164*
Literaturverzeichnis  *173*
Zeittafel zu Leben und Werk  *180*

Anna Seghers mit ihren Kindern,
kurz vor der Flucht ins Exil
(Foto: Privatbesitz Ruth Radvanyi)

Passfoto von Anna Seghers um 1941
(Foto: Privatbesitz Ruth Radvanyi)

Anna Seghers nach schwerer
Krankheit im mexikanischen Exil,
um 1944
(Foto: Privatbesitz Ruth Radvanyi)

Anna Seghers, 78-jährig
(Foto: Barbara Köppe)

# Vorwort

Der Roman DAS SIEBTE KREUZ wird immer wieder mit Superlativen bedacht, er gilt als **das bedeutendste Buch des Exils über das Dritte Reich**[1] und als Meisterwerk im Schaffen der Autorin. **Es ist das einzige epische Werk der gesamten deutschen Exilliteratur, in dem nicht nur mit gerechtem Zorn Partei genommen wird, sondern – aus der Ferne – ein menschlich glaubhaftes Bild des verfinsterten Deutschland gelungen ist**, schreibt der wie ANNA SEGHERS aus Rheinhessen stammende Carl Zuckmayer:

> Da lebt unsere alte Stadt, die Gassen, der Dom von Mainz, schon im Sog der Verhältnisse, doch unvergänglich durch das Wort. Da entschleiert sich die Rheinebene, das wellige Land zwischen Worms und Mainz, zu einer geschichtsträchtigen Landschaft von europäischer Weltsicht ... Da steht der Schäfer Ernst am Taunushang, wie von Dürer gezeichnet.[2]

Die wechselhafte Rezeptionsgeschichte des Romans, die mit seiner Vermarktung im amerikanischen Buchgeschäft und der Verfilmung in Hollywood begann, sich mit der Verleihung des Büchner-Preises an die aus Mexiko heimgekehrte Autorin nach dem Krieg verheißungsvoll fortsetzte und mit der Kanonisierung an ostdeutschen Bildungseinrichtungen sowie der jahrzehntelangen Ignoranz im westdeutschen Kulturbetrieb in die Sackgasse geriet, hat das Buch nahezu unbeschadet überstanden. Aus dem Streit um die Person ANNA SEGHERS in der Phase des Kalten Krieges im Nachkriegsdeutschland ist es ebenso herausgehalten worden wie aus dem deutsch-deutschen Literaturstreit nach der Wiedervereinigung. **Was immer wir in Zukunft über Anna Seghers noch erfahren sollten, unsere Dankbarkeit für ihre besten Bücher hat davon unberührt zu bleiben**[3], konstatierte Marcel Reich-Ranicki 1990 anlässlich der erneuten Lektüre des Romans, nachdem die Autorin durch ihre negative Erwähnung in den Memoiren von Walter Janka ins Zwielicht geraten war.

DAS SIEBTE KREUZ ist einer der meistgelesenen und meistinterpretierten Texte, manche immer wieder zitierten Sätze aus dem Roman haben geradezu aphoristischen Charakter angenommen: **Jetzt sind wir hier. Was jetzt geschieht, geschieht uns**, oder: **Wir fühlten alle, wie tief und furchtbar die äußeren Mächte in den Menschen hineingreifen können, bis in sein Innerstes, aber wir fühlten auch, daß es im Innersten etwas gab, was unangreifbar war und unverletzbar**. Bei jeder erneuten Lektüre kann man neue und überraschende Details und Zusammenhänge entdecken, denn der Roman verfügt über eine Tiefenstruktur, die sich einer endgültigen Entschlüsselung zu entziehen scheint. Manches bleibt in der Schwebe, wird durch topologische Verweise auf Märchen, Sagen, Mythen und Legenden auf eine parabolische Ebene gehoben. So kommt der Text unterschiedlichen Rezeptionsbedürfnissen entgegen. Die einen beziehen ihr Lesevergnügen aus der spannend erzählten Fluchtgeschichte, anderen erscheint sie eher nebensächlich und nur als Aufhänger für die Darstellung des Alltags im nationalsozialistischen Deutschland. Die einen tun sich schwer mit der Einordnung der Figur des Schäfers Ernst, für die anderen erwächst gerade aus den an diese Figur geknüpften Reflexionen die Faszination der Geschichte. Immer wieder wird eine durch die Lektüre des Romans ausgelöste Betroffenheit artikuliert, die aus der überzeugenden Schilderung der Lebens- und Leidenswege der Menschen unter der Terrorherrschaft des Nationalsozialismus die Zeitereignisse greifbarer erscheinen lässt, als dies historische Fakten allein zu leisten vermögen. All dies macht die unterrichtliche Behandlung des Romans aber nicht unbedingt leichter, denn der **Weg zwischen einem bloß faktenorientierten Unterricht [...] einerseits, einer ›kurzschlüssigen Moralisierung‹ (Jürgen Habermas) der Väter- und Großväter-Vergangenheit andererseits, ist schmal und muß wohl in jeder Unterrichtssituation neu gesucht werden.**[4]

Hinweis für die Benutzer/innen:
Der Interpretation liegt folgende Taschenbuchausgabe zugrunde: Anna Seghers, Das siebte Kreuz. Berlin: Aufbau [5]1996 u. ö. (Band 05151). Daraus wird zitiert wie folgt: (II/I, 84). Die erste römische Ziffer bezeichnet das Kapitel, die zweite den Abschnitt, die arabischen Zahlen die entsprechende Seite des Primärtextes.

# 1 Der historisch-biografische Kontext des Romans

## 1.1 Exil und Exilliteratur 1933–1945

Die hier betrachtete Epoche ist in erster Linie an historischen Daten orientiert und kann sich weder auf ein verbindliches philosophisch-ideologisches Programm noch auf einen einheitlichen ästhetisch-künstlerischen Stil berufen. Dennoch besitzt die Literatur des Exils ein eigenes, literaturhistorisch unverwechselbares Gepräge und ist in ihrem Kern eine auf den deutschen Faschismus bezogene, politisch oppositionelle Literatur, selbst wenn die antifaschistische Grundtendenz sehr unterschiedliche Ausprägungen erfuhr. Exilliteratur umfasst alle zwischen 1933 und 1945 außerhalb Deutschlands entstandenen Werke deutscher Autorinnen und Autoren, die das Dritte Reich vor allem aus politischen und rassischen Gründen verlassen mussten. Die Tatsache, dass viele Künstler schon vor der Machtergreifung der Nationalsozialisten im Januar 1933 geflohen und erst Jahre nach der bedingungslosen Kapitulation der deutschen Wehrmacht im Mai 1945 zurückgekehrt oder ganz im Ausland geblieben sind, zeigt die Problematik dieser Epocheneinteilung.

Was führte dazu, dass mehr als eine halbe Million Menschen, darunter etwa 2500 Schriftsteller und Publizisten, ihr Land verließen? Schon lange bevor Hindenburg am 30. Januar 1933 Hitler zum Reichskanzler berief und damit den Nazis die Macht übergab, fühlten sich pazifistische und politisch links Orientierte durch antidemokratische, antisemitische und militaristische Tendenzen des geistigen und künstlerischen Lebens in der niedergehenden Weimarer Republik bedroht. Nach der Machtergreifung wurde das, was zuvor Tendenz war, zur Regel. Bereits am 4. Februar 1933 erließ Hitler eine Notverordnung, die das Recht der freien Meinungsäußerung, der Presse- und Versammlungsfreiheit einschränkte. Der preußische Innenminister Göring wurde beauftragt, aus den Reihen der SA und SS eine polizeiliche Eingreiftruppe zu formieren. Mit dem Reichstagsbrand am 27. Februar, den man den Kommunisten zuschrieb, wurde ein Vorwand geschaffen schon einen Tag später eine Verordnung zur **Abwehr kommunistischer, staatsgefährdender Gewaltakte und zum Schutze von Volk und Staat** zu erlassen, nach der elementare Grundrechte der Weimarer Verfassung bis auf weiteres außer Kraft gesetzt wurden.[5] Schon in der Nacht vom 27. zum 28. Februar begann man mit der Verhaftung Tausender Kommunisten und Sozialdemokraten, die auf längst vorbereiteten Listen erfasst waren. Auch der mit Anna Seghers verheiratete Lázló Radványi, Leiter der

Marxistischen Arbeiterschule (MASCH) in Berlin, war registriert und entging der Verhaftung durch die SA am Morgen des 28.2.1933 nur knapp (vgl. Kapitel 1.2). Das Ermächtigungsgesetz vom 23. März besagte, dass Gesetze künftig nicht mehr der parlamentarischen Zustimmung bedurften, sondern allein von der Reichsregierung beschlossen werden konnten. Damit war die Demokratie endgültig durch die Diktatur ersetzt. Ein ›Gesetz zur Wiederherstellung des Berufsbeamtentums‹ diente zur Entfernung aller politisch und rassisch missliebigen Personen aus dem Staatsdienst, die Mitglieder und das Vermögen der am 2. Mai aufgelösten Gewerkschaften wurden der ›Deutschen Arbeitsfront‹ einverleibt. Es folgten groß angelegte Säuberungen der deutschen Kultur. Politisch unbequeme und jüdische Mitglieder der in **Reichsschrifttumskammer** umbenannten Preußischen Akademie der Künste – unter ihnen Ernst Barlach, Alfred Döblin, Leonhard Frank, Ricarda Huch, Käthe Kollwitz, Heinrich und Thomas Mann und Franz Werfel – wurden ausgeschlossen oder zum ›freiwilligen‹ Austritt genötigt. Am 13. März wurde der Schutzverband Deutscher Schriftsteller (SDS) aufgelöst und an seiner Stelle der Reichsverband deutscher Schriftsteller gegründet. In allen Universitätsstädten des Deutschen Reiches inszenierten die Nazis am Abend des 10. Mai Bücherverbrennungen, die als spontane Aktionen der Studentenschaft ausgegeben wurden. Die längst auf schwarzen Listen erfasste *Asphaltliteratur* wurde aus Bibliotheken, Buchhandlungen und Verlagssortimenten ausgesondert, ohne dass jedoch die Nazis darauf verzichteten, verbliebene Bestände weiterhin gegen Devisen ins Ausland zu verkaufen. Öffentliche Diffamierungen, Publikationsverbote und Absetzungen von Theateraufführungen sollten zur Ausmerzung der **zersetzenden jüdisch-kulturbolschewistischen Bestrebungen** führen. Neugründungen von Gesellschaften (›Dürer‹- und ›Deutschbund‹, ›Wartburgkreis Deutscher Dichter‹, ›Witiko-Bund‹, ›Wilhelm-Raabe-‹ und ›Friedrich-Hebbel-Gesellschaft‹) sollten den Schein von Traditions- und Kulturbewusstsein wahren.

Diese Situation führte dazu, dass schon in den ersten Wochen des Jahres 1933 eine große Fluchtwelle einsetzte, die bis zum Kriegsausbruch 1939 anhielt. Denen, die als besonders staatsgefährdend eingestuft wurden, entzog man die Staatsbürgerschaft. Auf der ersten Ausbürgerungsliste finden sich vor allem Politiker, aber auch Schriftsteller wie Kurt Tucholsky, Ernst Toller, Heinrich Mann und Lion Feuchtwanger.

Das Exil war für humanistisch und demokratisch eingestellte Politiker und in der Öffentlichkeit stehende Intellektuelle und Künstler sowie für alle wegen ihrer Rasse oder ihres Glaubens Ausgegrenzten und Verfolgten eine Frage auf Leben und Tod. Wer blieb, musste in die innere Emigration gehen, Berufsverbot in Kauf nehmen oder Verhaftung und Ermordung entgegensehen. Erich Mühsam, am 28.2.1933 verhaftet, wurde ins KZ Oranienburg verschleppt, gefoltert und im Juli 1934 dort erhängt. Jura Soyfer wurde 1937 verhaftet und 1939 in Buchenwald ermordet, Walter Bertram wurde in Ungarn von der SS gefunden und umgebracht, Walter Landauer kam in Bergen-Belsen um, Carl von Ossietzky, der Deutschland nicht verlassen wollte, starb an den Folgen der Misshandlungen im KZ Sachsenhausen. Weltweite Proteste und die Verleihung des Friedensnobelpreises während der Haft konnten zwar Ossietzkys Entlassung bewirken, aber nicht sein Leben retten. Während er dem tödlichen Irrtum erlag, dass man den deutschen Ungeist nur von innen heraus bekämpfen könne, machte sich Oskar Maria Graf keinerlei Illusionen über das brutale Regime. Er empfand es als Beleidigung, dass die Nazis vergessen hatten, seine Bücher zu verbrennen. Für ihn war es eine Frage der Selbstachtung, dem nationalsozialistischen System seine Gefolgschaft zu versagen. Brecht dichtete darauf:

> Als das Regime befahl, Bücher mit schädlichem Wissen / Öffentlich zu verbrennen, und allenthalben / Ochsen gezwungen wurden, Karren mit Büchern / Zu den Scheiterhaufen zu ziehen, entdeckte / Ein verjagter Dichter, einer der besten, die Liste der / Verbrannten studierend, entsetzt, daß seine / Bücher vergessen waren. Er eilte zum Schreibtisch / Zornbeflügelt, und schrieb einen Brief an die Machthaber. / Verbrennt mich! schrieb er mit fliegender Feder, verbrennt mich! / Tut mir das nicht an! Laßt mich nicht übrig! Habe ich nicht / Immer die Wahrheit berichtet in meinen Büchern? Und jetzt / Werd ich von euch wie ein Lügner behandelt! Ich befehle euch: / Verbrennt mich![6]

Zum ersten Jahrestag der Bücherverbrennung wurde auf Initiative von L. Feuchtwanger, H. Mann, R. Rolland und A. Gide die ›Deutsche Freiheitsbibliothek‹ in Paris gegründet, die auf einen Anfangsbestand von 20 000 Bänden verweisen konnte und es sich zur Aufgabe machte, die gesamte deutsche Exilliteratur zu sammeln. In der Hoffnung bald zurückkehren zu können, siedelten sich die meisten Flüchtlinge zunächst in den grenznahen Ländern und Regionen an (Saarland, Frankreich, Tschechoslowakei, Österreich, Schweiz, Dänemark). Besonders Prag und Paris galten in den ersten Jahren als wichtige kulturelle Zentren, von denen Initiativen für die Gründung von Exilverlagen und -zeitschriften sowie für Schriftstellerkongresse ausgingen, die den deutschen Exilanten eine große internationale Öffentlichkeit verschafften. Später entstanden Exilzentren in Moskau, Mexiko und Santa Monica. In die UdSSR, die vornehmlich für Mitglieder der KPD als Exilland in Frage kam und die nach den stalinistischen Säuberungen und dem Hitler-Stalin-Pakt ein unsicheres Terrain wurde, gingen u. a. Johannes R. Becher, Willi Bredel, Hugo Huppert, Alfred Kurella, Heinrich Vogeler und Friedrich Wolf. Mexiko wurde dank der großzügigen Aufnahmepolitik seines Präsidenten Lázaro Cárdenas zum wichtigsten lateinamerikanischen Exilland (vgl. Kap. 1.2), aber auch in Argentinien, Brasilien, Chile, Kolumbien, Kuba und Uruguay, insgesamt in achtzehn Ländern Lateinamerikas, suchten deutsche Schriftsteller, Schauspieler und Wissenschaftler Zuflucht, unter ihnen Erich Arendt, Ludwig Renn, Bodo Uhse, Anna Seghers und Stefan Zweig. Santa Monica, ein Stadtteil von Los Angeles, galt wegen der Prominenz der hier Versammelten – unter ihnen Bertolt Brecht, Lion Feuchtwanger, Bruno und Leonhard Frank, Heinrich und Thomas Mann, Ludwig Marcuse, Erich Maria Remarque, Franz Werfel und Carl Zuckmayer – als ein **neues Weimar**. Neben diesen Zentren waren auch Großbritannien (Elisabeth Bergner, Sigmund Freud, Stefan Zweig), Skandinavien (Bertolt Brecht, Hans Henny Jahnn, Kurt Tucholsky, Peter Weiss) und Palästina (Louis Fürnberg, Else Lasker-Schüler, Arnold Zweig) Fluchtorte oder Zwischenstationen für deutsche Intellektuelle. Der **Abschied von Europa** (H. Mann) hatte sich unausweichlich angekündigt mit der Rückgliederung des Saargebietes im Januar 1935, der Annexion Österreichs im März 1938, dem Kriegsbeginn im September 1939 und den Besetzungen Norwegens und Dänemarks im Frühjahr, der Kapitulation Belgiens und der Niederlande im Mai und der Besetzung Frankreichs im Juni 1940. Flüchtlinge mit gültigen Papieren hatten zunächst keine Schwierigkeiten, während die Ausgebürgerten, die mit der Aberkennung der Staatsbürgerschaft ihre Pässe verloren hatten, ebenso zu diplomatischen Verwicklungen der Gastländer mit der deutschen Regierung führten wie jene Deutsche, die vom Ausland aus das NS-Regime angriffen. Die Angst, entweder von den Behörden der Exilländer als vermeintliche Nazis, als Angehörige der so genannten ›Fünften Kolonne‹ oder von der Gestapo als Nazigegner verhaftet zu werden, überschattete den Exilalltag. Wie groß die Gefahr war, im besetzten Frankreich interniert oder nach Deutschland ausgeliefert zu werden und wie zermürbend sich der Kampf mit den Behörden um Ausreisepapiere und Schiffspassagen auf die Befindlichkeit der Flüchtlinge auswirkte, hat ANNA SEGHERS nicht nur selbst erlebt, sondern in ihrem Roman *TRANSIT* auch eindrucksvoll beschrieben.

In Frankreich, wo deutsche Flüchtlinge zunächst mit großer Sympathie und Hilfsbereitschaft aufgenommen worden waren, schlug die Anteilnahme allmählich in Gleichgültigkeit und offene Feindseligkeit um. Nach der Kollaboration des Marschalls Pétain mit der deutschen Besatzungsmacht kam es zur Einrichtung von ca. 100 Internierungslagern.[7] Lion Feuchtwanger erinnert sich in seinem Erlebnisbericht *DER TEUFEL IN FRANKREICH* an das **Gefühl des Ekels, der Trauer, der Empörung, der äußersten Erniedrigung**[8], das er in Les Milles empfand, wo er zusammen mit etwa 3000 Flüchtlingen aus Deutschland, Österreich und der Tschechoslowakei unter widrigsten hygienischen Umständen in einer verlassenen Ziegelei interniert war.

War es für die meisten schon unendlich schwer gewesen, Deutschland zu verlassen, so bedeutete für manche die zuweilen ausweglos erscheinende Situation des Exils den endgültigen psychischen Zusammenbruch: Kurt Tucholsky nahm sich 1935 in Schweden das Leben, Ernst Toller erhängte sich 1939 in New York, Ernst Weiß, auf dessen Schicksal SEGHERS Roman TRANSIT verweist, beging 1940 in Paris Selbstmord. Walter Hasenclever brachte sich 1940 in Les Milles, das schon sein zweites Internierungslager war, beim Heranrücken der faschistischen Wehrmacht um, Walter Benjamin starb an Herzversagen im spanischen Grenzort Port Bou und Stefan Zweig vergiftete sich zusammen mit seiner Frau Lotte 1942 im brasilianischen Petropolis. Aus Zweigs Abschiedsbrief geht hervor, dass er die geistige Heimatlosigkeit und den Gedanken an eine trostlose Zukunft nicht länger ertragen könne. Zu dem Schmerz über das Abgeschnittensein von der Heimat und der Scham über die vom deutschen Faschismus ausgehende Barbarei kam für die Schriftsteller vor allem der Verlust des deutschen Sprachraums und die Unerreichbarkeit des deutschen Lesepublikums. Für einige bedeutete dies das zeitweilige Versiegen ihrer literarischen Produktion (Elias Canetti, Hermann Broch), andere verstummten als Dichter ganz, weil sie nie wieder den Zugang zu einem neuen Publikum fanden (Bruno Frank, Roda Roda). Hinzu kam, dass bis auf wenige Ausnahmen die meisten finanzielle Not litten, ihren Lebensunterhalt in unterprivilegierten Berufen verdienen mussten oder überhaupt keine Arbeitserlaubnis erhielten. Eine weitere Belastung stellten die hartnäckigen Ressentiments dar, mit denen sich die Exilanten konfrontiert sahen: **Die meisten Leute schauten uns schief an,** erinnert sich Klaus Mann, **nicht weil wir Deutsche waren, sondern weil wir Deutschland verlassen hatten. So etwas tut man nicht […] Ein anständiger Mensch hält zu seinem Vaterland, gleichgültig, wer dort regiert. Wer sich gegen die legitime Macht stellt, wird suspekt, ein Querulant, wenn nicht gar ein Rebell.**[9]

Die Frage, ob es angemessener sei Deutschland zu verlassen oder im Lande zu bleiben, führte auch unter den Autoren zu heftigem Streit. So meinte Frank Thiess, die **weichgepolsterte Existenz** von Thomas Mann in Florida angreifend, deutsche Schriftsteller (jüdische ausgenommen) hätten die **Ehrenpflicht** gehabt, im Lande zu bleiben, anstatt **aus den Logen und Parterreplätzen des Auslandes der deutschen Tragödie** zuzuschauen.[10] Das Schicksal von Ossietzky und vieler anderer, die auf die Toleranz und Verhandlungsbereitschaft der Nazis gehofft hatten, vermag diese These zu widerlegen und der Streit um die Bezeichnung Emigranten das Problem zu verdeutlichen. Der Begriff Emigrant war nicht nur deshalb umstritten, weil

Der historisch-biografische Kontext des Romans 15

die Nazis ihn in abfälliger Weise benutzten, um **Emigrantenpresse** und **Emigrantenschrifttum** als minderwertig zu stigmatisieren, sondern vor allem deshalb, weil er die Motivation der von den Nazis zur Flucht Gezwungenen in absichtsvoller Weise verkannte. Wieder war es Brecht, der 1937 in einem Gedicht das Problem auf den Punkt brachte: **Immer fand ich den Begriff falsch / den man uns gab: Emigranten […] Vertriebene sind wir, Verbannte / Und kein Heim, ein Exil soll das Land sein, das uns aufnahm […]**[11]

Da man in den Gastländern die durch die faschistische Propaganda verzerrte politische Situation in Deutschland nicht real einschätzen konnte und demzufolge nicht immer zu unterscheiden wusste zwischen den ›guten‹ und den ›schlechten‹ Deutschen, fühlten sich die Flüchtlinge, die von den Nazis als Nestbeschmutzer, Vaterlandsverräter und minderwertige Autoren diffamiert wurden, ständig in der Defensive. Eine die gesamte Exilzeit andauernde Kontroverse kreiste um den Sinn des Exils, um Anspruch und Aufgaben der Exilliteratur, um das Selbstverständnis der Exilautoren: **Sie müssen aus einem namenlosen Dasein ein öffentliches machen […] und beweisen, daß nicht der Zufall sie in ihre Lage versetzt hat**[12], forderte Heinrich Mann. Andere sahen die vornehmliche Aufgabe der deutschen Exilanten darin, das falsche Deutschland zu entlarven, **die Stimme des stummgewordenen Volkes […] vor aller Welt**[13] zu sein und die deutschen Kulturtraditionen fortzusetzen, gerade weil sich die Nazis auf die großen Geister von Lessing bis Raabe beriefen. Klaus Mann sah die Funktion der deutschen Schriftsteller im Exil

> als eine doppelte: Einerseits ging es darum, die Welt vor dem Dritten Reich zu warnen und über den wahren Charakter des Regimes aufzuklären, gleichzeitig aber mit dem *anderen, besseren* Deutschland, dem illegalen, heimlich opponierenden also, in Kontakt zu bleiben und die Widerstandsbewegung in der Heimat mit literarischem Material zu versehen, andererseits galt es, die große Tradition des deutschen Geistes und der deutschen Sprache, eine Tradition, für die es im Lande ihrer Herkunft keinen Platz mehr gab, in der Fremde lebendig zu erhalten und durch den eigenen schöpferischen Beitrag weiterzuentwickeln.[14]

Ebenso unterschiedlich wie die Fluchtmotive der Exilautoren waren jedoch auch die literarischen und politischen Überzeugungen und Ambitionen. Diese Heterogenität führte in den Debatten, die vor allem in den zahlreich gegründeten Exilzeitschriften geführt wurden, zuweilen zu unüberbrückbaren Polarisierungen. Heftig umstritten war die Frage einer **postfaschistischen Perspektive**, die davon abhängig gemacht wurde, ob das deutsche Volk mit dem Faschismus gleichzusetzen sei oder ob es neben dem barbarischen auch ein **anderes Deutschland** gebe, inwiefern das deutsche Volk also eine Kollektivschuld auf sich geladen oder Potenzen einer Erneuerungsfähigkeit bewahrt habe. Thomas Mann war der Meinung, dass das Volk zwar verführt worden, damit aber nicht der Verantwortung enthoben sei und folglich bestraft werden müsse und Buße zu leisten habe. Lion Feuchtwanger hingegen vertrat die Ansicht, das deutsche Volk sei von den Nazis unterworfen worden wie andere europäische Völker auch und damit nicht pauschal zu verurteilen. Er verwahrte sich gegen eine primitive, verallgemeinernde Völkerpsychologie, die *den* Deutschen, *den* Amerikanern etc. einen fixen Nationalcharakter zuschrieb, und wandte sich gegen die Identifizierung des deutschen Volkes mit dem Faschismus. Damit polemisierte er auch gegen eine auf den Engländer Lord Robert Vansittart zurückgehende Meinung, die Politik der Nationalsozialisten sei ein typischer Ausdruck des deutschen Nationalcharakters. Vansittart hatte eine Traditionslinie deutscher chauvinistischer, inhumaner Politik von Friedrich II. über Bismarck bis zu Hitler konstruiert, um seine These zu stützen. Dieser als **Vansittarismus** bezeichneten, im Ausland sehr verbreiteten These hielt Feuchtwanger die Opfer des antifaschistischen Widerstands entgegen und verwies auf die zu Tausenden in Zuchthäusern und Konzentrationslagern eingekerkerten Antifaschisten und rassisch Ausgegrenzten. Zudem erinnerte er an die Kollaborationsbereitschaft vieler ausländischer Regierungen mit Hitler. Im Kontext dieser Debatte erst ist die eigentliche Bedeutung zu ermessen, die dem Roman DAS SIEBTE KREUZ in jener Zeit zukam:

> Übrigens hat man mich oft gefragt, wieso dieses Buch [...] solchen Eindruck hervorrufen konnte, da man doch dort [in den USA] fast nur über die Greuel, die die Deutschen verursacht hatten, Bescheid wußte und mit Recht geschrieben hat. Wahrscheinlich haben die Menschen durch das Buch gemerkt, daß Hitler sich vor allen Dingen gegen sein eigenes Volk, gegen den Antifaschismus in seinem eigenen Land gewandt hat. Das haben die Menschen gesehen, und das hat sie erstaunt.[15]

Von besonderer Bedeutung für die Diskussion literarischer und aktuell-politischer Fragen sowie für die Selbstdarstellung der Exilschriftsteller in der Öffentlichkeit waren die drei Schriftstellerkongresse 1935 und 1938 in Paris und 1937 in Madrid. Eine der Hauptreferentinnen auf allen drei Kongressen war ANNA SEGHERS. In ihrer Rede über **Vaterlandsliebe auf dem ›1. Internationalen Schriftstellerkongreß zur Verteidigung der Kultur‹** sah sie sich veranlasst, über den sozialen Inhalt des Nations- bzw. Vaterlandsbegriffes nachzudenken, den sie von den Nationalsozialisten demagogisch missbraucht sah:

> Vielleicht ist um keine Idee raffinierter und trivialer geschriftstellert worden als um die: Vaterland. Um keine wurde mehr Schultinte von Knaben verkleckst, mehr Blut von Männern vergossen. Ideen, mit denen viel ge-

hochstapelt wird, sind verdächtig. Da nennen Schriftsteller *Vaterland* den gültigsten aller immanenten Werte, den gültigsten aller Stoffe. Andere entlarven ihn als einen Betrug oder eine Fiktion [...] Fragt erst bei dem gewichtigen Wort *Vaterlandsliebe,* was an eurem Land geliebt wird. Trösten die heiligen Güter der Nation die Besitzlosen? [...] Tröstet die *heilige Heimaterde* die Landlosen?[16]

Im Aufsatz DEUTSCHLAND UND WIR führte ANNA SEGHERS 1941 diesen Gedanken weiter: Deutschland ist unser Land [...] überlassen wir nicht dem Feind, dem Faschismus die Darstellung, die Auslegung unserer Geschichte [...] jeder Quadratmeter unseres Landes zeugt von der Begabung, von der Arbeitskraft, von dem Widerstand seines Volkes.[17]

Der zwischen diesen beiden Essays entstandene Roman DAS SIEBTE KREUZ ist der geglückte Versuch den Begriff Vaterland positiv zu besetzen, indem er auf den eisernen Bestand (II/III, 91), auf die überdauernde Kraft und Erneuerungsfähigkeit des Volkes verweist. Die deutsche Exilliteratur präsentiert sich in der ganzen Breite der literarischen Gattungen und Genres, den größten Raum der während der Exilzeit veröffentlichten Texte nehmen jedoch Prosaformen, speziell Romane, ein (vgl. Kapitel 2.2). Während es für Dramen in den Exilländern kaum Aufführungsmöglichkeiten gab und sich Lyrik aufgrund von Übersetzungs- und Rezeptionsschwierigkeiten der Vermarktung weitestgehend sperrte, waren Romane besonders geeignet zunächst auch in der jeweiligen Fremdsprache zu erscheinen. Die Werke der deutschen Exilautoren erschienen sowohl in ausländischen Verlagen (z. B. Emil Oprecht, Zürich, und Meshdunarodnaja Kniga, Moskau) als auch in deutschsprachigen Abteilungen bestehender Verlage (z. B. Querido und der Allert deLange in Amsterdam) sowie in eigens gegründeten Exilverlagen, deren bekanntester der Malik-Verlag in Prag, Aurora in New York und El Libro Libre in Mexiko waren. Darüber hinaus gründete Willi Münzenberg in Paris die Editions du Carrefour, wo 1933 der erfolgreichste Titel des Exils, die Dokumentation BRAUNBUCH ÜBER REICHSTAGSBRAND UND HITLERTERROR erschien. In Karlsbad entstand der Graphia-Verlag und in Stockholm der Neue Verlag. Zum Erscheinungsbild der deutschen Exilliteratur gehören auch die Exilzeitschriften, in denen literarische Neuerscheinungen veröffentlicht werden konnten und die außerdem auch ein Forum für die Diskussion politisch-moralischer Fragen waren.[18]

Nach dem Krieg nahm sowohl die Herausgabe der im Exil entstandenen Werke als auch die Erforschung des Phänomens Exil in Ost- und Westdeutschland – beginnend mit der Rückkehr der Exilanten – einen sehr unterschiedlichen Verlauf. Während in der SBZ/DDR Westemigranten vielfach unter Verdacht gerieten, nicht mehr auf der richtigen Seite zu stehen und aus politischen und kulturpolitischen Ämtern ausgeschaltet wurden (Franz Dahlem, Paul Merker, Walter Janka), galt in den westlichen Besatzungszonen bzw. der BRD Emigration sowohl bei Schriftstellern als auch bei Politikern (Willy Brandt/Norwegen, Erich Ollenhauer/England, Ernst Reuter/Türkei, Herbert Wehner/Schweden) generell als Makel, sodass man hier fast alle Exilschriftsteller mit kommunistischer Vergangenheit oder Überzeugung bis in die 70er-Jahre diffamierte und ihr Exilschaffen ignorierte. Jürgen Serke, der Ende der 60er-Jahre begann Lebensgeschichten und Dokumente von Exilautoren aufzuarbeiten, formulierte zugespitzt: **Nach dem Zweiten Weltkrieg paßten die *Verbrannten Dichter* weder in das Bild des westlichen noch des östlichen Teils Deutschlands. Im Westen galten sie als zu links und im Osten als nicht links genug.**[19]

Eine solide wissenschaftliche Auseinandersetzung mit Exil und Exilliteratur fand zunächst weder in Ost- noch in Westdeutschland statt, wenn man auch in der SBZ/DDR von Anfang an darum bemüht war, Exilliteratur in großem Umfang zu edieren. So erschienen in der eigens dazu begründeten Reihe BIBLIOTHEK FORTSCHRITTLICHER SCHRIFTSTELLER des Aufbau-Verlags u.a. Bücher von Eduard Claudius, Lion Feuchtwanger, Hermann Hesse, Heinrich und Thomas Mann, Anna Seghers, Bodo Uhse und Arnold Zweig. Der Initiative von Hanns Wilhelm Eppelsheimer von der Deutschen Bibliothek in Frankfurt am Main ist es zu verdanken, dass in der BRD schon lange vor der öffentlichen Rehabilitierung der Exilliteratur mit ihrer systematischen Sammlung begonnen wurde.

Viele, die in den 70er-Jahren in der Bundesrepublik angefangen hatten, sich mit Exilliteratur zu befassen, beschreiben dies als eine Entdeckungsreise, die sowohl ihr politisches Bewusstsein als auch ihr Literaturverständnis verändert habe. In der Beschäftigung mit jenen Autoren, deren Bücher man im Dritten Reich verboten und verbrannt und zwanzig Jahre nach Kriegsende noch immer nicht in westdeutsche Verlagsprogramme und Curricula aufgenommen hatte, brachte vor allem die Nachkriegsgeneration ihren Protest gegen die verpasste Vergangenheitsbewältigung zum Ausdruck. Jürgen Serke spricht von einer **moralischen Abstinenz** in der Bundesrepublik der 50er- und 60er-Jahre: **Durchsetzung der Politik, Wirtschaft und Justiz mit alten Nazis, Verdrängung der Vergangenheit, Prozesse gegen NS-Täter, die nicht in Gang kamen, sich dahinschleppten oder mit Freisprüchen endeten [...] In dieser Zeit hatten die *Verbrannten Dichter*, also Menschen, die allein auf Moral bestanden, keine Chance [...].**[20] Nachdem in der Bundesrepublik seit Ende der 60er-Jahre zunächst eine bibliophil-positivistische Grundforschung betrieben wurde, die sich auf die Sammlung von Fakten und die Erfassung der weltweit verstreuten Bücher, Zeitschriften und Nachlässe konzentrierte, setzte hier sowie in

Schweden und in den USA in den 70er-Jahren eine sehr engagierte interdisziplinäre Exilforschung ein, die inzwischen auf beachtliche Ergebnisse verweisen kann. Mit der personellen Erneuerung der Hochschulen, der Erweiterung des Literaturbegriffs und der Differenzierung der literaturwissenschaftlichen Methoden fand Exilliteratur auch allmählich Eingang in die Lehrprogramme und -pläne der Universitäten und Schulen.

In der DDR gab es nach Kriegsende literaturhistorisch keine Stunde Null, man verstand Exilliteratur, die man im Wesentlichen mit antifaschistischer Literatur gleichsetzte, als Teil der deutschen Nationalliteratur und als kontinuierliche Fortsetzung der fortschrittlichen Literatur, in deren Tradition man sich stellte. Exilautoren waren willkommen, ausgewählte Exilliteratur wurde von Anfang an verlegt und gehörte zur Pflichtlektüre in den Schulen. In der wissenschaftlichen Erforschung und Edition der Exilliteratur liegen jedoch Leistung und Versagen nahe beieinander, wobei die Ursachen für Defizite weniger in fachlicher Inkompetenz von Literaturwissenschaftlern, Historikern und Verlagslektoren liegen, als vielmehr in von außen auferlegten, kulturpolitischen und parteitaktischen Zwängen. Forschungsgegenstände und Themen waren teilweise vorgegeben, Materialien nur begrenzt verfügbar, Informationsaustausch mit westlichen Forschungseinrichtungen und Publikationsmöglichkeiten begrenzt. Der Umstand, dass die Exilforschung vorgegebenen Einschränkungen und Akzentsetzungen verpflichtet war, führte zu einer selektiven Aufarbeitung der Exilliteratur, in der jene Autoren und Werke, die der gewünschten Traditionsbildung dienten, tendenziell überbewertet wurden, während andere in beiläufigen Aufzählungen unterrepräsentiert waren oder gänzlich unerwähnt blieben. Zu denen, die nur beiläufig erwähnt oder totgeschwiegen und zu **Unpersonen** gestempelt wurden, gehören Ernst Bloch, Kurt Kesten, Kurt Kläber, Arthur Köstler, Willi Münzenberg, Manès Sperber, Albin Stübs, Theodor Plevier und Karl August Witfogel, allesamt so genannte **Renegaten**, die anlässlich der Moskauer Schauprozesse und des Hitler-Stalin-Paktes, den sie als Verrat an der kommunistischen Idee empfanden, ihre Kritik am Stalinismus nicht unterdrückten und deshalb ihrerseits als **Verräter der Arbeiterklasse** gebrandmarkt wurden. Besonders verhängnisvoll und jeder um Wahrheit bemühten wissenschaftlichen Arbeit abträglich ist die Tatsache, dass literarische Texte und Zeitdokumente verstümmelt oder frisiert und Fotos retuschiert wurden, um missliebige Fragen zu verdrängen und die Erinnerung an unerwünschte Personen auszulöschen.

Tatsache ist also, dass man sich in der Zeit des Kalten Krieges in beiden Teilen Deutschlands mit der Literatur des Exils schwer tat. In der DDR spielte Exilliteratur von Anfang an eine wichtige Rolle, sie wurde aber nicht vollständig und in ihrer ganzen Widersprüchlichkeit, sondern selektiv und manipulierend, mitunter auch vorsätzlich verfälschend aufbereitet. In der BRD wurde Exilliteratur zwei Jahrzehnte lang nicht zur Kenntnis genommen bzw. als minderwertig eingestuft. Die spät einsetzende Rezeption scheute sich jedoch nicht vor der öffentlichen Darstellung von Widersprüchen und unangenehmen Wahrheiten. Bezogen auf die Seghers-Rezeption bedeutet das: Einseitige Stilisierung von Leben und Werk auf der einen Seite und Ignoranz, Diffamierung und späte Rehabilitation auf der anderen Seite. Ein vorbehaltloser, internationale Forschungsergebnisse und individuelle Erfahrungen kontrovers und produktiv einbeziehender Neubeginn wird in der 1991 gegründeten Anna-Seghers-Gesellschaft Berlin und Mainz mit Engagement und Erfolg betrieben.

### 1.1.1 Leben und Wirken von Anna Seghers im Exil

1933 musste ANNA SEGHERS Deutschland verlassen, nachdem die Polizei sie schon einmal verhaftet hatte und unter ständiger Bewachung hielt. Ihr Mann war am Morgen nach dem Reichstagsbrand der Verhaftung durch die SA nur knapp entgangen, während sie selbst in Süddeutschland weilte. Nach kurzer Station in Berlin, wo sie von Bekannten versteckt wurde, floh sie – zunächst ohne ihre Kinder, die später von den Großeltern gebracht wurden – über die Schweiz nach Frankreich. Zunächst wähnten sich die Flüchtlinge in einem **vagen Zustand, den sie für ein Zwischenstadium hielten, auf baldige Heimkehr hoffend.**[21] Eine Tagebuchnotiz vom Juni 1933 verdeutlicht, wie schwer ANNA SEGHERS der Abschied von Deutschland fiel:

> Wir haben die Kinder von der Grenze abgeholt. Wie Verrückte haben sie sich in unsere Arme geworfen, dort verharrten sie dann unbeweglich. Völlige, unendliche Sicherheit bei diesen unsteten Wesen, ihren Eltern, die doch selbst zu den Obdachlosesten dieser Welt zählten, selbst von allen Stürmen hin- und hergeworfen wurden. Das mehrfarbige, karierte Kleid der Kleinen, der Geruch ihrer Haare machen mich verrückt vor Heimweh. Franz, unser Gast, beißt sich auf die Lippen, als wir die Hosentaschen der Kleinen leeren: ein paar trockene Grashalme, ein Pfennig, eine Fahrkarte, ein Tannenzapfen: ein halbes Deutschland.[22]

Obwohl die Nationalsozialisten durchaus ein Interesse am Verbleib namhafter Autoren und Autorinnen im Lande hatten, war ihnen an der Mitarbeit der 1928 mit dem Kleist-Preis ausgezeichneten SEGHERS nicht gelegen. Als Mitglied des Bundes proletarisch-revolutionärer Schriftsteller (BPRS) und der KPD und als Jüdin war sie in den Augen der neuen Machthaber mehrfach stigmatisiert, sodass für sie und ihren politisch engagierten Mann nur die sofortige Ausreise in Frage kam, wollten sie ihre Familie nicht der Vernichtung durch die Nazis preisgeben. Acht Jahre Exil in Frankreich – unterbrochen von kurzen Aufenthalten in Österreich, Belgien und

Spanien – und sechs Jahre Exil in Mexiko: Vierzehn Jahre also sollten vergehen, bis ANNA SEGHERS nach Deutschland zurückkehren konnte. Ihre Eltern hat sie nie wieder gesehen, der Vater starb in Mainz, die Spur der Mutter verliert sich 1943 in Piaski, einem Sammellager bei Auschwitz (vgl. Kapitel 5.1.1).[23]

Die ersten Exiljahre verbrachte die Familie in Paris. Hier, zunächst im Pariser Vorort Bellevue und später in verschiedenen Verstecken lebend, begann ANNA SEGHERS mit der Arbeit am Roman *DAS SIEBTE KREUZ*, dessen Manuskript sie 1939 abschloss. Im gleichen Jahr begannen die Deutschen den Zweiten Weltkrieg, besetzten Paris und verhafteten SEGHERS Ehemann, den ungarischen Gesellschaftswissenschaftler László Radványi (Pseudonym: Johann Lorenz Schmidt). Als sich im Juni 1940 die deutschen Truppen Paris näherten, versuchte ANNA SEGHERS mit dem vierzehnjährigen Sohn Peter und der knapp zwölfjährigen Tochter Ruth nach Südfrankreich zu fliehen, musste jedoch wegen eines Luftangriffs noch einmal in die besetzte Hauptstadt zurückkehren und sich dort, getrennt von den Kindern, verbergen, um der steckbrieflich gesuchten **Frau mit zwei Kindern** nicht zu entsprechen, bis ihre französische Freundin Jean Stern ihnen zur Flucht in den unbesetzten Landesteil verhalf. Aus Pamiers, einer südfranzösischen Kleinstadt in der Nähe des Lagers Le Vernet, wo László Radványi interniert war, schrieb ANNA SEGHERS Ende September 1940 an Franz Carl Weiskopf: **Wir haben Stunden und Wochen erlebt, die ich nicht zu beschreiben wage, ich wollte im Juni mit den Kindern abfahren, aber der Zug wurde bombardiert, ich mußte zurückkehren.**[24]

Nach monatelangen, schließlich erfolgreichen Bemühungen um die Entlassung László Radványis aus dem Internierungslager und um die Ausreisegenehmigung konnte die Familie im März 1941 Marseille auf dem Dampfer Capitaine Paul Lemerle in Richtung Amerika verlassen. Wenn sie auch **länger brauchten, um dorthin zu gelangen, als Columbus**[25], so kamen sie schließlich Ende Juni nach einer Fahrt über die Antillen (Martinique, Santo Domingo) und einer Zwischenstation in Ellis Island/USA in Mexiko an. Visa und Schiffskarten hatten sie der **League of American Writers** sowie der Hilfe von F. C. Weiskopf in New York und Bodo Uhse und Ludwig Renn in Mexiko zu verdanken. In der Novelle *DAS OBDACH* (1941) und im Roman *TRANSIT* (1943), der in Marseille begonnen und auf der Überfahrt fortgesetzt wurde, finden sich zahlreiche, auf authentische Erlebnisse, Personen und Orte verweisende Details aus dem französischen Exil. Eine satirisch-verfremdete Spiegelung der verworrenen, manchmal ausweglos und absurd erscheinenden Situation der nach Ausreisepapieren und Schiffspassagen jagenden Flüchtlinge stellt die Erzählung *REISE INS ELFTE REICH* (1939) dar.

Aus Berichten von Zeitgenossen, Erinnerungen von Zeitzeugen und Briefen von ANNA SEGHERS selbst geht hervor, welch großen Gefahren und Schwierigkeiten ihre Familie ausgesetzt war. Dennoch oder vielleicht gerade deshalb gönnte sich die Autorin keine Atempause, ihre Arbeitsintensität schien sich in der Bedrängnis eher noch zu steigern. Zahlreiche dichterische und publizistische Texte erschienen in Exilverlagen, darunter fünf Romane. Der 1949 edierte Epochenroman DIE TOTEN BLEIBEN JUNG war ebenfalls schon im Exil begonnen worden. Geändert hat sich im Exil die Wahl der Stoffe. SEGHERS griff nun vornehmlich auf deutsche Ereignisse und Gestalten zurück und siedelte zwei ihrer beeindruckendsten Texte – DAS SIEBTE KREUZ und AUSFLUG DER TOTEN MÄDCHEN – sogar in ihrer unmittelbaren rheinischen Heimat an. Mit dem schon im ersten Exiljahr veröffentlichten Buch DER KOPFLOHN. ROMAN AUS EINEM DEUTSCHEN DORF IM SPÄTSOMMER 1932 eröffnet die Autorin die Reihe ihrer Deutschlandromane. Versucht sie im KOPFLOHN die politischen und sozialpsychologischen Voraussetzungen der Etablierung des Nationalsozialismus im ländlichen Milieu zu ergründen, so zeigt DIE RETTUNG den Existenzkampf der Industriearbeiter. Im SIEBTEN KREUZ schließlich gelingt es ihr, anhand eines Querschnitts durch die städtische und ländliche Bevölkerung die Auswirkungen des Systems auf den Alltag der Menschen umfassend darzustellen.

**Unser Hauptfeind ist der Faschismus**, schreib SEGHERS an Georg Lukács, **wir bekämpfen ihn mit allen physischen und intellektuellen Kräften.**[26] Ihr antifaschistisches Engagement zeigt sich nicht nur in der Themenwahl der im Exil entstandenen Werke, es ist auch ablesbar an vielen kulturpolitischen Unternehmungen jener Zeit, an denen sie maßgeblich beteiligt war. In Paris trat sie dem im Exil neugegründeten Schutzbund Deutscher Schriftsteller (SDS) bei und 1935, 1937 und 1938 hielt sie Reden auf den Internationalen Schriftstellerkongressen in Paris und Madrid. Neben Wieland Herzfelde und Oskar Maria Graf gehörte sie von 1933–1935 zum Redaktionskollektiv der Monatsschrift für Literatur und Kritik, *Neue Deutsche Blätter,* die der Prager Malik Verlag herausgab. Und von 1941–1945 schrieb sie für die in Mexiko City erscheinende Exilzeitschrift *Alemania Libre/Freies Deutschland.* In Mexiko stand sie seit 1941 als Präsidentin dem Heinrich-Heine-Klub vor und gründete am 10. Mai 1942, dem 9. Jahrestag der Bücherverbrennung in Deutschland, zusammen mit Egon Erwin Kisch und Ludwig Renn den von Walter Janka geleiteten Exilverlag El Libro Libre, der im gleichen Jahr DAS SIEBTE KREUZ in deutscher Sprache herausgab. An der 1937/38 in verschiedenen Exilzeitschriften geführten Expressionismus- bzw. Realismusdebatte beteiligte sich ANNA SEGHERS zwar nur indirekt durch einen Briefwechsel mit Georg Lukács. Dennoch schlägt sich ihre an Ernst Bloch orientierte Auffassung, die experimentelle künstlerische Formen als Ausdruck gesellschaftlicher Krisensituationen rechtfertigt und einen dogmatischen Realismusbegriff als unkünstlerisch und einengend ablehnt, in ihren Werken deutlich nieder. Sowohl die Struktur ihrer Romane als auch die thematische Ausrichtung solcher Texte wie DIE SCHÖNSTEN SAGEN VOM RÄUBER WOYNOK (1936), SAGEN VON ARTEMIS (1937) und DIE DREI BÄUME (1940) zeigen ihr Vermögen, eigene Wege jenseits der Parteilinie zu beschreiben. Zu der in Mexiko versammelten Gruppe deutscher Exilanten, die relativ klein, aber politisch außerordentlich aktiv und künstlerisch produktiv war, gehörten u. a. Alexander Abusch, Theodor Balk, Walter Janka, Leo Katz, Egon Erwin Kisch, Paul Mayer, Ludwig Renn und Bodo Uhse. Die Tatsache, dass von dort wesentliche Impulse ausgingen, ist auch daran zu ermessen, dass die Redaktion der von Alexander Abusch geleiteten Zeitschrift *Freies Deutschland* auch in anderen südamerikanischen Ländern und in den USA lebende Emigranten wie Heinrich und Thomas Mann, Lion Feuchtwanger und Oskar Maria Graf als Mitarbeiter gewann.

Die Erfahrung des mexikanischen Exils und die Beschäftigung mit der Geschichte des mittelamerikanischen und karibischen Raumes, in dem ANNA SEGHERS sechs Jahre lang lebte, wirkte noch lange nach. Dafür stehen die KARIBISCHEN GESCHICHTEN (1948/62), DAS WIRKLICHE BLAU/ EINE GESCHICHTE AUS MEXIKO (1967) und die DREI FRAUEN AUS HAITI (1980). Die erneute Begegnung mit dieser Region auf zwei Brasilienreisen 1961 und 1963, auf denen ANNA SEGHERS auch mit ihrem Freund Jorge Amado zusammentraf, fand ihren künstlerischen Niederschlag in der Erzählung DIE ÜBERFAHRT: der Geschichte einer unerfüllten Liebe zwischen dem seit Kriegsende in der DDR lebenden Tropenarzt Ernst Triebel und seiner Jugendliebe Maria Luisa, mit der er als Ernesto im brasilianischen Exil aufgewachsen war. Aus dem Essay FRAUEN UND KINDER IN DER EMIGRATION wird deutlich, dass ANNA SEGHERS das Exil gerade für Frauen als Belastung und Gefahr, aber auch als Bewährungsprobe und Chance für ein sinnerfülltes Leben zu sehen versucht hat:

> Die Frau, die die Grenze passiert hat, [...] ist hellwach, nicht bloß aus Gespanntheit, aus Erschöpfung – hellwach in ihr ist die Kraft, die vielleicht ihr Leben lang, vielleicht Jahrhunderte verschüttet war, weil niemand ihrer bedurfte. [...] Sie wird vor den ungewöhnlichsten Augenblick gestellt, auf daß sie ihn zwinge, die Züge gewöhnlichen Lebens anzunehmen, damit man ihn ertragen kann.[27]

# 2 Das entstehungsgeschichtliche Umfeld

*Ich werde einen kleinen Roman beenden, etwa 200 bis 300 Seiten, nach einer Begebenheit, die sich vor kurzem in Deutschland zutrug. Eine Fabel also, die Gelegenheit gibt, durch die Schicksale eines einzelnen Mannes sehr viele Schichten des faschistischen Deutschlands kennenzulernen*[28]. Mit diesen Worten kündigte ANNA SEGHERS am 23. September 1938 DAS SIEBTE KREUZ an. Im Sommer 1939 erschien der Romananfang in drei Nummern der von Johannes R. Becher in Moskau herausgegebenen Exilzeitschrift *Internationale Literatur*. Ob der Abbruch dieser Veröffentlichung im September eine Folge des am 23. August von Stalin unterzeichneten deutsch-sowjetischen Nichtangriffsabkommens, des so genannten Hitler-Stalin-Pakts, war oder die späteren Kapitel einfach nicht mehr in Moskau angekommen sind, ist nicht gewiss.[29] Alexander Stephan hat kaum einen Zweifel daran, er verweist darauf, dass auch die Veröffentlichung von Texten Kurellas und Feuchtwangers abgebrochen wurde und auch andere antifaschistische Aktivitäten, die **in der Sowjetunion vorerst nicht mehr erwünscht** waren, abrupt gestoppt wurden: **Über Nacht verschwanden aus den Kinos Streifen wie ›Professor Mamlock‹ und ›Familie Oppenheim‹, die nach Büchern der deutschen Exilautoren Friedrich Wolf und Lion Feuchtwanger gedreht worden waren.**[30] Auch beim Amsterdamer Querido-Verlag, bei dem die Romane DER KOPFLOHN und DIE RETTUNG erschienen waren, hatte ANNA SEGHERS mit dem SIEBTEN KREUZ kein Glück. An Wieland Herzfelde schrieb sie im Mai 1940:

> Ich brauch Dir jetzt nicht mehr zu erzählen, warum ich gerade an diesem Buch sehr hänge als Thema und als Arbeit, weil ich will, daß sowohl ich in diesem Buch einen bestimmten Grad meines Könnens zeigen kann, und weil ich will, daß eine bestimmte Phase in unserer Geschichte darin gezeigt werde […] Nun hat Querido beinah zugesagt, und selbst jetzt noch nicht abgesagt. Doch habe ich die Hoffnung ziemlich verloren.[31]

Lore Wolf berichtet über die Entstehung des Romans:

> Oftmals sah ich sie im Café de la Paix oder in einem kleinen Café am Montparnasse unter einer murmelnden Menschenmenge sitzen. Das Haar hing ihr ins Gesicht. Aber das störte sie alles nicht. Sie schrieb und schrieb. Der Bleistift flog über das Papier, und das Manuskript wuchs. Jede Woche brachte sie mir ein Bündel Blätter, die ich ins reine schrieb. Wie schwer war es manchmal, das Gekrakel zu entziffern, mich durch den Wirrwarr von Durchgestrichenem und Dazwischengekritzeltem zu finden! Und doch tat

ich diese Arbeit gern. Tief bewegt und erschüttert erlebte ich das Geschehen in der Heimat, erlebte ich die Geburt dieses weltberühmt gewordenen Werkes, das Anna Seghers kurz vor dem zweiten Weltkrieg vollendete.[32]

Auch Alexander Abusch wähnte sich beteiligt an der Entstehung des Romans, in seinem Tagebuch notierte er im März 1939: **Gerhard Eisler und ich, mit unseren Frauen, in Bellevue bei Anna Seghers. Unsere Anregung, nach ihrer Erzählung ›Der Kopflohn‹ und ihrem Roman ›Die Rettung‹, die im Jahre 1933 enden, doch den heutigen Kampf im nazistischen Deutschland zu gestalten, haben sicher dazu beigetragen, daß sie den neuen Roman, aus dem sie uns vorliest, zu schreiben begonnen hat.**[33] An Lore Wolf, die durch die Abschrift der handschriftlichen Entwürfe am Schicksal des Romans großen Anteil nahm, schrieb ANNA SEGHERS 1946: **Ach so, unser ›Siebtes Kreuz‹ hatte seltsamerweise hier einen sonderbar wilden Erfolg. Da Du ja schon hier warst, kennst Du den Teufelszauber der Publicity auf diesem Kontinent.**[34] Über das abenteuerliche Schicksal ihres Romanmanuskripts berichtet ANNA SEGHERS:

> Ich hatte es kurz vor der Besetzung Frankreichs durch die Deutschen beendet, da kam plötzlich die Evakuierung von Paris. Mein Mann war in einem französischen Konzentrationslager, und ich, allein mit meinen Kindern, wußte die Gestapo auf meiner Spur. Eine Zeit der Hetzjagd und des Verbergens folgte, dabei ging das Manuskript meines Romans verloren, und erst, nachdem ich von französischen Freunden über die Demarkationslinie gebracht wurde, erst als ich meinen Mann in Südfrankreich wiederfand, erfuhren wir, daß ein Pariser Lehrer[35] es versteckt gehalten und gerettet hatte.[36]

Später fügte sie hinzu: **Ein Exemplar des Manuskripts ist übrigens vorher nach den Vereinigten Staaten gekommen, und zwar in die Hände von Franz Weiskopf. Und Franz Weiskopf hat dafür gesorgt, daß es an einen Verlag kam.**[37] Die in diesem Interview zu findende Äußerung, ANNA SEGHERS habe ein Exemplar des Manuskripts verbrennen müssen, **damit es nicht, wenn das Haus von den Deutschen besetzt wird, ihnen in die Finger kommt und ich alle übrigen Bewohner schädige,** ist inzwischen durch eine Erinnerung ihres Sohnes modifiziert worden. Danach war es nicht SEGHERS selbst, sondern eine polnische Freundin, die mit ihm, Peter Radványi, nochmals in die verlassene Pariser Wohnung geschickt, diese bereits von der Gestapo durchsucht fand und daraufhin das Manuskript vernichtete. **Da hat die Mutter geweint, als sie das erfahren hat.**[38] Der Roman erschien 1942 zuerst in englischer und kurz darauf in deutscher Sprache in Amerika, sein deutsches Publikum erreichte er erst 1947 (vgl. Kapitel 4.1).

## 2.1 Authentische Stoffbezüge und Vorstufen des Romans

Viele Zeitgenossen waren vom Realismus, von der Authentizität des Romangeschehens fasziniert. Die Wirkung sei deshalb so **stark, ja überwältigend gewesen**, schreibt Stephan Hermlin, weil uns, die wir Deutschland vor nicht allzulanger Zeit verlassen hatten, die Heimat mit ihrer Landschaft und ihren Menschen mit bestürzender Wahrhaftigkeit begegnete. Darüber hinaus war es die Echtheit der Umstände gewesen, unter deren Bestimmung unsere Landsleute umhergingen und handelten.[39]

In ihrer Rede zum Thema Vaterlandsliebe auf dem Pariser Schriftstellerkongress 1935 machte ANNA SEGHERS deutlich, dass die Exilsituation sie dazu veranlasse, sowohl die eigene Heimat als auch die historische Weltlage klarer zu sehen. Ebenso wie die Autorin sich in Reden und Aufsätzen immer wieder mit den Phänomenen Vaterland und Heimat auseinander setzte, beschäftigte sie sich auch schon vor dem SIEBTEN KREUZ mit den Schicksalen antifaschistischer Widerstandskämpfer. Als Studien zum Roman kann man die Erzählungen MORD IM LAGER HOHENSTEIN und DAS VATERUNSER[40] betrachten, die 1933 unter einem Pseudonym in Moskau neben anderen BERICHTEN AUS DEM DRITTEN REICH erschienen. Im VATERUNSER schildert ein Ich-Erzähler das brutale Vorgehen der SA gegen eine Gruppe von Antifaschisten, MORD IM LAGER HOHENSTEIN erzählt den Leidensweg des KZ-Häftlings Fritz Gumpert, der – wie aus dem ebenfalls 1933 erschienenen BRAUNBUCH ÜBER REICHSTAGSBRAND UND HITLERDEUTSCHLAND hervorgeht, eine authentische Figur ist. Ähnlich wie im SIEBTEN KREUZ wird die Geschichte aus wechselnden Erzählperspektiven dargestellt, sodass die Leser/innen Einblick in die Psyche von Täter und Opfer erhalten. Erklärte Absicht der Herausgeber war es, **die grauenvolle, wahrhaft viehische Art, in der die […] aufgepeitschten Banden der SA und SS an den wehrlosen Gefangenen ihren Sadismus austobten […],** zur Anschauung zu bringen. Studiencharakter in Bezug auf den Roman tragen auch die Texte EIN ›FÜHRER‹ UND EIN FÜHRER[41] und HANS BEIMLER. EIN NACHRUF[42]. Über die Textcollage, in der Lebensläufe des Führers Ernst Thälmann und des ›Führers‹ Adolf Hitler gegenübergestellt werden, schrieb die *Deutsche Volkszeitung* damals:

> Die strengste Objektivität ist dadurch gewahrt, daß Anna Seghers sich in den Abschnitten über Hitler ausschließlich Zitaten aus Hitlers ›Mein Kampf‹ bedient. Die phraseologisch unerträgliche Selbstbeweihräucherung des typischen Emporkömmlings […] (Frakturschrift) wirkt so grotesk in der Gegenüberstellung des proletarischen Lebens Ernst Thälmanns (Antiquaschrift), und enthüllt drastisch die zwei Welten, zwischen denen es zu entscheiden gilt.[43]

Die Verbindung von dokumentarischem Material und Fiktion wurde bewusst eingesetzt um größtmögliche Objektivität und Überzeugungskraft der Darstellung zu erreichen. So finden sich in der Gestaltung der Kommunisten Wallau und Heisler im SIEBTEN KREUZ deutliche Züge des Münchner Reichstagsabgeordneten Hans Beimler, der im Sommer 1933 aus dem KZ Dachau floh und 1936 als politischer Kommissar des Thälmann-Bataillons bei den Internationalen Brigaden vor Madrid fiel. Der phonetische Gleichklang von Beimler und Heisler sowie Georgs wiederholtes Nachdenken über eine mögliche Zukunft im Spanischen Bürgerkrieg verweisen deutlich auf beabsichtigte Parallelen. Auch die Rede auf dem Schriftstellerkongress in Madrid deutet auf die ideelle Verwandtschaft von Hans Beimler und Georg Heisler, wenn es heißt: **Noch gibt es deutsche Menschen in diesem Land, die einen Beimler verstecken, der etwas in ihnen geweckt hat, das stärker ist als Todesfurcht [...] Für Beimler war Spanien der Schauplatz, um sein neugewonnenes Leben einzusetzen. Daß das Leben da sei, um eingesetzt zu werden, darüber war sich Beimler nie im umklaren.**[44] Sowohl der Bericht des KPD-Zentralkomitee-Mitglieds Hans Beimler – FOUR WEEKS IN THE HANDS OF HITLER'S HELL HOUNDS. THE NAZI MURDER CAMP OF DACHAU – [45] als auch der des Sozialdemokraten und Reichstagsabgeordneten Gerhard Seger – ORANIENBURG. ERSTER AUTHENTISCHER BERICHT EINES AUS DEM KONZENTRATIONSLAGER GEFLÜCHTETEN. MIT EINEM GELEITWORT VON HEINRICH MANN[46] – waren ANNA SEGHERS bekannt. Neben diesen Dokumenten stützte sich die Autorin auf Augenzeugenberichte. So befragte sie Lore Wolf nach ihrer Heimatstadt Frankfurt, **nach Lage und Namen von Straßen und Wohnvierteln, nach Schicksalen der Bewohner, nach lokalen Ereignissen**[47], und Alexander Abusch erinnert sich in einem Brief zu SEGHERS 60. Geburtstag: **Weißt Du noch, wie wir zu Dir nach Bellevue bei Paris herauskamen, als Du das SIEBTE KREUZ schriebst, und wir Dir originale Berichte von Illegalen aus Deutschland, ja auch Gespräche mit ihnen vermittelten, damit Du unmittelbar ihre Atmosphäre spüren, direkt aus ihr schöpfen konntest?**[48] Und schließlich boten auch zeitgenössische Romane Stoff, an dem sich ANNA SEGHERS orientieren konnte: Willi Bredel, DIE PRÜFUNG (1934), Wolfgang Langhoff, DIE MOORSOLDATEN (1935), und Jan Petersen, UNSERE STRASSE (1936). Auch das den Titel prägende Kreuz ist ein authentisches Detail:

> Man hatte mir oft erzählt von Vorkommnissen in Konzentrationslagern [...] ich war oft im Schweizer Teil des Rheingebietes, und ich habe viele Flüchtlinge gesprochen, und irgend jemand hat mir diese sonderbare Begebenheit – ich sage sonderbar und schrecklich zugleich –, die am allerunwahrscheinlichsten klingt, berichtet, nämlich die Sache mit dem Kreuz, an das ein Häftling gebunden wird, den man wieder gefunden hat.[49]

## 2.2 Gestaltung des nationalsozialistischen Alltags

Die im Exil entstandene Literatur wird vor allem durch drei Romanformen repräsentiert. Neben historischen Romanen, die Konstellationen der Gegenwart in der Vergangenheit aufsuchen (so z. B. Lion Feuchtwanger: DER FALSCHE NERO, 1936, und Exilromanen, die sich direkt mit der Lebenssituation der deutschen Emigranten im Ausland befassen (z. B. Klaus Mann: DER VULKAN, 1939), entstanden Deutschlandromane, in denen, wie im SIEBTEN KREUZ, die kritische Auseinandersetzung mit der nationalsozialistischen Diktatur in Deutschland erfolgte. SEGHERS' Intention, Ursachen der Entstehung und Konsolidierung des Nationalsozialismus in Deutschland und Möglichkeiten seiner Überwindung vor allem aus der Alltagsperspektive darzustellen legt die Frage nahe, in welchem Verhältnis der im Roman beschriebene Alltag zur Realität des Jahres 1937 steht.

Was wir heute über die nationalsozialistische Diktatur in Deutschland und die globalen Verluste des Zweiten Weltkrieges wissen, ist unfassbar. Weltweit 55 Millionen Opfer, zerstörte Städte, traumatisierte Überlebende. Aber was bedeutete das für den damaligen Alltag der Bevölkerung? Nach der Machtergreifung der Nationalsozialisten im Januar 1933 setzte die Regierung immer mehr verfassungsmäßige Grundrechte außer Kraft, politisch unbequeme Bürger – **Volksschädlinge** genannt – konnten ohne Haftbefehl und Gerichtsverhandlung in Schutzhaft genommen und in Umerziehungslager gebracht werden, Behinderte und Erbkranke – als **lebensunwertes Leben** abgetan – wurden in Heil- und Pflegeanstalten zur Zwangssterilisierung und Euthanasie freigegeben und ›Fremdrassige‹, also Juden, Sinti, Roma, Polen, Russen und Mischlinge aller Art wurden in Vernichtungslager deportiert und mit immer perfekteren Methoden liquidiert, verbrannt oder in Massengräbern verscharrt. **Der Tod ist ein Meister aus Deutschland**, heißt es in der »Todesfuge« von Paul Celan.

Der Alltag der Bevölkerung ging einerseits scheinbar seinen geregelten Gang, andererseits war er geprägt durch Verbote, Pflichten, verordnete Opferbereitschaft und eine zunehmende Politisierung und Gleichschaltung aller Lebensbereiche: Einseitige Information bzw. Manipulation über den Volksempfänger und Verbot des Abhörens von Feindsendern, Behinderung der freien Meinungsäußerung, Nötigung zum deutschen Gruß, zur Teilnahme an propagandistischen Veranstaltungen und zum Eintritt in nationalsozialistische Organisationen, unzureichende Lebensmittelversorgung, verordnete Eintopfsonntage, Spenden für das Winterhilfswerk, zunehmende Remilitarisierung und Aufrüstung. Die sich zuspitzende Kriegssituation war eine große Belastung für die Familien und der Ausbruch des Krieges bedeutete schließlich, dass Väter, Brüder und Söhne zur Wehrmacht einberufen wurden, ihre Gesundheit oder ihr Leben an der Front verloren, vermisst blieben oder als körperliche und seelische Krüppel zurückkehrten. Frauen, Kinder und Greise mussten sich allein durchschlagen, was auf dem Lande schwere körperliche Arbeit bedeutete und in den Städten Hunger, ständige Angst vor Bombenangriffen und Leben in Trümmern mit sich brachte.

Wie konnte es passieren, dass sich die Hitlerdiktatur in Deutschland ausbreiten und etablieren konnte, dass so viele dem ›Führer‹ zujubelten und sich von den Reden des Propagandaministers faszinieren ließen, dass so viele, gerade junge Menschen zuversichtlich in den Krieg zogen und bis zuletzt an den deutschen Endsieg glaubten? Nahmen sie nicht wahr, dass nach und nach alle ihre demokratischen Rechte beschnitten wurden, gewöhnten sie sich an die Ausgrenzung und Verfolgung ihrer politisch andersdenkenden, fremdrassigen und erbkranken Mitmenschen, an die in aller Öffentlichkeit vorgenommenen Verhaftungen, Boykottmaßnahmen gegen jüdische Geschäfte und Deportationen ganzer Familien von Juden, Sinti und Roma? Eine Erklärung für die Verführbarkeit vieler Menschen ist in der unsteten Situation am Ende der Weimarer Republik zu finden. Viele waren nach den Jahren der Weltwirtschaftskrise durch die nationalsozialistische Propaganda und den ökonomischen Aufschwung geblendet. Nachdem die Zahl der Arbeitslosen 1932 auf über sechs Millionen angestiegen war, gab es nun wieder Beschäftigung für alle – wenn auch oft in der Rüstungsindustrie oder Wehrmacht. Mit billigen Freizeitangeboten, Vergnügungsfahrten und Auslandsreisen verstanden es die Nazis, ›Kraft durch Freude‹ (KdF) zu suggerieren. Durch Veranstaltungsangebote im Rahmen des nationalsozialistischen Feierjahres, das vom Erntedankfest bis zum prunkvoll zelebrierten Reichsparteitag reichte, lenkten sie von den realen Widersprüchen ab und schufen die Illusion einer Volksgemeinschaft mit vermeintlich sozial gleichberechtigten Mitgliedern. Mütter wurden mit Verdienstkreuzen geehrt, kinderreiche Familien erhielten Sonderzuteilungen, Anpassungswillige konnten ungeahnte Karrieren machen. Die Zustimmung, die der Nationalsozialismus von Jugendlichen erfuhr, war oft getragen von Idealismus und Abenteuerdrang. Manche waren auch beeindruckt vom Erfolg der Nazis und begeisterten sich an der Kraft und Brutalität der Bewegung. Wer selbst schlecht dran war, machte gern andere – das Ausland oder die Juden – für sein Schicksal verantwortlich und fand im Sturmlokal gleich gesinnte Kameraden. Die Adjektive jüdisch und bolschewistisch verkamen zu Pejorativa für alles von den Nazis Verabscheute. Viele Deutsche sahen im Regierungswechsel eine reale Alternative, empfanden ein gewachsenes National- und Selbstbewusstsein nach der Schmach des Versailler Diktatfriedens und sogar ein Überlegenheitsgefühl aufgrund der propagandistisch in Szene gesetzten außenpolitischen Erfolge und des konjunkturellen Aufschwungs, von dem sie zunächst profitierten. Nach all den Jahren rasch wechselnder Regierungen und wiederholter Parlamentsauflösungen entsprach ›der Führer‹ dem Bedürfnis vieler unzufriedener und verunsicherter Bürger nach einem starken Mann.

Wie prägend autoritäre Strukturen wirkten und wie sehr Heranwachsende durch Tradition und Familienerziehung dazu neigten, den Nationalsozialismus als natürliche Entwicklung hinzunehmen, schildert Lore Walb[50] im Kommentar zu ihren zwischen 1933 und 1945 entstandenen Tagebüchern:

> Das emotionale Klima in unserer Familie war herzlich-spontan und warm. Ich hatte gute, liebevolle Eltern, nicht sonderlich streng. Das schloß Schelten und mütterliche Ohrfeigen nicht aus, auch nicht – wart' nur, wenn Papa heimkommt! – das den Sohn treffende Rohrstöckchen. An uns Kinder gaben sie die Erziehungsziele ihrer Zeit weiter. Ein Kind ist lieb, wenn es brav ist, unartige Kinder sind böse. Kinder haben – na, wird's bald! – zu gehorchen, den Mund zu halten, wenn Erwachsene reden: Das verstehst du erst, wenn du mal groß bist. Hierarchie im Kleinen wie im Großen. Erstrebenswerte Tugenden, vorweg: üb immer Treu und Redlichkeit, sind Ordnung, Fleiß und Strebsamkeit, Pflichtbewußtsein und Zuverlässigkeit. Was man verspricht, hält man auch. Armut schändet nicht. Wer den Pfennig nicht ehrt […] Untertanengeist, Anpassung, Abhängigkeit von äußeren Autoritäten […] Was werden die Leute sagen?! Oder auch: Wenn das jemand sieht! Geistige Unabhängigkeit, Kritikvermögen waren ebenso Fremdworte wie Kompromiß- und Kritikfähigkeit. Familie, die heile Welt. Nicht nur ihre Normen, auch ihre Vorurteile gaben meine Eltern an ihre Kinder weiter, die Abneigung gegen die ›Roten‹, die ›Sozis‹, nicht weniger gegen die ›Schwarzkuttler‹, die katholische Minderheit im Städtchen, ganz zu schweigen von der Ablehnung der ›Homos‹ oder ›Zigeuner‹ […].[51]

Kinder und Jugendliche wurden systematisch mit der nationalsozialistischen Weltanschauung indoktriniert. Nicht nur in den 35 nationalsozialistischen Erziehungsanstalten und 12 Adolf-Hitler-Schulen, sondern in allen gleich geschalteten Bildungseinrichtungen standen Fahnenappelle, Rassenkunde und wehrsportliche Ertüchtigung auf dem Plan. Alle Altersgruppen wurden ab 1933, und mit zunehmendem Druck durch die Jugenddienstpflicht ab 1939, in Massenorganisationen erfasst: Die Zehn- bis Vierzehnjährigen im Deutschen Jungvolk und bei den Jungmädeln, die Vierzehn- bis Einundzwanzigjährigen in der Hitlerjugend (HJ) und im Bund Deutscher Mädel (BDM). Viele Kinder fühlten sich durchaus angezogen von der Ferienlager- und Pfadfinderromantik, den verlockenden Freizeitangeboten und dem Gemeinschaftsgeist, und für viele, in eine Zeit der Arbeits- und Perspektivlosigkeit hineingeborene Jugendliche bedeutete die Mitgliedschaft in den Verbänden zunächst eine hoffnungsvolle Alternative. Aber die Freizeitangebote nahmen immer mehr den Charakter kriegsvorbereitender Aktionen an: Wehrsportveranstaltungen, ideologische Schulungen, Ernteeinsätze, Sammlungen für das Winterhilfswerk gehörten zum Pflichtenkatalog. Jungen wurden zu ›deutschen Tugenden‹ wie Gehorsam und Tapferkeit, Gefolgschaftstreue und Kameradschaft sowie zum Hass auf Juden und **bolschewistische Untermenschen** erzogen, Mädchen wurden in Gesundheitslehre und Haushaltskunde unterwiesen. Das vom Nationalsozialismus propagierte Frauenideal, das die Frau auf ihre Rolle als Ehefrau und Mutter reduzierte und ihr den Zugang zu höherer Bildung erschwerte, ging hinter die Ansätze der Frauenemanzipation der Weimarer Republik zurück. Ein großzügiges Ehestandsdarlehen galt nach vier Geburten als **abgekindert,** wurde aber nur gesunden, **erbbiologisch unbedenklichen** Paaren gewährt und setzte voraus, dass die Ehefrau nicht erwerbstätig war.

Nicht alle ließen sich durch die Errungenschaften des Systems blenden, viele durchschauten die Nazipropaganda, ahnten oder wussten, wohin Hitlers ›Volkswohlfahrt‹ und Welteroberungswahn führen würden. Sie litten unter den Ungerechtigkeiten und Anmaßungen der Machthaber, unter der permanenten Bedrohung durch das Terrorsystem, schämten sich der Erniedrigung und Ausgrenzung Andersdenkender, hatten Mitleid mit den diskriminierten jüdischen Nachbarn und osteuropäischen Fremdarbeitern. Aber jeder Widerstand, jeder Zweifel an der Unfehlbarkeit des Führers bedeutete Lebensgefahr. Die **Heimtücke-Verordnung** ahndete jede Kritik an der Regierung, selbst harmlose Äußerungen, mit schweren Strafen. Dieser Konflikt zwischen der permanenten Bedrohung durch die Nazis und dem Festhalten an menschlichen und moralischen Werten wird in ANNA SEGHERS' Roman ins Zentrum gerückt. Viele, die mit dem KZ-Häftling Georg Heisler in Berührung kommen, verhalten sich menschlich, sie sind bereit zu helfen und setzen dabei nicht nur ihr Leben aufs Spiel, sondern gefährden auch die Existenz ihrer durch **Sippenhaft** bedrohten Familien. Diese Akzentsetzung entspricht dem Wunschdenken der Autorin, die durch ihren Glauben an das Gute im Menschen ihre Zeitgenossen zu Zivilcourage ermutigen wollte. Mit ihrem Glauben an ein **anderes und besseres Deutschland** war ANNA SEGHERS nicht allein (vgl Kapitel 1.1). Auch Heinrich Mann meinte in seiner Streitschrift *DER HASS* (1933), es gebe in Deutschland wohl eine **gewalttätige, großsprecherische Minderheit, der es geglückt (sei), das Land zu erobern, aber nicht die Menschen.** Im Gegensatz zu dieser unter Linksintellektuellen verbreiteten Hoffnung war in der Wirklichkeit des Dritten Reiches jedoch nur eine Minderheit bereit, rassisch Diskriminierten oder politisch Verfolgten beizustehen. Immerhin bot das System den Mitläufern vielfältige materielle Vorteile oder ließ sie zumindest ungeschoren, während jene, die zunächst meinten, dass der auf plumper Propaganda basierende Spuk bald vorüber sein werde, weil sie berechtigte Zweifel an der Seriosität der Nazis und an der Intelligenz ihres ›Führers‹ hatten, mehr und mehr ausgeschaltet wurden, wenn sie sich nicht auch am Ende abwartend und schweigend zurückzogen. Die Mehrheit der Bevölkerung schien also weitgehend in die Volksgemeinschaft integriert und lebte die vermeintliche Normalität eines unpolitischen Alltags.

Georg Heisler wird nach vier Jahren KZ-Haft mit dem Alltag in Nazideutschland konfrontiert:

> Er hatte sich in Westhofen eine Straße anders vorgestellt. Er hatte geglaubt, einem jeden Gesicht, einen jeden Pflasterstein sei die Schande anzusehen, und Trauer dämpfte die Schritte und Stimmen und selbst die Spiele der Kinder. Die Straße war hier ganz ruhig, die Menschen sahen vergnügt aus. ›Hannes! Friedrich!‹ rief eine alte Frau aus dem Fenster über der Wäscherei zwei SA-Burschen an, die mit ihren Bräuten daherspazierten. ›Kommt rauf, ich koch euch Kaffee.‹ Gingen Meißner und Dieterling auch so auf Urlaub mit ihren Bräuten spazieren?,

fragt sich der entflohene Häftling. Die Vorstellung, dass das nationalsozialistische Terrorregime die Menschen unberührt lässt, dass sie sich anpassen und sich mit den Uniformträgern gutstellen, bestürzt Georg, ihn übermannte **eine solche Traurigkeit, wie er nie im Leben eine gekannt hatte.** (I/VII, 57)

Eine andere, gleichsam tröstliche Bedeutungsnuance scheint auf, als Georg erkennt, dass es trotz der Nazidiktatur auch ein gewöhnliches Leben der einfachen, sich um ihr tägliches Brot mühenden Menschen gab, das von all den politischen Veränderungen unbeeindruckt blieb und jede noch so missliche Situation überdauern würde: **Dieses Geschwätz der alten und jungen Frauen um ihn herum über den Preis des Brotes und seine Güte und über die Kinder und Männer, die es zu beißen kriegten – war es wirklich all die Zeit nicht abgebrochen?** (I/VII, 60). Alexander Stephan, der zeitgenössische Lokalzeitungen, amtliche Dokumente und Lageberichte des Sicherheitsdienstes, der SS und Gestapo sowie die Deutschlandberichterstattung des Exils und aktuelle Studien zum Alltag der NS-Zeit ausgewertet hat, schätzt ein, dass die Realität der Vorkriegszeit in Seghers' Roman kenntnisreich und realistisch dargestellt sei, sieht aber auch Diskrepanzen und Defizite. Die Autorin differenziere nicht genau zwischen der Phase der Machtergreifung des Nationalsozialismus 1933/34 und der des etablierten Systems zur Handlungszeit des Romans, dem Herbst 1937. Gemessen an der zeitgenössischen rheinhessischen Presse gebe der Roman **die Brutalität und Radikalität der Gleichschaltung in den Dörfern zwischen Mainz und Worms nicht in ihrer vollen Schärfe**[52] wieder: So veröffentlichte die *Main-*

zer *Tageszeitung* seit März 1933 beinahe täglich Meldungen über die Gleichschaltung von Vereinen und Listen mit Bürgermeistern, die abgesetzt, Volksvertretern, denen ihre Mandate aberkannt wurden, Beamten, die entlassen oder in den Ruhestand geschickt, Ärzten und Rechtsanwälten, denen Berufslizenzen entzogen wurden.

Auch die Deutschland-Berichte der SOPADE (Exilorganisation der SPD), die eine Fülle höchst aufschlussreicher Informationen und Analysen enthalten, bestätigen, dass der Alltag in Nazideutschland durch einen permanenten Ausnahmezustand gekennzeichnet war. Mit einer Kombination von Terror und Massenpropaganda wurde die Bevölkerung systematisch eingeschüchtert und emotional mobilisiert. Die Nationalsozialisten schufen kein neues geschlossenes System von Rechtsgrundsätzen, sondern setzten Gesetze partiell außer Kraft, was zur Untergrabung und Pervertierung des Rechts führte. Sondergerichte waren befugt, Strafverfahren stark zu vereinfachen und abzukürzen, auf gerichtliche Voruntersuchungen und Einspruchsmöglichkeiten zu verzichten, um missliebige Bürger in Schnellverfahren auszuschalten. Gegen die Entscheidungen des von Hitler 1934 geschaffenen Volksgerichtshofs, der den Begriff des Hochverrats neu fasste und nach Bedarf auslegte, war kein Rechtsmittel zulässig. Zuverlässige Schätzungen veranschlagen die zwischen 1933 und 1945 in Deutschland vollstreckten Todesurteile auf 16 560.[53] ANNA SEGHERS hatte Informationen über die Situation im Dritten Reich nicht nur durch Berichte von Freunden und Bekannten, sondern auch durch eine umfangreiche Sammlung von Zeitungsausschnitten, Dokumentationen, Fotografien, Büchern und Schriften aus dem Internationalen Antifaschistischen Archiv des Schutzverbandes Deutscher Schriftsteller in Paris. Die Tatsache, dass es für viele der im Roman geschilderten Begebenheiten Entsprechungen in Pressemeldungen gibt, zeigt einerseits SEGHERS' Anspruch auf Authentizität und andererseits die Art ihrer Selektion aus dem Material. Zeitungen vom Oktober 1937 berichteten über die Kämpfe in Spanien und China sowie über die Moskauer Säuberungen und Schauprozesse (vgl. Gespräch Heisler/Röder), über den Ausbau der motorisierten SS (vgl. Brüder Messer, Heini Heisler), über die überdurchschnittliche Apfelernte (vgl. Familie Marnet) und über Fälle, in denen die Inhaftierung des Ehemanns im Konzentrationslager als hinreichender Scheidungsgrund für eine Frau akzeptiert wird (vgl. Elli Heisler).[54]

In verschiedenen Interpretationen ist von einer Marginalisierung der Schoah im Schaffen von ANNA SEGHERS, so auch im Roman *DAS SIEBTE KREUZ*, die Rede. Auch Alexander Stephan meint, dass z. B. die Szene bei dem jüdischen Arzt Dr. Löwenstein nur bedingt die Realität in Nazideutschland treffe, **weil die kommunistische Jüdin Anna Seghers allzu dis-**

kret mit dem Thema **Antisemitismus** umgehe; eine Zurückhaltung, die einerseits aus der persönlichen Betroffenheit durch die eigene Familiengeschichte zu erklären sei und andererseits mit der offiziellen Zurückhaltung der KPD korrespondiere. An der besonderen Gefährdung der deutschen Juden, unabhängig davon, welchen Beruf sie ausübten und welcher sozialen Schicht oder politischen Anschauung sie angehörten, besteht heute keinerlei Zweifel. Dokumentarische und literarische Zeugnisse belegen auch, dass sich viele von ihnen als ganz normale Deutsche fühlten und durchaus national und patriotisch gesinnt waren. Nachdem sie gerade in Deutschland weitgehend assimiliert waren, wurden sie jedoch 1935 durch die Nürnberger Rasse-Gesetze zu ›Untermenschen‹ erklärt, aller öffentlichen Ämter enthoben und systematisch durch Maßnahmen wie Reichsbürgergesetz, Blutschutzgesetz und Arisierung aller Rechte und Besitztümer beraubt. In der ›Reichskristallnacht‹ vom 8. zum 9. November 1938 wurden ihre Geschäfte zerschlagen, in denen ohnehin kein Deutscher mehr kaufen sollte, und auf der Wannsee-Konferenz wurde mit der Endlösung der Judenfrage die Vorgehensweise zu ihrer totalen Vernichtung beschlossen. Bis 1938 waren ca. 130 000 deutsche Juden emigriert. Wer blieb, musste mit Berufsverbot und Diskriminierung leben, ab September 1941 einen Judenstern tragen und täglich mit der Deportation in ein Vernichtungslager rechnen. Mit einem der letzten Transporte wurde Hedwig Reiling, die Mutter von Anna Seghers, ins polnische Sammellager Piaski deportiert (vgl. Kapitel 5.1.1).

Gemessen an den tatsächlichen Dimensionen der Judenverfolgung wird dem Thema im Roman wenig Raum gegeben, dennoch lassen sich neben der expliziten Nennung zweier Fälle, dem des Arztes Löwenstein, der nach seinem Verhör durch die Gestapo im KZ Westhofen einbehalten wird, und dem der Textilwarenhändlerin Dora Katzenstein, die ihr kleines Geschäft geräumt und Deutschland auf einem **Auswandererschiff** (VII, III, 405) verlassen hat, zahlreiche Belege anführen, die den alltäglichen Antisemitismus zeigen. Vom KZ-Kommandanten Fahrenberg, der keine Lust hatte, sich mit redlicher Arbeit im Installationsgeschäft seines Vaters sein Brot zu verdienen, heißt es: **Lieber als seinem alten Vater in Seeligenstadt Röhren legen helfen, wollte er Deutschland erneuern, mit seinem SA-Sturm kleine Städtchen erobern [...] In den Arbeitervierteln herumknallen, Juden verprügeln und dann schließlich alle düsteren Prophezeiungen seines Vaters und der Nachbarn Lügen strafen, indem man auf Urlaub nach Haus fuhr mit Achselstücken, Geld in der Tasche, mit Anhang, mit Macht.** (IV/II, 220f.) In ähnlicher Weise wird Mettenheimers Schwiegersohn, der Sturmbannführer Reiners, charakterisiert, der **aus einem Stahlhelmer zu einem leidenschaftlichen Anhänger des neuen Staats geworden war, ein Juden-**

fresser, antikirchlich in seinen Äußerungen. (IV/VI, 253) Zweimal wird erwähnt, dass Alfons Mettenheimer ein Haus renoviert, aus dem zuvor Juden vertrieben wurden. Dessen neuer Mieter – er heißt vielleicht nicht zufällig Brandt – hatte alles ausräuchern lassen, was ihn an Juden erinnerte, ein Wunsch, dem die Firma Heilbach [auch dieser, ›Heil Hitler‹ und ›Sieg Heil‹ assoziierende Name scheint bewusst gewählt, U. E.] gern entgegenkam. Weder die Firma, die an jedem Renovierungsauftrag Geld verdient, noch der Malermeister, der nur seiner Arbeit nachgeht, scheinen sich an den Ursachen für den Mieterwechsel zu stören, im Gegenteil, es ist opportun, sich an der Judenhetze zu beteiligen oder wenigstens den Mund zu halten: ›Ein Glück, daß da auch mal ausgekehrt wurde [...], daß da auch mal andere hineinziehen‹, sagt ein schäbiges Männchen zu Mettenheimer, machte ›Heil Hitler‹ und hüpfte weg. (VII/III, 395) Mettenheimer ist zu sehr mit sich selbst beschäftigt, als dass er über diese Bemerkung ins Nachdenken verfallen könnte, ihn interessiert nur, ob dieses Männchen ein auf ihn angesetzter Spitzel sein könnte. Der sich hier offenbarende alltägliche Antisemitismus aus Überheblichkeit, Schadenfreude, Gedankenlosigkeit oder Angst steht im selben Kontext wie das Verhalten der Dorfbevölkerung von Westhofen zu dem in ihrem Ort errichteten KZ und seinen Insassen. Am Anfang ist manchen beim Anblick der armen Teufel noch beklommen zumute und man hatte sich bekreuzigt vor solcher Nachbarschaft (II/II, 88), aber nach und nach gewöhnt man sich und findet sich mit den Gegebenheiten ab.

Für die mit dem Lager aufwachsende junge Generation, zu der auch Fritz Helwig gehört, ist das KZ ein Stück Normalität, aber auch die Älteren finden sich zurecht und machen sogar ihr Geschäft dabei, indem sie das Lager mit landwirtschaftlichen Produkten beliefern. Man findet sich ab, weil man scheinbar nichts dagegen tun kann, ohne sich oder seine Angehörigen in Gefahr zu bringen. Von einem Schiffer ist die Rede, der eingesperrt wurde, weil er öffentlich auf das Lager geflucht hatte, und von einer alten Frau, die beim Anblick der geschundenen Sträflinge offen weinte und dafür vom Bürgermeister zurechtgewiesen wurde.

Sowohl die Lieferungen der Osthofener Gurkenbauern, Bäcker und Metzger sind durch Dokumente und Zeitzeugenberichte belegbar als auch die Ambivalenz im Verhalten der Bevölkerung zum KZ und seinen Insassen. Fotos zeigen, dass die Häftlingskolonnen, begleitet von lachenden Nazis, vor aller Augen durch das Dorf getrieben und zu demütigenden Reinigungsdiensten im Ort herangezogen wurden, andererseits berichten ehemalige Häftlinge aber auch von vereinzelten Sympathie- und Mitleidsbekundungen der Einwohner. Sehr treffend, wenn auch nicht bis ins Detail authentisch sind die Landschafts- und Milieuschilderungen der rheinhessischen Dörfer um den Ort Westhofen, der in einer sumpfigen Umgebung liegt und kein Wein-, sondern ein Gurkendorf ist. Georg schlägt sich nach seiner Flucht durch dürres Gestrüpp und welke Stauden und kriecht durch das stinkende Abwasserrohr einer Essigfabrik. Je weiter das Geschehen aus der ländlichen Gegend in die Städte vorrückt, desto genauer werden die Schilderungen. Sind zunächst authentische und fiktive Ortsnamen noch vermischt, werden nun Orts- und Straßennamen sowie Gebäude genau benannt und, wie im Fall des Mainzer Domes, auch Innenräume detailliert beschrieben. Obwohl eine dokumentarisch genaue Schilderung der Situation in Deutschland aus der Distanz des Exils weder möglich noch beabsichtigt war, kommt ANNA SEGHERS in ihrem Roman der politischen Situation und dem Alltag des Jahres 1937 sehr nahe. Wie schwierig eine wahrheitsgemäße Einschätzung der tatsächlichen Lage war, wird aus der Diskrepanz der offiziellen Propagandaberichterstattung zu den geheimen Lageberichten der Gestapo, des Sicherheitsdienstes und der SS deutlich. Wird die Eröffnung des Winterhilfswerks 1937/38 offiziell als **größtes Sozialwerk aller Zeiten** gepriesen, so konstatieren die geheimen Lageberichte schon 1938 einen proportional zur Politisierung des Alltags entgegengesetzten Rückzug ins Private und einen Rückgang der Spendenbereitschaft und des Opferwillens der Bevölkerung, **eine gewisse Gleichgültigkeit gegenüber politischen Dingen**, **eine gewisse Kriegspsychose** und insgesamt eine Verschlechterung der **Gesamtsituation der Bevölkerung […] bis zu einem seit der Erhebung nicht erreichten Grad.**[55]

## 2.3 Osthofen und ›Westhofen‹ – Wirklichkeit und Fiktion

Als man das Lager Westhofen vor mehr als drei Jahren eröffnete, als man Baracken und Mauern baute, Stacheldrähte zog und Posten aufstellte, als dann die erste Kolonne von Häftlingen unter Gelächter und Fußtritten durchgezogen kam, […] als man nachts Schreie hörte und ein Gejohle und zwei-, dreimal Schüsse, da war allen beklommen zumute. Man hatte sich bekreuzigt vor solcher Nachbarschaft […] Da man dann doch nichts gegen das Lager tun konnte, waren allerlei Aufträge auf Gemüse und Gurken gekommen und allerlei nützlicher Verkehr, wie es die Ansammlung und Verpflegung vieler Menschen mit sich bringt. (II/II, 88)

So versuchte sich ANNA SEGHERS im französischen Exil die Atmosphäre in einem rheinhessischen Dorf vorzustellen, das plötzlich mit einem KZ konfrontiert war. Wie es damals in und um Osthofen tatsächlich aussah, ist seit 1996 in einer Ausstellung im Gebäude des ehemaligen KZ zu besichtigen.[56] Aber noch 1980 stießen erste Umfragen auf Widerwillen und Ablehnung bei den Leuten des Ortes: **Bin 38 geboren, ich kanns ja nicht wissen.** / *Und ihre Eltern, wußten sie es?* / **Das weiß ich nicht.** / *Haben Sie mit ihren Eltern darüber geredet?* / **Nein.** / *Warum?* / **Was heißt warum. Was man nicht** weiß, kann man nicht fragen.[57] Die Existenz des KZ Osthofen wurde damals keineswegs geheim gehalten, wenn auch über die wahren Zustände wenig bekannt war, da entlassene Sträflinge striktes Redeverbot hatten. Regelmäßig erschienen in der regionalen Presse die Namen der Neuzugänge sowie propagandistisch gefärbte Berichte über die Umstände der Verhaftungen und den angeblich recht angenehmen Alltag im ›Umerziehungslager‹. Sowohl die Einwohner von Osthofen als auch die Reisenden zwischen Mannheim und Mainz konnten das unmittelbar an der Bahnlinie gelegene Gebäude mit der weithin sichtbaren Aufschrift ›Konzentrationslager Osthofen‹ und der aufgezogenen Hakenkreuzfahne nicht übersehen, sie sollten vielmehr abgeschreckt und eingeschüchtert werden.

Dass die Einwohner von Osthofen über die zweifelhafte Berühmtheit ihres Ortes nicht gerade glücklich sind und es ihnen nicht recht ist, in einem Atemzug mit Dachau und Auschwitz genannt zu werden, ist verständlich. **Die meisten Großeltern und Eltern schämen sich wohl, ihren Enkeln und Kindern von dieser Zeit, von ihrer eigenen Ohnmacht und ihrem Schweigen angesichts des Schreckens in der Fabrik zu erzählen.**[58] Aber es war wohl kein Zufall, dass das erste Lager der Region gerade in diesem Ort eingerichtet wurde. Statistischen Erhebungen zufolge war der bereits 1926 gegründete Ortsverband der NSDAP in Osthofen besonders aktiv. Sein zeitweiliger Leiter, der 1890 in Osthofen geborene Karl d'Angelo, wurde später auch Lagerkommandant im örtlichen KZ. Bei den Reichstagswahlen 1928 und 1933 erzielte die NSDAP in Osthofen auffällig hohe und beständig wachsende Stimmenzahlen. Während im März 1933 in Osthofen 194 SA-und SS-Männer zu Hilfspolizisten vereidigt wurden, waren es in Gießen nur 42. In Osthofen waren gleich zwei SS-Formationen mit 148 Mitgliedern stationiert, von denen 30 aus dem Ort stammten. Überdurchschnittlich groß war auch die Zahl der **Alten Kämpfer.**

Die Enkel derer, die damals mitgemacht, weggeschaut oder geschwiegen und sich am Ende mit der braunen Nachbarschaft arrangiert haben, sind bereit, sich der Vergangenheit zu stellen. Doch erst im November 1996 war es möglich, auf dem 1991 vom Land erworbenen Gelände des ehemaligen KZ Osthofen eine Gedenkstätte einzurichten, die erste landesweite Ausstellung zur Geschichte des Nationalsozialismus auf dem Gebiet des heutigen Rheinland-Pfalz. Vielleicht wäre das im Vergleich zu den späteren Vernichtungslagern eher unbedeutende KZ zur Erleichterung der Osthofener Bürger längst in Vergessenheit geraten, wenn ANNA SEGHERS nicht in ihrem Roman darauf angespielt hätte. Der in authentischer Landschaft und historisch brisanter Zeit angesiedelte Roman fordert dazu heraus, das Verhältnis von Wirklichkeit und Fiktion, dokumentarischem Material und literarischer Gestaltung zu ergründen, auch wenn sich dabei zeigt, dass das fiktive

Westhofen nicht identisch ist mit dem authentischen Osthofen. Der Autorin ist gerade durch die künstlerische Überhöhung und Verallgemeinerung eine überzeugende Gestaltung der frühen Lager gelungen.

Auch die Parallelen zwischen den Biografien der erfundenen und lebenden Personen sind, wie A. Stephan herausfand, frappierend. Für fast alle Romanfiguren lassen sich Entsprechungen in der Wirklichkeit finden: Der Flucht von Georg Heisler entspricht die von langer Hand geplante und durch solidarische Aktionen begleitete Flucht des populären Mainzer Rechtsanwalts Max Tschornicki. Während der Roman allerdings mit dem geglückten Grenzübertritt Georgs endet, schrieb die Wirklichkeit das Leben des Juden Tschornicki weiter, er wurde 1942 in Marseille von der Gestapo gefasst und zwei Wochen vor Kriegsende in Dachau ermordet. Es kam in Osthofen zwar nicht wie im fiktiven Westhofen zur Flucht einer größeren Gruppe, einzelnen Häftlingen gelang es jedoch, durch Fluchthelfer, bei Außenarbeiten oder durch Bestechung des Wachpersonals freizukommen. Einer von Helfern innerhalb und außerhalb des Lagers geplanten Flucht hatte auch der als Jude und Anwalt von Sozialdemokraten und Gewerkschaftern doppelt gefährdete Tschornicki seine Freiheit zu verdanken. Es ist nicht unwahrscheinlich, dass sein spektakulärer Ausbruch ANNA SEGHERS als Modell diente, zumal sie über Zeitungsartikel und Emigrantenberichte davon Kenntnis gehabt haben müsste und sogar mit dem in der jüdischen Jugendbewegung in Mainz aktiven Tschornicki bekannt gewesen sein dürfte. Dem Westhofener Lagerkommandanten Fahrenberg entspricht der in Osthofen geborene Karl d'Angelo, der aus dem Ersten Weltkrieg als Vizefeldwebel entlassen wurde, dann kurzzeitig das Druckereigeschäft seines Vaters übernahm, bis er seine wahre Bestimmung erkannte und Karriere in der NSDAP machte. Vom Lagerleiter im ortsansässigen KZ avancierte er zum Standartenführer und wurde als Führer der Schutzhaftabteilung ins KZ Dachau abgeordnet. Wie Fahrenberg wird er als Lagerleiter abgesetzt. Aber während bei der Romanfigur offen bleibt, ob sie sich aus Gram über die Degradierung erhängt oder die Treppe hinaufgefallen ist, setzte sich die Karriere d'Angelos zunächst fort: Leiter der SS-Grenzüberwachung in Bayern, Kommandeur der Grenzpolizeischule der Gestapo in Pretsch/Elbe, Polizeidirektor in Cuxhaven. Und auch der Lebensweg des KZ-Aufsehers Zillich, der vom ›wilden KZ‹ Osthofen über verschiedene andere Lager bis ins polnische Piaski gelangte (vgl. Kapitel 3.5.4 und 5.1.1), hat Entsprechungen in der Realität.[59]

Das Konzentrationslager in Osthofen bestand nur relativ kurze Zeit. Es wurde im März 1933, legitimiert durch die Reichstagsbrand-Verordnung vom 28.2.1933, von der örtlichen SA als Provisorium errichtet, zwei Monate später durch eine Verfügung des Sonderkommissars der hessischen

Polizei, Dr. Werner Best, offiziell etabliert und im Juli 1934, also schon drei Jahre vor der Handlungszeit des Romans, wieder aufgelöst. In den 16 Monaten seines Bestehens waren ca. 3000 Häftlinge dort interniert, von denen inzwischen 829 namentlich ermittelt werden konnten.[60] Der größte Teil der Häftlinge war aus politischen Gründen in Schutzhaft genommen worden: Kommunisten, Sozialdemokraten, Gewerkschafter, die den neuen Machthabern aufgrund ihres Engagements in Stadt- und Gemeinderäten oder als Landtags- oder Reichstagsabgeordnete schon lange im Wege standen. Die Tatsache, dass zu den ersten Häftlingen die geschlossene SPD-Stadtratsfraktion von Osthofen gehörte, zeigte die unverhüllte Absicht, die politische Opposition aus den kommunalen Parlamenten auszuschalten. Der Öffentlichkeit wurde in regelmäßiger Propagandaberichterstattung mitgeteilt, es handele sich bei den Häftlingen um **verwilderte Kommunisten,** die im Lager **zu anständigen Menschen erzogen**[61] werden sollten.

Mit der wachsenden Zahl der Lager im Reichsgebiet erweiterten sich auch die ›missliebigen Elemente‹ und erstreckten sich bald auf Anhänger nahezu aller nicht gleich geschalteter Vereinigungen wie Reichsbanner, Eiserne Front, Zentrum, katholischer Widerstand, Proletarischer Friedenkerverband, Zeugen Jehovas, Internationale Bibelforschervereinigung usw. sowie auf rassisch Verfolgte wie Sinti, Roma, Juden und ausgegrenzte Gruppen wie Landstreicher, Asoziale, Homosexuelle und Behinderte. Legitimiert waren die Verhaftungen, die nicht selten durch Hilfspolizisten vorgenommen wurden, durch die Verordnung des Reichspräsidenten **Zur Abwehr kommunistischer, staatsgefährdender Gewaltakte und zum Schutze von Volk und Staat** (vgl. Kapitel 1.1). Es bedurfte weder eines Haftbefehls noch einer Gerichtsverhandlung, die so genannten Volksfeinde zu verhaften, in Gestapokellern, Schweine- oder Kuhställen ›zwischenzulagern‹ und mit Sammeltransporten per Lastkraftwagen oder zu Fuß ins nächst gelegene Lager, z. B. nach Osthofen, zu bringen. Gründe für eine Denunziation oder Festnahme ließen sich immer finden. Oft versuchten die Denunzianten durch eine dienstbeflissene Anzeige ihre Loyalität und die Bereitschaft zu vorauseilendem Gehorsam zu beweisen oder sie nutzten einfach die Gelegenheit, alte Rechnungen zu begleichen oder Konkurrenten aus dem Weg zu räumen. Die im Roman von ANNA SEGHERS angedeuteten Haftgründe sind also durchaus repräsentativ (vgl. Kapitel 3.5.3). Nach bisherigen Erkenntnissen waren mindestens 10% der Häftlinge in Osthofen Juden, die laut Zeitzeugenberichten eine besonders **menschenverachtende, brutale und schikanöse Behandlung erfuhren** und systematisch *vorgeführt* wurden, **um die übrigen Häftlinge gegen sie einzunehmen**.[62]

Wie die belastende Vergangenheit nach wie vor verdrängt wird und wie dauerhaft die verharmlosende Propaganda der Nationalsozialisten bis in die Gegenwart nachwirkt, zeigt sich in der Umfrage unter Osthofener Bürgern von 1980: *Wissen Sie, wer dort eingeliefert wurde? – Ja. – Da wurden keine Juden eingeliefert seinerzeit, sondern Asoziale, Leute, die als asozial bezeichnet wurden […] Tote hat's dort nie gegeben, das will ich Ihnen gleich sagen. Die da eingesperrt waren, waren politische Gegner von den Nazis […] Sonst weiß ich da nichts.*[63] Das KZ Osthofen wurde in der Papierfabrik des enteigneten jüdischen Fabrikanten Ludwig Ebert, der anfangs selbst im Lager interniert war, eingerichtet. Auf diese Weise wurden in ganz Deutschland zwischen März und Juli 1933 etwa 45 ›wilde‹ Lager in leerstehenden Gebäuden improvisiert, die für die Unterbringung von Menschen oft denkbar ungeeignet waren. Auch die Produktionshalle der Osthofener Papierfabrik wurde erst nach und nach notdürftig mit Holzpritschen, Tischen und Bänken ausgestattet, die von den Häftlingen selbst aus Abrissholz zu schreinern waren. Bis dahin schliefen sie in dem ungeheizten, zugigen und feuchten Industriegebäude auf dem mit einer spärlichen Strohaufschüttung versehenen Betonfußboden, was bei vielen zu schwer wiegenden Erkrankungen führte. Neben dem in der Papierfabrik eingerichteten Lager I gab es in Osthofen noch ein Lager II für verschärften Arrest. Laut Zeitzeugenberichten waren die eingelieferten Häftlinge meist schon durch vorherige Misshandlungen in Gestapokellern, Amtsgerichtsgefängnissen und ›Braunen Häusern‹ gezeichnet. Die katastrophalen Haftbedingungen, schlechte Ernährung, körperliche und seelische Schikanen führten bei vielen dazu, dass sie keineswegs **gesund und arbeitsfähig** – wie es routinemäßig hieß – sondern krank oder zumindest physisch und psychisch geschwächt und eingeschüchtert entlassen wurden. Die Häftlinge waren auch nach ihrer Entlassung keine freien Menschen. Sie mussten regelmäßig auf den Polizeiämtern vorstellig werden und liefen Gefahr erneut verhaftet zu werden. Die lokale Internierung in Osthofen, wo es nach bisherigen Erkenntnissen keine Todesfälle gab, konnte auch bedeuten, in ein anderes Lager eingewiesen und schließlich in ein Vernichtungslager nach Osteuropa deportiert zu werden, was besonders jüdische Häftlinge zu befürchten hatten. Die Haftdauer in Osthofen belief sich auf einen Zeitraum von vier bis sechs Wochen, in Ausnahmefällen bis zu einem Jahr.

Die Romanfigur Georg Heisler war hingegen fast vier Jahre in Westhofen eingesperrt. An diesem Detail wird deutlich, dass ANNA SEGHERS bei der Niederschrift ihres Romans weniger eines der nur kurzzeitig bestehenden Lager vom Typ Osthofen vor Augen hatte, als vielmehr eines wie Dachau, das ihr vermutlich durch die Schilderung Hans Beimlers besser bekannt war. Dass in den frühen Lagern aber durchaus schon Häftlinge zu Tode kamen, belegt die Statistik des KZ Dachau, die von 1933 bis 1935 zweiundsiebzig Todesfälle verzeichnet. Auch die im Titel des SEGHERSschen Romans anklingende Methode Sträflinge zu quälen und zu demütigen, indem man sie an Pfähle oder Bäume band, ist, wenn auch nicht aus Osthofen, so doch aus anderen Lagern jener Zeit bekannt.

1933 befanden sich in Deutschland 27 000 Personen in Schutzhaft, bei Kriegsbeginn 1939 lag die Zahl der KZ-Häftlinge bei rund 25 000, bis März 1942 stieg sie auf ca. 100 000 und wuchs bis Kriegsende auf 524 286 (379 167 Männer und 145 119 Frauen); trotz einer extrem hohen Sterberate durch Erschöpfung, unzureichende Unterbringung und Ernährung, mangelnde Lagerhygiene und fehlende ärztliche Betreuung sowie durch Misshandlungen und gezielte Tötungen.[64]

# 3 Analyse und Interpretation des Romans

## 3.1 Titelmetapher und Widmung

Das siebte Kreuz – gegenständlich betrachtet – ist eine von sieben gekappten Platanen auf dem Gelände des Konzentrationslagers Westhofen, gegen die in Schulterhöhe ein Querbrett genagelt ist. An diesem Schandpfahl sollte spätestens am siebenten Tag nach dem Häftlingsausbruch der siebente Flüchtling qualvoll sterben, doch dazu kam es nicht. Schon im Prolog des Romans erfahren wir, dass die verunstalteten Bäume gefällt und zu Kleinholz verarbeitet worden sind, das jetzt, wie die Gefangenen meinen, im Barackenöfchen verbrennt. Zwar genügt dieses Feuerchen nicht, den herbstlich klammen Drillich zu trocknen, aber es erwärmt die Herzen der Häftlinge. Was zur Warnung und Abschreckung der Schutzhäftlinge gedacht war, gereicht den Nationalsozialisten zur Schande und verschafft den Lagerinsassen ein kleines Überlegenheitsgefühl, einen **Triumph, der (sie) die eigene Kraft plötzlich fühlen ließ** (I, 9). Dieser Aspekt der Kreuzesmetaphorik legt Assoziationen zum Kreuz des Jesus von Nazareth nahe. Auch sein Kreuz erweist sich als Schandmal seines Peinigers Pontius Pilatus und erhebt den Gekreuzigten selbst zum Märtyrer, zum moralischen Sieger.

Der im Roman dem Lagerkommandanten Fahrenberg zugeschriebene blasphemische Einfall, Häftlinge an Kreuze zu fesseln, geht auf eine wirkliche Begebenheit zurück, die der Autorin im Exil von einem entflohenen Häftling berichtet wurde (vgl. Kapitel 2.1). Fahrenbergs Absicht ist es, die wieder eingefangenen Flüchtlinge an diesen Kreuzen zu foltern und auch die anderen Lagerinsassen zu demütigen und einzuschüchtern, doch

> bemerkt er in seinem unreflektierten blinden Hass nicht, dass der die Häftlinge zu einer weltgeschichtlichen Schicksalsgestalt in Beziehung setzt, sie also nicht erniedrigt [...], sondern erhöht. So erscheint das Martyrium, das sie erdulden müssen, in einem ganz und gar säkularisierten Verstand als *stellvertretendes Leiden*, das sie für ihr geknechtetes Volk auf sich zu nehmen haben.[65]

Besonders Wallau, der wie Jesus von einem Jünger verraten wird und dessen Standhaftigkeit seinen Peinigern Respekt abnötigt, lässt an die christliche Überlieferung denken, die das Kreuz als Sinnbild der Erlösung und des Heils durch den Opfertod versteht. Während Wallaus Martyrium deutliche Züge der Passionsgeschichte trägt, bleibt Georg Heisler **sein Golgatha erspart**[66], sein Passionsweg bewegt sich in entgegengesetzter Richtung, ist ein **rückwärts gekurbelter Kalvarienweg vom Kreuz fort**.[67] Je weiter sich

Georg von dem für ihn bestimmten Kreuz entfernt, desto größer wird die Zuversicht, dass nicht Passion, sondern menschliche Aktion zukunftsbestimmend wird. Das siebte Kreuz ist also nicht Symbol des Todes schlechthin oder Symbol eines Heils, das im Jenseits liegt. Indem die Flucht aus dem KZ eine Herausforderung an das System darstellt, symbolisiert das leer bleibende Kreuz einen partiellen Sieg der Antifaschisten. Dennoch wird Heislers weltliches Schicksal zu dem christlichen in Beziehung gesetzt, als sich der Erschöpfte im Dom an den Gekreuzigten erinnert und Trost in den allegorischen Geschichten der Bibel findet:

> Georg stockte der Atem [...] Ja, das müssen die beiden sein, dachte Georg, die aus dem Paradies verjagt wurden. Ja, das müssen die Köpfe der Kühe sein, die in die Krippe sehen, in der das Kind liegt, für das es sonst keine Herberge gab. Ja, das muß das Abendmahl sein, als er schon wußte, daß er verraten wurde, ja das muß der Soldat sein, der mit dem Speer stieß, als er schon am Kreuz hing – Er, Georg, kannte längst nicht mehr alle Bilder. Viele hatte er nie gekannt, denn bei ihm daheim hatte es das alles nicht mehr gegeben. Alles, was das Alleinsein aufhebt, kann einen trösten. Nicht nur, was von andern gleichzeitig durchlitten wird [...], sondern was von anderen früher durchlitten wurde. (II/I, 84)

Die auf Erlösung im Jenseits gerichtete christliche Leidensgeschichte wird also **nicht als Gegensatz zum menschlich-diesseitigen Selbstbefreiungsauftrag**, sondern als Vorläufer dieser Emanzipation empfunden. Der behutsame und respektvolle Umgang ANNA SEGHERS' mit der christlichen Überlieferung, die **nicht einfach säkularisiert und in ihrem Gehalt umgekehrt**[68] wird, steht im Gegensatz zu dem der nationalsozialistischen Machthaber, die sich in anmaßender und geradezu gotteslästerlicher Weise dieses und anderer Symbole bedienen. Die Verknüpfung des Kreuzsymbols mit der magischen Zahl Sieben erweitert den mythologischen Deutungsraum des Titels und lässt neben Assoziationen an christliche Religionen auch solche an Volksmärchen zu. Die schon durch die regional gefärbte Schreibung im Titel auffallende und sowohl in der Romanstruktur als auch im Handlungsgeschehen immer wieder erscheinende Zahl Sieben, die in fast allen Weltkulturen, in Mythos und Märchen, Astrologie und Alltag eine große Rolle spielt, verleiht dem Erzählten eine zusätzliche Dimension. Sie fordert dazu heraus, zu ergründen, was es damit auf sich haben könnte, dass in sieben Kapiteln die sieben Tage währende Geschichte von sieben Flüchtlingen und sieben Kreuzen erzählt wird, und warum es gerade dem siebenten Flüchtling nach dem siebenten Wochentag gelingt, sich zu retten. Man mag an die biblische Schöpfungsgeschichte denken, an deren siebentem Tag Georg, Gottes Gebot entsprechend, endlich ausruhen darf, aber auch das Märchen von den sieben Geißlein mag einem einfallen, in dem das siebente – wie Georg – sich vor dem bösen Wolf verstecken und damit am Ende alle anderen retten kann. Auch im Märchen von den sieben Raben ist es der siebente, der das elterliche Ringlein findet und damit für sich und seine Brüder die menschliche Gestalt zurückgewinnt. Im Schneewittchen-Märchen wird durch das Stolpern des siebten Zwerges die Königstochter wieder zum Leben erweckt. Die Zahl Sieben symbolisiert in verschiedenen Religionen Vollkommenheit und Fülle, die sieben Augen Jahwes stehen für dessen Allwissenheit, der Heilige Geist besitzt sieben Gaben, das Vaterunser enthält sieben Bitten. Sieben Planeten beherrschen den Himmel, dem griechischen Gott Apollon wurde am siebten Tag vor Neumond geopfert. Finden sich nicht ebenso die sieben Todsünden – Eitelkeit, Wut, Trägheit, Maßlosigkeit, Wollust, Völlerei und Neid wie die sieben Tugenden – Barmherzigkeit, Vergebung, Demut, Fleiß, Bescheidenheit, Enthaltsamkeit und Großmut – im lebensprallen Romangeschehen? Die Reihe der Beispiele ließe sich fortsetzen, aber es kann hier wohl weniger darum gehen, eindeutige Entsprechungen zu finden als vielmehr darum, den Assoziationsraum und die Tiefenstruktur des Textes anzudeuten.

Anders verhält es sich mit der Zueignung des Romans, deren Interpretation je nach Weltanschauung und Geschichtsverständnis gefärbt ist. SEGHERS' Formulierung: **Dieses Buch ist den toten und lebenden Antifaschisten gewidmet** wirft die Frage auf, wie sie Antifaschismus verstanden wissen wollte. Ist Antifaschismus ein **kommunistisches Propagandawort für die sich gegen den Nationalsozialismus richtenden *politischen* Strömungen**[69] oder ist unter Antifaschismus eine **gegen die Politik und Ideologie des Faschismus gerichtete, Anfang der 20er Jahre entstandene, ihrem Wesen nach antiimperialistische *Volksbewegung***[70] zu verstehen, eine Bewegung, die auch politisch nicht organisierte Systemgegner einschließt? Nach der ersten Definition zählen zu den Antifaschisten nur die politisch bewussten und parteipolitisch organisierten Kader, die unter großen Gefahren in der Illegalität gegen den nationalsozialistischen Staat tätig waren. So gesehen wäre der Roman eine Hommage an Kommunisten wie Ernst Wallau, Georg Heisler und Rudolf Schenk, die für ihre Gesinnung im KZ gesessen haben, oder an Franz, Hermann, Reinhard und Fiedler, die ihre illegalen politischen Verbindungen aktivieren, um Heisler mit gefälschten Papieren zur Flucht zu verhelfen. Vielleicht wären in diesen Kontext auch noch die Frauen von Wallau, Bachmann und Fiedler aufzunehmen, eventuell auch noch Lotte, deren Mann Herbert im Widerstand umgekommen ist.

Wo aber bliebe der couragierte Pfarrer Seitz, der nicht nur Georgs Spur verwischt, sondern auch schon anderen Häftlingen weitergeholfen hat, wo bliebe Paul Röder, der bei der Gestapo dicht gehalten und dem Kommunisten Heisler unter großen Risiken für seine Familie zur Flucht verholfen hat, wo blieben das Ehepaar Kreß und die Kellnerin, die dem Flüchtling Asyl gewährt haben? Sind nicht auch der alte Gärtner Gültscher und der Lehrling Fritz Helwig, der Malermeister Alfons Mettenheimer und sein Kollege Fritz Schulz Menschen, die zumindest erhebliche Vorbehalte gegen **die Banditenherrlichkeit** (VII/III, 397) des nationalsozialistischen Regimes haben? Was ist mit Helwigs stiller Mutter und Marnets Tante Anastasia, die ein Requiem auf die Jüdin Dora Katzenstein anstimmt? Sind nicht auch die Gesten der Barmherzigkeit einfacher Menschen Widerstand gegen das Regime – im Roman dargestellt durch eine altes Fräulein, das dem am Dom vor Schwäche Zusammengesunkenen fünf Pfennige zusteckt oder durch den jüdischen Arzt Dr. Löwenstein, der – selbst ausgegrenzt – dem Verletzten unentgeltlich hilft und keine Fragen stellt. Sind nicht alle menschlich-couragierten Handlungen in diesem unmenschlichen System als staatsfeindlich und antifaschistisch zu werten?

Die Intention der Autorin die Struktur des Volkes aufzurollen und ein Bild des anderen Deutschland zu entwerfen, schließt wohl die Absicht ein, all denen ein Denkmal zu setzen, die sich nicht blenden und vereinnahmen ließen, sondern ihre Menschlichkeit bewahren konnten. So spricht vieles für die Auffassung, dass die Widmung über eine Hommage an die kommunistischen Widerstandskämpfer hinausweisend auch **den Kleinen und Stillen im Lande** zugeeignet ist, den **einfachen Menschen, die von Politik nicht viel verstehen und die Zusammenhänge oft nicht durchschauen, die aber ohne politisches Kalkül aus einem elementaren Gefühl der Menschlichkeit heraus ihre Hilfe nicht verweigern.**[71]

Darüber hinaus spielte zur Entstehungszeit des Romans der Volksfrontgedanke eine große Rolle, die Auffassung, dass nur ein Bündnis aller antifaschistisch eingestellten Kräfte gemeinsam die Chance hat, gegen den Faschismus vorzugehen. Die Tatsache, dass nicht nur die kommunistische Schriftstellerin ANNA SEGHERS diesem Gedanken durch das breite Figurenspektrum in ihrem Roman Rechnung trägt, sondern auch der linksintellektuelle Autor Klaus Mann, der in seinem Exilroman MEPHISTO den Schauspieler Otto Ulrichs für die Volksfrontpolitik plädieren lässt, zeigt die Brisanz dieses Themas in der damaligen Diskussion. SEGHERS' weit gefasster Widerstandsbegriff entspricht aus heutiger Sicht der alternativen Widerstandsforschung, die weder die in der DDR übliche tendenzielle Vereinnahmung des Begriffs für den in der KPD parteipolitisch organisierten noch seine in der Bundesrepublik lange favorisierte Eingrenzung auf militärische Gruppen, wie die des Grafen von Stauffenberg vertritt, sondern mit allem Nachdruck auf den Alltag im nationalsozialistischen Deutschland verweist: **Ohne die grundlegende Bezugnahme auf das Totalitäre der**

Alltagswirklichkeit des Dritten Reiches läßt sich [...] kein angemessener Widerstandsbegriff formulieren [...] Das Grundkriterium des Widerstandsbegriffs hat daher in der Frage zu liegen, ob damals ein bestimmtes Verhalten von einzelnen oder von Gruppen Risikocharakter hatte oder nicht.[72]

### 3.2 Raum- und Zeitverhältnisse

Bestimmend für den atmosphärischen Gesamteindruck des Romans ist seine Einheit von Heimatverbundenheit und Geschichtlichkeit, von historisch geprägter Landschaft und Gegenwart: **Denn der Zeitroman ist ein Heimatroman. Der KZ-Roman ist der Roman einer deutschen Landschaft. Die Landschaft ihrer Geburt: untrüglich stand der Dichterin vor Augen, was sie schrieb, untrüglich kannte sie die Menschen, mit denen sie schreibend umging.**[73]

Schon in den ersten Erzählabschnitten werden die Kontrastpunkte angedeutet, zwischen denen die Handlung aufgespannt ist: das höllische KZ Westhofen und die paradiesische Taunuslandschaft, wo der Schäfer Ernst seine Schafe weidet und wo Bauernhof und Apfelplantage der Großfamilie Marnet liegen. Die Mannigfaltigkeit der räumlichen, personellen und atmosphärischen Kontrastierung hat Erika Haas ausführlich herausgearbeitet: Das Lager befindet sich vom Marnet'schen Anwesen aus gesehen unten in Sumpf und Nebel, seine Finsternis wird nur durch die ›künstlichen Sonnen‹ von Schreibtisch- und Verhörlampen oder Suchscheinwerfern aufgehellt, Lagerkommandant Fahrenberg liebt elektrische Lämpchen, Polizeikommissar Overkamp arbeitet bei geschlossenen Fensterläden, die äußerliche Schönheit des satanischen Engels Bunsen, der statt eines Schwertes eine Reitgerte bei sich führt, wird kontrastiert durch seine **›Mausezähnchen‹, die ihn in die Nähe niederer Wesen rücken und auch die Verbindung zum Dämonischen und Teuflischen andeuten.**[74] Der künstlichen und starren Ordnung des Lagers, das auch im Text selbst als **verfluchter Ort**, als **Hölle** oder als **Zwischenlandestation** bezeichnet wird, **denn auf Erden konnte der Platz wohl nicht liegen und im Jenseits wohl auch nicht** (VII/V, 413), ist die zeitlos-bukolische Idylle des Marnet'schen Bauernhofs entgegengesetzt. Sie befindet sich oben im Taunus, im goldenen Licht der Sonne, auch die Äpfel leuchten im warmen Herbstlicht wie **unzählige kleine runde Sonnen** (I/I, 11), Ruhe und Gleichmaß bestimmen den Alltag der hier lebenden Menschen, deren Leben dem natürlichen Tages- und Jahreslauf folgt. Doch auch dieser friedliche Ort bleibt nicht unberührt von den Ereignissen im Lager, obwohl keiner der Flüchtlinge ihn betritt. Am großen Küchentisch bei Marnets treffen nicht nur die drei Generationen der Familie aufeinander – die Älteren im Bauernkittel, die Mittleren in SA-Uniform, die Jüngsten noch zu klein für die HJ-Kluft –, sondern auch der gedanklich ständig mit dem Flüchtling Georg Heisler beschäftigte Franz Marnet und die auf die Ausbrecher angesetzten Brüder Messer von der motorisierten SS. Neben diesen beiden fixen Orten, dem KZ in Westhofen und dem Bauernhof im Taunus, werden jeweils die Orte eingeblendet, die auf dem Weg der Flüchtlinge liegen, Dörfer und Städte der Rhein-Main-Gegend, Landstraßen und Feldwege, Straßen, Plätze, Gebäude und Wohnungen in Mainz und Frankfurt.

Die Fülle der Personen und Schauplätze, die in vielen, immer unterbrochenen Handlungssträngen, in Rückblenden und Vorausdeutungen, aus der überschauenden, miterlebenden oder retrospektiven Perspektive dargeboten wird, findet ihre Begrenzung in Raum und Zeit. Sowohl die Handlungszeit – sieben Tage – als auch der Raum – die Gegend zwischen Worms und Frankfurt – sind überschaubar, sodass es trotz der Episodenfülle möglich ist, auf dem Laufenden zu bleiben über das, was ›inzwischen‹, ›in derselben Mittagspause‹, ›um diese Zeit‹, ›in dieser Nacht‹, ›in diesem Augenblick‹ auf der Landstraße, in Westhofen, auf dem Marnet'schen Bauernhof, im Mainzer Dom, in Röders Wohnung usw. geschieht.

Die Handlung verläuft auf zwei Zeitebenen: Die Binnenhandlung spielt im Herbst 1937 und schließt Rückblenden in die Vorgeschichte verschiedener Figuren ein (Heislers Vorgeschichte wird durch Franz, die von Zillich und Fahrenberg durch die Erzählinstanz gegeben) und die Rahmenhandlung greift zeitlich voraus, d. h. im Prolog und Epilog sowie in der auktorial erzählten Geschichte, schaltet sich ein personaler Erzähler ein, der auf das Vorhandensein einer zukünftigen Zeit- und Reflexionsebene hindeutet. Die beiläufig eingestreute Zeitangabe **zwei Jahre später** (III/I, 152) und Sätze wie **das wußten wir damals auch noch nicht** oder **das erfuhren wir alles viel später** und **ich bin mir heute nicht mehr so sicher, ob [...]** (I, 9 f.) verweisen auf eine epische und zeitliche Distanz zu den erzählten Ereignissen und auf die Zuversicht der Autorin in Bezug auf die Überwindbarkeit der unmenschlichen Zustände. Verbleiben bestimmte Dinge auch im Bereich der Spekulation (**Fahrenberg [...] soll sich eine Kugel in den Kopf geschossen haben. Das ist nur ein Gerücht.**), so wird doch deutlich gesagt, dass die Häftlinge, aus deren Perspektive die Flüchtlingsgeschichte erzählt wird, das Lager überlebt und verlassen haben: **Wir hatten zwar geglaubt, mehr könnte man nicht erleben, als wir erlebt hatten. Draußen stellte sich heraus, wieviel es noch zu erleben gab.** (VII/VI, 424)

Mithilfe lokaler und, noch häufiger, zeitlicher Anknüpfungen werden die immer wieder unterbrochenen Handlungsstränge chronologisch fortgesetzt. Bei näherer Betrachtung der Fluchtgeschichte fällt auf, dass das

Verhältnis von Erzählzeit und erzählter Zeit stark variiert. Neben stark gerafften Passagen, die im Erzählerbericht gegeben werden, stehen aus der Figurensicht dargestellte Episoden, in denen das Erzähltempo stark verlangsamt ist. Durch diese Gestaltungstechnik erzeugt die Autorin einerseits Spannung, andererseits wird deutlich, wo sie inhaltliche Akzente setzt. Passagen, in denen Georgs Ängste, Träume, Erinnerungen, Gedanken und imaginären Zwiegespräche mit Wallau in inneren Monologen und erlebter Rede dargestellt werden, treten durch ihre Intensität besonders in den Vordergrund. Man denke an die Stunden im Sumpf bei Westhofen, an die Nacht im Dom, an das Verlassenheitsgefühl in der Garage der Katharina Grabber: **Ich bin in diesem Hof vergessen, dachte Georg, wie lang bin ich schon hier. Stunden – Tage –?** (VI/IV, 333). Eine virtuose Zeitgestaltung trägt auch zur Wirkung des Eingangskapitels bei, das von einem Wechsel zwischen breit erzählten und stark gerafften Erzählphasen bestimmt ist. Die Erzählperspektive ist zunächst auf die Person des Franz Marnet gerichtet, geht dann über auf die Landschaft, als deren Bestandteil der Schäfer Ernst mit seiner sich an den Abhang schmiegenden Schafherde erscheint und weitet sich schließlich aus zu einem Blick in die Geschichte dieses Landstrichs. In einer Erzählzeit von etwa drei Seiten wird durch sukzessive Raffung der Ablauf mehrerer Jahrhunderte veranschaulicht, wobei die historischen Ereignisse meist nicht explizit, sondern lediglich in metaphorischer Verkürzung benannt sind: Die Sonnenaltäre der Kelten, der Limes, das Frankenheer, der mit dem Panzer des Glaubens geschützte Mönch, das Heilige Römische Reich, Kaiserwahlen, Juden verbrennende Kreuzfahrer, Freiheitsbäume umtanzende Jakobiner, die Letzten der Großen Armee, die Jahre 33 und 48, das Zweite Reich, die inneren Grenzpfähle Bismarcks, Verdun, Soldaten der Okkupationsarmee, schwarzrotgoldene Fahnen und schließlich **tausende Hakenkreuzelchen, die sich im Wasser kringelten.** (I/I, 14 f.)

Hinter all diesen Stichworten verbirgt sich Geschichte:
- Limes: die vom 1. bis 3. Jahrhundert errichtete Grenzbefestigung des Römischen Reiches, die sich nördlich von Koblenz am Rhein über die Taunushöhen nach Westen zur Wetterau zieht;
- das Heer des Frankenkönigs Chlodwig, der im 5. Jahrhundert seine Herrschaft auf das Gebiet der Alamannen zwischen Main und Bodensee ausbreitete;
- die Völkerwanderung und die Christianisierung im 8. Jahrhundert, personifiziert durch den Mönch Bonifazius, der im Jahre 754 Erzbischof von Mainz wurde;
- die im 13. Jahrhundert, in der Zeit des Wahlkaisertums wiederholt durchgeführten Kaiserwahlen des Heiligen Römischen Reichs;

- die Kreuzzüge vom 11. bis ins 13. Jahrhundert, die viele Juden das Leben kosteten;
- die Besetzung der linksrheinischen Gebiete durch französische Truppen 1792 und die Gründung der Mainzer Republik mit Georg Forster;
- der Russlandfeldzug Napoleons 1812/13, der mit einer verlustreichen Niederlage der Großen Armee endete;
- die demokratische Opposition gegen die Restauration und der Sturm auf die Frankfurter Hauptwache 1833 sowie die Märzunruhen von 1848 und die Gründung des ersten deutschen Parlaments in Frankfurt;
- Bismarcks Annexionen nördlich der Mainlinie nach dem Preußisch-Österreichischen Krieg 1866;
- der Erste Weltkrieg 1914–18 und die verheerende Schlacht von Verdun 1916;
- die nach dem Versailler Vertrag von 1919 erfolgte Okkupation der linksrheinischen Gebiete durch die interalliierte Kommission, die ihren Sitz bis 1930 in Mainz hatte;
- schließlich das Dritte Reich, das sich mit dem Symbol des Hakenkreuzes schmückte.

Den wechselnden Völkerstämmen und historischen Ereignissen werden überdauernde Zustände gegenübergestellt: **Jedes Jahr geschah etwas Neues und jedes Jahr dasselbe: Daß die Äpfel reiften und der Wein bei einer sanften, vernebelten Sonne und den Mühen und Sorgen der Menschen.** (I/I, 12) Diese Kombination von sukzessiv gerafften historischen Ereignissen und iterativ-durativ gerafften Gegebenheiten, die sich beständig wiederholen oder die Zeit überdauern, verdeutlicht das Verhältnis von Veränderung und Dauer. Der historische Exkurs macht bewusst, dass zwar alles seine Spuren hinterlässt, schließlich aber auch das, was den Anspruch auf Ewigkeit und Endgültigkeit erhebt, nur vorübergehenden Charakter trägt, auch das ›tausendjährige Reich‹ der Nationalsozialisten: **Norden und Süden, Osten und Westen haben ineinandergebrodelt, aber das Land wurde nichts von alledem und behielt doch von allem etwas. Reiche wie farbige Blasen sind aus dem Land […] herausgestiegen und fast sofort zerplatzt.** (I/I, 13). Dass aber Geschichte nicht nur etwas ist, was man über sich ergehen lässt, sondern etwas, was gleichsam abfärbt auf die Mentalität der Menschen, dass Geschichtsbewusstsein etwas Bereicherndes ist und jedes Beginnen mit Träumen, Hoffnungen und Erfahrungen verknüpft ist, wird an der Haltung des Schäfers Ernst gezeigt, der **so stolz** und **so vollkommen gleichmütig** dasteht, **als wüßte er all das und stünde nur darum so da, und vielleicht, wenn er auch nichts davon weiß, steht er wirklich darum so da.** (I/I, 14) Die am Schluss dieses Kapitels stehende Sentenz: **Jetzt sind wir hier. Was jetzt geschieht, geschieht uns.** (I/I, 16) provoziert eine Haltung zur Geschichte, die aus deren vorübergehenden Zügen nicht das Recht herleitet, ihr nur ihren Lauf zu lassen, sondern vielmehr die Schlussfolgerung nahelegt, daß das, was die Veränderung in sich trägt, auch veränderbar ist – und verändert werden muß; denn wir sind es, denen es geschieht, unser zeitlich eng begrenztes Menschenleben steht nicht über der Geschichte, sondern in ihr.[75]

## 3.3 Aufbau und Struktur des Romans
### 3.3.1 *Kompositionsverfahren*

Der Roman basiert auf einer novellistischen Grundstruktur. Die Geschichte, die an ein zentrales Ereignis – die geglückte Flucht – und an ein Dingsymbol – das Kreuz – geknüpft und mithilfe von Motiven und Symbolen literarisch verdichtet ist, enthält eine große Zahl novellistisch anmutender Einzelhandlungen und wird von einem knappen Rahmen begrenzt. Dieser Rahmen hat zunächst die Funktion, den Erzähler einzuführen, der als anonymer Chronist in der ersten Person Plural auftritt. Darüber hinaus nimmt der rahmeneröffnende Prolog bereits das glückliche Ende der Flucht des siebten Flüchtlings vorweg und lenkt so die Aufmerksamkeit der Leser/in vom Ausgang auf den Gang der Handlung. Auch ist der Hinweis auf die verschiedenen Zeitebenen von Rahmen- und Binnenhandlung in dieser Anlage enthalten und schließlich sorgt der im Rahmen gesetzte Akzent dafür, trotz der verschiedenen Episoden und Handlungsstränge das eigentliche Anliegen des Romans nicht aus den Augen zu verlieren. Die Geschichte selbst wird dann analytisch aufgerollt, wobei die Kapitel wiederum in 44 Abschnitte und diese in ca. 130 Episoden untergliedert sind. Da diese Episoden nicht immer durch Blindzeilen oder verbale Überleitungen kenntlich gemacht und zudem durch häufige Szenenwechsel unterbrochen sind, ist die Mikrostruktur des Textes zuweilen nur schwer zu entflechten.[76] Indem die einzelnen, teils zeitlich parallel, teils kontrastierend angeordneten Sequenzen den Erzählfluss immer wieder unterbrechen, wird die Konzentrationsfähigkeit des Lesers stark beansprucht, zugleich aber auch sein Bedürfnis nach spannender Unterhaltung bedient. Vorstellungskraft sowie emotionales und rationales Einfühlungs- und Urteilsvermögen sind auch deshalb in besonderer Weise gefordert, weil ein figurengebundenes Erzählen, also eine subjektiv gefärbte und situationsabhängige Darstellung vorherrscht. Darauf wird auch im Roman selbst hingewiesen, wenn es in Bezug auf Franz' Erinnerungen an Georg heißt: **Es gibt ein Kinderspiel, darin bestehend, dass man einer vielfarbigen Zeichnung verschiedenfarbige Gläser auflegt. Je nach der Glasfarbe sieht man ein anderes Bild. Damals sah Franz durch ein Glas, das ihm seinen Freund nur bei ganz bestimmten Handlungen zeigte. Durch andere Gläser sah er nicht.** (I/VIII, 73)

Trotz der Zergliederung des Geschehens durch Brüche, die an Kameraschwenks und harte Schnitte im Film erinnern, ist es jedoch möglich, dem Handlungsgang zu folgen, da es einerseits eine Fülle von Querverweisen, Rückblenden und Vorausdeutungen gibt und andererseits, dem Prinzip der *Simultaneität* folgend, jeweils die Begebenheiten nacheinander erzählt werden, die sich etwa zeitgleich an verschiedenen Orten ereignen. Oft weisen verbale Überleitungen auf die zeitliche Parallelität hin: **Währenddessen hatte der Schulwart der Darré-Schule […] (I/V, 44); Auf diesen Dienstag erhielt der zweiundsechzigjährige Alfons Mettenheimer […] (II/III, 91); Um diese Zeit hatte Franz schon hundert Blättchen ausgestanzt (II/IV, 106).** Neben zeitlichen gibt es auch lokale Anknüpfungen: **Wo der Feldweg in die Wiesbadener Chaussee einmündete, stand ein Selterwasserhäuschen. (I/II, 16); In dem Hof, in dem Georg sich hinter dem Holzstapel versteckt hatte, […] (I/VI, 48); Drunten in seiner Konditorei sah Franz hinaus auf die Straße (II/IV, 136).** Die meisten Szenenwechsel geben, wie Regieanweisungen im Drama, Ort, Zeit und Personen gleich im ersten Satz an, sodass eine unverzügliche Orientierung im Handlungsgeschehen möglich ist: **Nicht gar weit von Franz, vielleicht eine halbe Stunde weit mit dem Rad, gab es in einer belebten Straße in der Nähe des Frankfurter Hauptbahnhofs einen Menschenauflauf. (II/IV, 108)** Bestimmend für die Erzählstruktur des Romans ist die *Montagetechnik*, ein Verfahren, das auch aus der bildenden Kunst sowie von Theater und Film bekannt ist. Bei Zeitgenossen von ANNA SEGHERS, wie John Heartfield (Fotomontage) und Georg Grosz (Bildcollage), finden sich Beispiele dieser Darstellungstechnik, der die Erfahrung zugrunde liegt, dass die entfremdete Wirklichkeit nicht mehr total, sondern nur noch fragmentarisch wahrnehmbar und darstellbar sei. In einem Brief an Georg Lukács rechtfertigt ANNA SEGHERS dieses Verfahren: **[…] was Du als Zerfall ansiehst, kommt mir eher wie eine Bestandsaufnahme vor, was Du als Formexperiment ansiehst, wie ein heftiger Versuch eines neuen Inhalts, wie ein unvermeidlicher Versuch.**[77]

Die durch die literarische Montage im Roman bewirkte *Simultaneität*, *Parallelführung* und *Kontrastierung* von Figuren, Verhaltensweisen und Handlungsszenen bringt es mit sich, dass allein in der Auswahl und Zusammenstellung des Erzählten eine Deutung enthalten ist, **die über jede ideologische Erklärung weit hinausreicht**[78]. Neben dem Wechsel der Erzählperspektive und dem Verzicht auf einen allzu positiven Helden wurde dieses kompositorische Verfahren immer wieder als Indiz dafür gewertet, dass der Roman einerseits – wie etwa die Großstadtromane BERLIN ALEXANDERPLATZ von Alfred Döblin oder MANHATTAN TRANSFER von John Dos Passos – experimentell und modern und andererseits – in Bezug auf den Sozialistischen Realismus – oppositionell sei. Alexander Stephan beschreibt die Form von SEGHERS' Roman mit dem Begriff **moderierter Modernismus**, meint damit eine zwischen **Realismus und Modernismus schwankende Form** und sieht das Buch wie den Roman *DIE RETTUNG* (1937) zwischen **Reportage und Roman angesiedelt**[79].

Um die im Roman praktizierte Technik der literarischen Montage zu veranschaulichen, empfiehlt es sich, deren unterschiedliche Verfahrensweisen genauer zu betrachten, das *Portions- bzw. Trennungsprinzip*, das *Strangprinzip* und das *Simultaneitätsprinzip*.[80] Das *Portions- bzw. Trennungsprinzip* meint das kriminalromanhafte Darstellungsverfahren, das verschiedene, nebeneinander herlaufende Handlungsstränge immer wieder – oft an der spannendsten Stelle – abschneidet, sodass es zu einer Verschachtelung der szenischen Komplexe kommt, die meist ohne Überleitung und ohne zunächst erkennbare Symmetrie oder Kontinuität montiert und über den Text verteilt sind. Erst am Ende des Romans fügen sich die ca. 130 Mosaikteilchen zu einem geschlossenen literarischen Gemälde zusammen. Das *Strangprinzip* bewirkt, dass die immer wieder unterbrochene Handlung, einem chronologischen Zeitverlauf folgend, fortgesetzt und zu einem Ende geführt wird. Von diesem Prinzip ausgehend macht Ackermann[81] sechs Handlungsstränge aus: 1) die Handlung um Georg Heisler und die Personen, die mit ihm in Berührung kommen, 2) die Handlung um Franz Marnet und Elli Mettenheimer, 3) die Handlung um die anderen sechs Flüchtlinge, 4) die Maßnahmen der Nazis, 5) die Handlung um Fritz Helwig, 6) die Rahmenhandlung und der auktoriale Erzählerkommentar eines anonymen Chronisten. Sicherlich ließen sich hier auch andere Systematisierungsmöglichkeiten finden, so könnten z. B. die Handlungen um Alfons und Elli Mettenheimer, um die Großfamilie Marnet oder um den Schäfer Ernst als eigenständige Stränge verfolgt werden.

Das *Simultaneitätsprinzip*, die klar strukturierte Handlungszeit und der überschaubare Handlungsraum ermöglichen die Bündelung verschiedener Handlungsstränge, die gleichzeitig oder vorzeitig an verschiedenen Orten ablaufen. Dadurch entstehen eindrucksvolle Kontrastwirkungen auch ohne Erzählerkommentar, allein durch die Anordnung der Episoden. Durch dieses **Prinzip der Parallelführung und Kontrastierung**[82] erscheint vor dem Auge des Lesers die Weite und Vielfalt des Lebens, das Nebeneinander von existenziellen Entscheidungen und alltäglichen Verrichtungen, von unmenschlicher Flüchtlingsjagd und naturverbundenem, dem Lauf der Jahreszeiten folgenden Leben. Auch das Nebeneinander verschiedener Charaktere, Handlungsmotive und Verhaltensweisen trägt zu diesem **fast klassischen Eindruck von gegliederter Totalität**[83] bei, den der Roman erzeugt. In vielen, eher unscheinbaren Szenen des Romans sind darüber hinaus **Miniromane**[84] enthalten, die Möglichkeiten für einen produktiven

Umgang mit dem Text bieten. So zum Beispiel die Episode, in der sich zwei Ärzte beim Ausstellen des Totenscheins darauf einigen, die Schussverletzung an den Füßen des vom Dach gestürzten Belloni als Todesursache zu ignorieren: aus wirklicher Systemkonformität oder aus Angst vor unliebsamen Diskussionen bezüglich ihrer Loyalität? Den Kern zu einer eigenen Erzählung könnte auch die Episode bilden, in der zwei Arbeiter in einem Imbissstand den steckbrieflich gesuchten Georg erkennen, aber trotz des zu erwartenden Kopfgeldes nicht anzeigen. Auch die Miniatur von den zwei alten Fräuleins am Mainzer Dom, von denen die eine für ihre mitleidsvolle Geste von ihrer Schwester seit **fünfzig Jahren** (II/IV, 100) gescholten wird, böte Anlass zu kreativem Schreiben.

### 3.3.2 *Flucht als Romanfabel*

Dramatischer Ausgangspunkt und damit handlungsbestimmendes Ereignis im Roman ist der Ausbruch von sieben Häftlingen aus dem Konzentrationslager Westhofen. Den Haupthandlungsstrang, mit dem alle anderen Handlungsebenen direkt oder indirekt, parallel oder kontrastiv, verknüpft sind, bildet die Flucht von Georg Heisler, dessen Fluchtweg als einziger lückenlos dokumentiert wird und als Zentralmotiv den Roman durchzieht. Das Fluchtmotiv, anhand dessen sich die Elemente der Fabel – Ort und Zeit der Handlung, Figurenkonstellation, Konflikt- und Perspektivgestaltung – eruieren lassen, gibt auch die Interpretationstendenz vor:

> Die Fabel der Flucht legt einen Korridor durch die sozialen Verflechtungen einer Gesellschaft, die der Faschismus teils vorgefunden hat und benützt, teils selber erst eingerichtet hat, und gibt auch die Optik vor, durch die diese Gesellschaft in Augenschein genommen wird: Das *unerhörte Ereignis* der Flucht durchbricht den Schein, dass alle Zustände, die nunmehr ein halbes Jahrzehnt Bestand haben, auch unerschütterlich so sein und bleiben müssen.[85]

Mit der spannend erzählten Fluchtgeschichte bedient die Autorin ein populäres, Lesern von Kriminalromanen vertrautes Erzählmodell. Dennoch ist der Auffassung von Inge Diersen, dass das Sujet der Flucht dazu verführe, sich nach bekanntem Muster mit den Verfolgten zu identifizieren, einfach deshalb, weil sie sich in der schlechteren Position befänden, nicht bedenkenlos zuzustimmen. Die daraus abgeleitete Schlussfolgerung nämlich, dass allein die Flucht dem Verfolgten die Anteilnahme der Leser/innen zusichere, unabhängig davon, ob sie seinem Ansinnen moralisch oder politisch zustimmen, im Extremfall auch dann, wenn er kein edler Räuber, sondern ein echter Verbrecher ist, ist spätestens dann hinfällig, wenn man die bewusst parallel gestaltete Flucht des KZ-Aufsehers Zillich in SEGHERS' Nachkriegserzählung *DAS ENDE* hinzuzieht.[86] Auch wenn Diersen auf

SEGHERS' Roman bezogen einschränkt, dass dieser **Aspekt des Zentralmotivs, der mit Räuber- und Verbrecherromantik zu tun hat,** im *SIEBTEN KREUZ* **radikal umgekehrt**[87] werde und allenfalls noch anklinge, in der Art, wie Fritz Helwig sich mit dem Flüchtling identifiziere und solidarisiere, indem er auf dessen Schlauheit baue: **Ach […], so dumm ist meiner doch nicht. Meiner läuft doch nicht lang im selben Zeug herum. Meiner wird sich doch sagen, dass seine Sachen beschrieben sind.** (III/I, 154 f.) Eine besondere Qualität wird der Fluchtgeschichte dadurch verliehen, dass sie durch die herausgehobenen Schicksale Wallaus und Heislers, durch namentliche Verweise auf die Kommunisten Hans Beimler und Bernhard Seger sowie durch Rückschlüsse auf die Weltanschauung der Autorin selbst eine deutlich politische Dimension erhält. Dennoch gibt es Rezeptionsbeispiele, die von dieser politischen Zuordnung absehen. Rezensenten des 1944 in Amerika aufgeführten Films *THE SEVENTH CROSS* warnten geradezu davor, sich von dem **deprimierenden Hintergrund** der Filmhandlung abschrecken zu lassen und beharrten darauf, **es ist die Jagd, was zählt**[88], der Film **könnte nicht spannender sein, wenn es sich nur um einfache Polizisten und Räuber vor dem Hintergrund von Manhatten handeln würde.**[89] Auch Jürgen Rühle argumentierte in einer Arbeit aus dem Jahre 1960 in dieser Richtung:

> Der Leser nimmt zwar Partei für den Kommunisten Heisler – aber nicht, weil er Kommunist ist, sondern weil er verfolgt wird, es könnte genauso gut ein Zeuge Jehovas, ein Bekenntnispfarrer oder ein Offizier vom 20. Juli sein. Der Terror der Nazis wird angeprangert – aber es könnte genauso gut irgendein anderer Terror zu irgendeiner anderen Zeit an irgendeinem anderen Ort sein.[90]

Strukturell bietet das Sujet der Flucht günstige Voraussetzungen für die Anlage einer figurenreichen, verzweigten Handlung, deren Schauplätze ständig wechseln. Da eine Flucht zwar geplant, ihr Verlauf aber nicht bis ins Letzte voraussehbar ist, lassen sich mühelos unvorhergesehene Ereignisse und Zwischenfälle mit ihr verknüpfen, immer wieder neue Personen einführen und verschiedene Verhaltensweisen darstellen. SEGHERS hat mehrfach darauf hingewiesen, dass die formale Inspiration vom epischen Muster des Abenteuer- und Reiseromans, speziell von Alessandro Manzonis 1825/26 erschienenen Roman *DIE VERLOBTEN*, ausging: **Es wird nämlich in diesem Roman die ganze Struktur eines Volkes aufgerollt, und da hab ich mir gedacht, diese Flucht ist das Ereignis, an dem ich die Struktur des Volkes aufrollen kann.**[91] Flucht und Flüchtling sind also mehr oder weniger nur Mittel zum Zweck, die Befindlichkeit der deutschen Bevölkerung, ihre Verstricktheit in das nationalsozialistische System bzw. ihr menschliches und politisches Widerstandspotenzial ins Bild zu setzen. Im Gegensatz zu den meisten einfach strukturierten Fluchtgeschichten, die den möglichst glücklichen Ausgang der Flucht erst am Schluss offenbaren, wird in SEGHERS' Roman das Ende und damit ein Teil der äußeren Spannung in der Rahmeneröffnung vorweggenommen. Auch kann man nicht von einem Happy End sprechen, da sechs von sieben Flüchtlingen den Tod finden. Gerade solche Abweichungen vom Erfolgsrezept des Unterhaltungsromans verdeutlichen die Intention der Autorin, die bestehenden Machtverhältnisse realistisch darzustellen und die Konzentration vom Ausgang auf den Gang der Handlung zu richten.

Die Flucht wird aus verschiedenen Perspektiven dargestellt. Zunächst wird das Ereignis aus der retrospektiven Optik der Lagerinsassen angedeutet und sein Ergebnis teilweise vorweggenommen, **ein kleiner Triumph […], der die eigene Kraft plötzlich fühlen ließ** (I, 9). Nach einer lokalen und zeitlichen Einordnung in die historisch gewachsene Landschaft beginnt die Erzählung an einem Montag im Oktober 1937 damit, dass Anton Greiner seinem Arbeitskollegen Franz Marnet auf dem Weg in die Fabrik ungeduldig zuraunt, dass etwas passiert sei. Im folgenden Handlungsverlauf wird der/die Lesende an Franz' Aufgeregtheit beteiligt und erfährt aus verschiedenen Perspektiven Kontexte und Details. Allmählich entsteht eine epische Szene, die der Bildsequenz von Filmszenen ähnelt, eine Art Drehbuch. Bedingt durch den ständigen Wechsel der Szenen und Sequenzen, die in vielfachen Verknüpfungen miteinander in Beziehung stehen, muss man **schon Gesagtes und noch zu Sagendes […], anschauliche und unanschauliche Momente, Gegenwärtiges, Vergangenes und Zukünftiges**[92] aufeinander beziehen. Dieser schnelle Szenenwechsel entspricht gewissermaßen der Atemlosigkeit des Fluchtgeschehens. Die komplizierte narrative Struktur findet jedoch ihre Begrenzung in Zeit und Raum. Die Handlungszeit ist klar gegliedert, jedem Fluchttag ist ein Kapitel gewidmet, die Flucht beginnt und endet jeweils an einem Montag Morgen, oft werden Tages- oder sogar Uhrzeiten genannt. Der relativ knapp bemessene Raum und der Fluchtweg sind sehr genau beschrieben. Die meisten Orte sind auf der Landkarte zu finden, sie liegen im Umkreis von Frankfurt und Mainz, sogar Stadtteile, Straßennamen und Gebäude sind teilweise authentisch. Der Fluchtweg Heislers (vgl. Mat. 4) ist fast Schritt für Schritt nachvollziehbar, er führt von Westhofen an einigen, am linken Rheinufer gelegenen Dörfern vorbei, flussabwärts über Oppenheim zunächst nach Mainz, dann, nach einer Flußüberquerung zwischen Mombach und Eltville über Wiesbaden und Höchst nach Frankfurt und von dort am Main entlang zurück über Kostheim nach Mainz, wo an der Kasteler Brücke das rettende Schiff nach Holland wartet.

## 3.4 Sprachlich-stilistische Gestaltung des Romans

> Und wie ich Zeile um Ziele las, da spürte ich auch, dass das meine Sprache war, meine Muttersprache, und sie ging mir ein wie die Milch dem Säugling. Sie knarrte und knirschte nicht wie die Sprache, die aus den Kehlen der Nazis kam [...], sie war ernst und still. Ich stieß auf Worte, die meine arme Mutter gebraucht hatte [...] Ich stieß auch auf Worte, die ich schon selbst gebraucht hatte, aber wieder vergessen, weil ich nie mehr im Leben dasselbe gefühlt hatte, wozu ich damals die Worte gebrauchte.[93]

Die hier von einer SEGHER'schen Romanfigur in *TRANSIT* beschriebene Faszination mag Maßstab für den eigenen Anspruch gewesen sein, bestätigt wird er in Bezug auf *DAS SIEBTE KREUZ* durch einen frühen Leser, den Schriftsteller und Exilgefährten Paul Mayer. Er lobt an dem Buch, dass es **nicht nur aus einer Absicht entstanden, sondern aus der Sprache** erblüht sei: **[...] in keinem zeitgenössischen Buch rauscht der Strom unserer Sprache so rein und so tief, so eigen-mächtig und so selbst-sicher wie hier. Das ist der Ton des Volksliedes und zugleich der glaubensstarke Gesang von einer besseren Welt.**[94]

Dass der Roman damals wie heute mindestens zu gleichen Teilen als politische Botschaft und als emotionales Bekenntnis zur deutschen Heimat gelesen werden kann, ist nicht zuletzt seiner bewusst unpreziösen Gestaltung zu verdanken. Die Sprache des Romans wirkt einfach und unangestrengt und dennoch poetisch. Durch die stark figurengebundene Pespektive nehmen die verschiedenen Formen der direkten Rede – Dialoge, innere Monologe, stumme Zwiegespräche – einen breiten Raum ein. Die Personenrede ist meist in einem umgangssprachlichen, dem mündlichen Sprachgebrauch angepassten Stil gehalten und in Wortwahl und Grammatik regional gefärbt. Umständlich versucht beispielsweise Anton Greiner seinem scheinbar begriffstutzigen Arbeitskollegen Franz Marnet auf dem morgendlichen Arbeitsweg klar zu machen, dass etwas passiert sei, dass etwas in der Luft liege. Weit ausholend, sich immer wieder in Nebensächlichkeiten verlierend, unbeholfen, meist im Präteritum formulierend, die Haupt- und Nebensätze in syndetischer Reihung immer wieder mit **und** und **da** einleitend, erklärt er:

> Also: Meine Mutter, die muß doch heut wegen der Erbschaft nach Frankfurt zum Rechtsanwalt. Und da ist sie mit ihrer Milch zur Kobisch rüber, weil sie zur Milchablieferung nicht dasein kann. Und der junge Kobisch, der war gestern in Mainz, da bestellt er selbst seinen Wein für die Wirtschaft. Da haben sie gesoffen, und es ist spät geworden, und er hat erst heut ganz früh heimgemacht, da ist er nicht durchgelassen worden bei Gustavsburg. (I/II, 17 f.)

Auch der Dialog, der dieser umständlichen Erklärung vorausgeht, wirkt literarisch nahezu unbearbeitet. Anton, der Franz schon ungeduldig erwartet hat, ist erregt, Franz gibt sich betont desinteressiert, wiegelt ab, wechselt zum Schein das Thema, ist aber stark irritiert von Antons Mitteilung und hat Mühe, seine Emotionen unter Kontrolle zu halten:

› Du, Marnet, heut früh ist was passiert.‹ / ›Wo? Was?‹ / ›Heut früh muß was passiert sein.‹ / ›Was schon?‹ / ›Weiß ich doch nicht, aber passiert ist sicher was.‹ / ›Ach, du spinnst. Was soll denn schon passiert sein, so früh am Tag.‹ / ›Weiß ich doch nicht, was. Aber wenn ich's dir sag, kannst du Gift drauf nehmen. Etwas ganz Verrücktes muß passiert sein. So was wie am 30. Juni.‹ / ›Ach, du spinnst ja –‹. (I/II, 17)

Beiläufig eingestreute Bemerkungen, wie die, dass Franz und Anton einmal durch **motorisierte SS** auseinander gerissen wurden oder dass sie nach dem Passieren der **Kontrollstelle** schweigen müssen, werden in diesem Kontext mit Bedeutung aufgeladen. Gerade das Fehlen von Kommentaren und Erklärungen sensibilisiert in starkem Maße zur Wahrnehmung aller Zwischentöne. Unmittelbarkeit entsteht auch durch die häufig verwendete erlebte Rede, die dazu dient, Gedanken und Reflexionen, Ängste und Zweifel, quälende Fragen und affektbeladene Empfindungen der Figuren wiederzugeben. Oft sind im Roman die Übergänge vom Erzählerbericht zur erlebten Rede und von dieser zum inneren Monolog fließend: **Er hatte jetzt die größte Lust, in die Knie zu gehen. Wozu sich in die ganze Jagd einlassen? Eine Kniebeuge, und es gluckst, und alles ist fertig.** (I/III, 25) und **Georg horchte, gewiß horchten jetzt alle. Warum muß man gerade ein Mensch sein, und wenn schon einer, warum gerade ich, Georg.** (I/III, 27) Im Roman überwiegt ein betont unpathetischer Stil, sodass **Aufschwünge ins Sententiöse**[95] um so deutlicher auffallen. Sentenzen finden sich zuweilen am Ende von Erzählabschnitten: **Jetzt sind wir hier. Was jetzt geschieht, geschieht uns.** (I/I, 16) / **[…] ein entkommener Flüchtling, das ist immer etwas, das wühlt immer auf. Das ist immer ein Zweifel an ihrer Allmacht. Eine Bresche.** (I/VIII, 76) / **Wir fühlten alle, wie tief und furchtbar die äußeren Mächte in den Menschen hineingreifen können, bis in sein Innerstes, aber wir fühlten auch, daß es im Innersten etwas gab, was unangreifbar war und unverletzbar.** (VII/VI, 425) Im Text gibt es kaum hypotaktische Satzkonstruktionen, es dominieren einfache syntaktische Strukturen, paratatisch gebaute Sätze, die durch Appositionen und Parallelismen erweitert sind, und mundartliche Ellipsen. Die Buchenauer Bäuerin Anna macht ihrem Ärger Luft: **Ach, etwas ist immer. Gestern der Erntedank und vorgestern für die Hundertvierundvierziger, und heute für den Flüchtling zu fangen, und morgen, weil der Gauleiter durchfährt. Na, und die Rüben? Na, und der Wein? Na, und die Wäsche?** (I/VI, 49)

Hinzu kommt der szenische Charakter des Textes, der auch im referierenden Erzählerbericht durchscheint und dem Geschehen nicht nur inhaltlich, sondern auch formal eine dramatische Qualität verleiht:

> Als er in der Mittagspause in die Kantine kam und sich sein Helles bestellte [...], da hieß es an der Theke: Das Holzklötzchen ist verhaftet. Einer sagte: ›Wegen gestern. Da war er stark besoffen und hat allerhand zum besten gegeben –‹ Nein, deshalb nicht, hieß es, es muß etwas andres sein – Was andres? Franz zahlte und lehnte sich gegen die Theke. Weil plötzlich alle ein wenig leiser sprachen, gab es ein sonderbares Gezisch: Holzklötzchen, Holzklötzchen – ›Hat sich die Zunge verbrannt.‹ (I/II, 22)

Neben sprichwörtlichen und umgangssprachlichen Wendungen (**allerhand zum besten gegeben** oder **hat sich die Zunge verbrannt**), Jargonismen (**stark besoffen**), Ellipsen (**Wegen gestern. Was andres.**) und Elidierungen (**'was and'res**) wird der Individualstil der Autorin geprägt durch Ausdrücke im rheinfränkischen Dialekt (**Gezisch: Holzklötzchen**). Von bildhafter Expressivität und Dramatik sind auch die im Erzählerbericht vorkommenden Passagen:

> Wie lange er auch über die Flucht gegrübelt hatte, allein und mit Wallau, wie viele winzige Einzelheiten er auch erwogen hatte und auch den gewaltigen Ablauf eines neuen Daseins, in den ersten Minuten nach der Flucht war er nur ein Tier, das in die Wildnis ausbricht, die sein Leben ist, und Blut und Haare kleben noch an der Falle. (I/III, 23)

Häufig wird durch emphatischen Wortgebrauch, also durch das wiederholte und nachdrückliche Hervorheben desselben Wortes, Atmosphäre geschaffen. Auf acht Seiten ist siebzehn Mal am ersten Fluchtmorgen von Nebel die Rede, von **dickem Herbstnebel**, der ringsum die kleinen, vom Sirenengeheul geweckten Dörfer **einwickelte**, von **watteartigem**, alles dämpfendem Nebel, den die mächtigen Scheinwerfer, **die sonst die schwärzeste Nacht aufgeblendet hatten** [...], kaum gelblich färbten, von **dickem nassen Nebel**, der die Hunde und Posten ganz **besessen** machte, von **Nebel, der noch immer zum Schneiden dick** war und deshalb Georg Geborgenheit und Schutz gab, von **steigendem Nebel, zart geworden und durchsichtig, das reine Goldgespinst**, der goldenes kühles Herbstlicht freigibt, **über dem Land, das man hätte friedlich nennen können. Blöder Nebel**, dachte Bunsen, dem die Jagd auf die Flüchtlinge zu langsam vorangeht, denn der Nebel war immer noch **so dick, daß die Ziffern auf seiner Armbanduhr leuchteten**. Der Nebel, der Georg unsichtbar macht, lässt die Posten **im Dunkeln tappen** und **im Trüben fischen**. Geradezu poetisch klingt es, wenn vom Fluchtgeschehen weg hin zur dörflichen Idylle geblendet wird: **Jetzt ward der Nebel so hoch gestiegen, daß er als niedriger flockiger Himmel über den Dächern und Bäumen stand. Und die Sonne hing matt und** blieb wie eine **Lampe in Mullvorhängen** über der huppligen Dorfgasse von Westhofen. (I/V, 33) Doch wenn die Dorfbewohner einerseits klagen, dass der Nebel nicht gleich steige, und andererseits wünschen, dass er nur rasch steigen solle, dann haben sie nicht etwa das Wohl der Flüchtlinge oder den Jagderfolg der KZ-Schergen im Auge, sondern einzig und allein die bevorstehende Weinlese. Hier wird deutlich, wie allein durch die Wortfigur der Emphase und das kompositorische Mittel der Parallelführung Kontrastwirkungen entstehen, die keines erzählerischen Kommentars bedürfen. Der leitmotivisch allegorische Gebrauch des Wortes Nebel, das sowohl in gegenständlicher als auch in übertragener Bedeutung verstanden werden kann, vermittelt ein sinnliches Bild der herbstlichen Landschaft und unterstreicht die Dramatik der Situation.

Im krassen Gegensatz zu der dörflichen Idylle dieses Herbstmorgens, dessen Sonnenstrahlen **die letzte Süße in den holden Wein** treiben (Rilke) oder ihn **verstechen** (Seghers), steht die Todesangst der Flüchtlinge und der Eifer der Posten und Hundestaffeln. <u>Es scheint absurd, dass die Bewohner des Dorfes von dem Lager in ihrer Nähe und von der Not der Lagerinsassen unberührt sein können und ihren alltäglichen Verrichtungen</u> nachgehen. Von starker Expressivität sind auch Szenen, in denen die Gedanken im krassen Gegensatz zur Situation stehen. So erinnert sich Georg, kurz bevor er durch das stinkende Abwasserrohr eines Fabrikgrabens kriechen muss, an den Klang von Wallaus beruhigenden Worten, **ein Amulett aus Stimme** (I/V, 35).

Die Verwendung zahlreicher Diminutiva lässt einerseits auf die Verbundenheit der Autorin mit ihrer Landschaft und der Sprache ihrer Religion schließen, andererseits beschwört diese Sprachverwendung den warmen Ton herauf, in dem Erwachsene mit Kindern oder einfach ausgeglichene Menschen miteinander reden. Nicht nur Kindernamen werden mit Diminutiva versehen – Marnets rufen ihre Enkel Hänschen und Gustavchen, Sophie ist eifersüchtig auf das Mariechen Wielenz –, sondern auch Erwachsene. Die Ersten, denen Georg begegnet, heißen **Zimthütchen** und **Schublädchen,** harmlose, etwas verschrobene Leute, von denen er nichts zu befürchten hat, auch wenn das Zimthütchen, alias Gottlieb Heidrich aus Westhofen, mehr denkt und weiß, als man ihm zutraut. Das **Holzklötzchen** hat sich in der Höchster Stanzerei bei der Verbreitung des Fluchtgerüchts **die Zunge verbrannt** und wird durch das **Pfeffernüßchen** ausgewechselt. Das **Hechtschwänzchen** erhält wie das Mettenheimer beggenende **Männchen** Züge eines Kobolds oder bösen Zwergs und stellt wiederum die Abweichung von der Regel dar, dass alle Kleinen zugleich harmlos seien. Während Paul**chen** Röder durch die Verkleinerungsform seines Namens und den Zusatz, er habe ein Herz wie ein Kürbis, positiv charakterisiert wird, ist die Bezeichnung **Goebbelschen** durch die Anspielung auf den Namen des Propagandaministers und den Kontext des Bordellmilieus negativ konnotiert. Begriffe aus dem Wortschatz der Nationalsozialisten wie Konzentrationslager, Schutzhäftling, Führer, Scharführer, Winterhilfswerk, NS-Wohlfahrt, Kraft durch Freude, werden durch distanzierende Kontexte und volkstümliche Verballhornungen relativiert oder der Lächerlichkeit preisgegeben. Mehrfach wird der Hitlergruß karikiert: ›He, Hannes!‹ – ›He, Ernst! Heil Hitler!‹ – ›Heil du ihn!‹ (I/VII, 62) / ›Heil Hitler!‹ rief das Hechtschwänzchen. ›Heil! Hechtschwänzchen!‹ rief der Holländer. (II/V, 115) / Da Paul hier öfters durchkam, wurde er öfters begrüßt. Heil Hitler hin, Heil Hitler her, Paulchen hin, Paulchen her […] Wie er die Gasse runtergerannt war, und sie hatten ihm aus den Wirtschaften zugeheilt, und er hatte den Arm geschwenkt, war ihm der Hut wieder eingefallen. (V/III, 310 f.) Als Paul nach dem inzwischen verhafteten Rudolf Schenk fragt, klärt ihn ein dreiviertelkahler ältlicher SA-Mann […] in Uniform, aber aufgeknöpft und in Socken, weil er sich nach seiner nächtlichen Übung einfach hingeschmissen hatte, auf: Die Schenks hatten lieb und gut getan. Heil Hitler! Hinten und vorn, bis sie besagter SA-Nachbar beim Abhören des verbotenen Senders erwischt und denunziert hatte. ›Du meine Güte!‹ rief Röder. ›Na, Heil Hitler!‹ – ›Heil Hitler!‹ sage der andere in Socken, mit einer Andeutung von Armheben, mit glänzenden Augen im Genuß der Erinnerung. (V/III, 278) Für Franz, der sich in einem Tagtraum eine Familienidylle mit Elli ausmalt, ist es ein Alptraum, dass ihrem Kind, wenn sie denn eines hätten, bei Verwandten der Hitlergruß beigebracht würde. (IV/IV, 239) Die Dirne, bei der sich Georg verstecken will, bringt ihren Zuhälter mit einem **Maul, Goebbelschen** zum Schweigen und die Schiffer am Rheinufer bewegen sich mit ihren witzelnden Wortspielereien auf gefährlichem Terrain: ›Was gibt's Neues in der großen Welt?‹ – ›No, da gibt's immer was‹, sagte der Holländer, ›aber bei euch ist ja auch verschiedenes passiert.‹ – ›Ja, bei uns geht alles am Schnürchen‹, sagte der Bursche mit der seitlich gedrehten Nase, ›alles wie geschmiert. Wir brauchen jetzt wirklich keinen Führer mehr.‹ Alle glotzten ihn an. ›Wir haben ja schon einen, um den uns die ganze Welt beneidet.‹ Alle lachten, bis auf ihn selbst […]. (II/V, 115).

Wie in dieser Episode wird auch in vielen anderen das Motiv der Angst angeführt: Angst offen zu reden (Franz und Anton); Angst um den Arbeitsplatz und die Versorgung der Familie (Röder); Angst vor Bespitzelung und Denunziation (Alfons Mettenheimer, Kollegen bei Höchst); Angst selbst zum Verräter zu werden (Bachmann, Röder); Angst vor Schmerz unter der Folter (Füllgrabe); Angst entdeckt und wieder ins Lager gebracht zu werden (Georg); Angst vor Machtverlust (Fahrenberg, Zillich).

### 3.4.1 Erzählperspektive und Erzählweise

Wird in einer Art Rahmenhandlung aus der personalen Sicht eines ›Häftlings-Wir‹, also in der ersten Person Plural, der Ausgang der Geschichte vorweggenommen bzw. abschließend bewertet, so wird die Binnenhandlung von einem allwissenden Erzähler wiedergegeben. Diese auktoriale Erzählinstanz wird von einigen Interpreten mit der Autorin gleichgesetzt[96], von anderen vorsichtiger als **Erzählstimme** bezeichnet, die die Erzählung nicht führe, sondern innere und äußere Vorgänge lediglich zitiere und arrangiere. Diese erzählende Stimme

> verweigere dem Roman ein personal identifizierbares Bewußtseinszentrum, weil sie den Schrecken nicht durch Deutung abmildern und an Stellen, wo Humanität praktiziert wird und Hoffnung aufscheint, nicht Humanität und Hoffnung predigen will [...] Die Sachlichkeit, die sie wahrt, hat nichts mit der Haltung des unbeteiligten Beobachters zu tun. Im Gegenteil: sie unterstreicht, daß niemand, auch die erzählende Stimme nicht, über dem steht, was sie schildert.[97]

Die Erzählperspektive wechselt zwischen einer personal-miterlebenden und einer auktorial-überschauenden Haltung. Hinzu kommt innerhalb des Erzählerberichts der Wechsel zwischen einer objektiv-distanzierten und einer subjektiv-figurengebundenen Sicht. Zuweilen ist schwer auszumachen, wer spricht bzw. mit wessen Wertung, Kommentar oder Urteil wir es zu tun haben, weil der Erzählerbericht immer wieder durch unterschiedlichste Varianten von innerem Monolog, innerem Zwiegespräch und erlebter Rede durchbrochen wird. In einem inneren Monolog, der zugleich ein imaginärer Dialog mit Wallau ist, versucht Georg, der immer wieder von panischen Angstattacken heimgesucht wird, sich zu beruhigen: **Aber Wallau, ich bin allein, so allein ist man nicht in Spanien, nicht einmal in Westhofen. So allein wie ich ist man nirgends. – Ruhig, Georg. Du hast eine Menge Gesellschaft. Etwas verstreut im Augenblick, das macht nichts. Haufenweis Gesellschaft – Tote und Lebende.** (IV/III, 233) In einem stummen Zwiegespräch zwischen Georg und Dr. Löwenstein, deren Unterhaltung ansonsten auf das Nötigste beschränkt bleibt, erfährt man, was tatsächlich in ihnen vorgeht:

> Er seifte seine Hände und wusch sie mit unendlicher Langsamkeit und ließ das Wasser laufen. Ich habe Frau und Kinder. Warum kommt der Mensch zu mir? Bei jedem Schellen zittern müssen. Und was man mir Tag für Tag alles antut. Georg sah den weißen Rücken des Arztes. Er dachte: Doch Ihnen nicht allein. (II/IV, 104)

Oft geht Erzählerbericht unvermittelt in erlebte Rede über: **Georg hatte am Schauspielhaus die 23 abgewartet. Nur heraus aus der Stadt. Es war ihm eng um den Hals. Bellonis Mantel, in dem er sich gestern noch sicher ge-**

fühlt hatte, brannte ihm heute morgen. Ausziehen? Unter die Bank stecken? (IV/III, 226)

Diesen Schwebezustand, das Verschwimmen von Erzähler- und Figurenperspektive, wertet Schlenstedt als Ausdruck der weltanschaulichen und ideologischen Übereinstimmung des Erzählers mit den Hauptfiguren der Handlung:

> Der Erzähler ist keine sich von der Darstellung sondernde Instanz, steht nicht über oder neben ihr, sondern ist über das Kollektiv, das er vertritt, mit den Figuren verbunden [...] Das Ganze ist nicht der Empfindungs-, Denk- und Verhaltensweise des Erzählers oder einer einzelnen Figur, sondern des Figurenensembles überantwortet. Die Welt erscheint von verschiedenen Blick- und Standpunkten aus als eine Vielfalt von Erfahrungswelten.[98]

Die Tatsache aber, dass ANNA SEGHERS auch in der **Vorführung des Personals [...] keinen strukturellen Unterschied zwischen Nationalsozialisten und Antifaschisten**[99] macht, die Anhänger des faschistischen Regimes also genauso mit Innenschau ausleuchtet wie dessen Gegner, fordert die Leser/innen in ihrer eigenen Urteilsfindung. Bei beiden Personengruppen **erscheint die Determination durch soziale Faktoren gleichgewichtig komplettiert von individuellen, psychischen, charakterologischen Dispositionen, Entwicklungsmöglichkeiten und Entscheidungsfreiheit.**[100] Diese Figurenzeichnung und der **Wechsel der Optiken** macht es dem Rezipienten nicht unbedingt leicht, er wird **zu wiederholtem Umschalten** gezwungen, die **verschiedenen Blick- und Standpunkte werden ihm dabei zur Diskussion unterbreitet und zum Übereinanderschieben, das eine eigentümliche vieldimensionale Tiefe des Bildes erzeugt.**[101] Charakteristisch für die Erzählweise von ANNA SEGHERS ist das episodisch Assoziative ihrer Texte. Was für das einzelne Werk zutrifft, kann auch auf das zum Zyklus tendierende Gesamtschaffen bezogen werden, das von bestimmten Themen, Grundsituationen und Leitmotiven durchzogen ist und in dem man immer wieder bestimmten Figurenkonstellationen, Menschentypen, ja sogar bevorzugten, oft redenden Namen (Anna, Marie, Katharina, Thomas, Georg, Andreas) begegnet. *DAS SIEBTE KREUZ* gilt als Meisterwerk, weil es sowohl spannend und unterhaltsam als auch glaubwürdig und lehrreich erzählt ist. Offenbar ist es der Autorin gelungen, ihrem eigenen Anspruch, ideologische Klarheit mit ästhetischer Gestaltung zu verbinden, gerecht zu werden: **Ideologische Klarheit ist nicht das einzige, was der begabte Schriftsteller braucht: sie ist die Voraussetzung, hinzu tritt das Talent, beides aber macht noch nicht alles aus: Man muß die Gestaltungsmittel finden.**[102] Der angehenden Autorin Brigitte Reimann riet sie in einem Brief 1952: **Schreiben Sie nur kein Sonntagsdeutsch, schreiben Sie nur, was Sie wirklich denken und erleben. Schreiben Sie nur keinen falschen Pathos [sic!] und keine gedichteten Artikel.**[103]

### 3.4.2 Realistische Darstellung mit Mitteln des Fantastischen

Erzählen, was mich heute erregt, und die Farbigkeit von Märchen. Das hätte ich am liebsten vereint und wußte nicht, wie[104] – so umschrieb ANNA SEGHERS ihre poetologische Konzeption, die auf eine Synthese von politischer Ambition und poetischer Gestaltung gerichtet war. Die so zurückhaltend im Konjunktiv gehaltene Formulierung und die westliche Stigmatisierung bzw. östliche Vereinnahmung der Autorin als Parteischriftstellerin hat lange dazu geführt, ihr Werk in zwei Kategorien einzuteilen. Die schon im Titel als Sagen kenntlich gemachten Werke[105] wurden von den zeitgeschichtlichen unterschieden, ohne nach verbindenden Elementen zu suchen. SEGHERS selbst war unzufrieden mit der oft zu einseitigen Interpretation ihrer Texte: **Was meine umfangreichen zeitgeschichtlichen Romane anbelangt, so findet nicht jeder alles heraus und unbeschadet glitscht es vorbei.**[106] Mit ihrer 1973 veröffentlichten Erzählung DIE REISEBEGEGNUNG hat die Autorin schließlich selbst dazu beigetragen, dass man in den siebziger Jahren verstärkt daran ging, die fantastische Dimension ihrer Texte genauer zu erschließen. An diesem imaginären Dichtergespräch, das 1922 in einem Prager Café stattfindet, nehmen nicht nur E. T. A. Hoffmann (1776–1822), Nikolai Wasiljewitsch Gogol (1809–1852) und Franz Kafka (1883–1924) teil, sondern auch die Erzählerin selbst.[107] Eine wahrhaft sonderbare Begegnung, basiert sie doch auf einem sehr freien Umgang mit der Zeit: **Wir drei**, so Hoffmann, **wir säßen doch hier gar nicht zusammen, wenn wir ernstlich die Zeit einhalten würden. Habe ich nicht nur kurze Zeit mit Ihnen, Gogol, gelebt? Und Sie, Gogol, fast hundert Jahre vor Kafka?** Thematisiert wird das Verhältnis von Wirklichkeit und Fantastischem in der Literatur:

> Jeder von uns muß wahr über das wirkliche Leben schreiben. Die Schwierigkeit liegt darin, daß jeder etwas anderes unter *wahr* und *wirklich* versteht. Die meisten verstehen darunter nur das Derb-Wirkliche. Das Sichtbare und das Greifbare. Sobald die Wirklichkeit in Geträumtes übergeht, und Träume gehören zweifellos zur Wirklichkeit – wozu sollten sie denn gehören? –, verstehen die Leser nicht viel […] Ob ein Nebel über den Augen der Leser liegt oder über meinem Roman, es kommt nicht klar heraus.[108]

Diese Kafka in den Mund gelegten Worte sind sicher ebenso als Hinweis auf die defizitäre Lektüre der eigenen Texte zu verstehen wie die Entgegnung E. T. A. Hoffmanns, aus der das zuversichtliche Selbstbewusstsein der Autorin spricht: **Ich glaube, bei mir kommt es klar heraus […], wenn ich auch immerzu aus der Wirklichkeit ins Phantastische springe. Und es muß auch herauskommen. Wer sonst als wir kann die Menschen trösten und warnen?**[109] Spätestens seit der Arbeit von Erika Haas, die den Zusammenhang von *IDEOLOGIE UND MYTHOS*[110] in SEGHERS' Schaffen auch am Beispiel der antiken und religiösen Motive im *SIEBTEN KREUZ* herausgearbeitet hat, wird immer wieder auf die kulturpolitischen und literarhistorischen Kontexte hingewiesen, in denen der Text steht. Die Entstehung des Romans fällt in die Zeit der Realismus-Debatte emigrierter deutscher Künstler, der 1934 mit dem Expressionismusstreit im Bund proletarisch-revolutionärer Schriftsteller begann. In dieser Kontroverse um Darstellungsmethode und Ausdrucksformen sozialistischer Literatur vertrat der sehr angesehene ungarische Literaturwissenschaftler Georg Lukács eine eher konservative Auffassung, die an den Werken der deutschen Klassik und des kritischen Realismus orientiert war. Werke von Autoren, denen es nicht gelang, objektive Distanz zu ihrem Stoff zu wahren, verwarf Lukács als Dekadenzliteratur, experimentelle Erzähltechniken lehnte er als Formspielereien ab, sie galten ihm als Indizien für den Verlust an weltanschaulicher Klarheit und Übersicht.

ANNA SEGHERS hingegen fühlte sich gerade mit jenen Dichtern verbunden, die wie sie in die Widersprüche ihrer Zeit[111] verstrickt waren, und verteidigte das als **Zerfall** und **Form-Experiment** Denunzierte als heftigen **Versuch eines neuen Inhalts**.[112] Andererseits wandte sie sich gegen eine falsch verstandene dogmatische Auffassung vom Sozialistischen Realismus, gegen eine Wirklichkeitsdarstellung auf Kosten poetischer Gestaltung, gegen eine anmaßend parteiliche Darstellung, die nicht auf gelebten Überzeugungen und Erfahrungen beruht. Eine solche Literatur könne ihre Wirkung auf den Leser nur verfehlen und müsse den Ruf der engagierten Schriftsteller zwangsläufig schädigen.

> In den letzten fünf Jahren sind öfters Genossen zu mir gekommen, begabte und wenig begabte und unbegabte, im Vollbesitz der Methode des Realismus, Gestalter, nicht Beschreiber, so glaubten sie wenigstens. Was mit dem ›Zauberlehrling‹ passierte, war noch eine Idylle, gemessen an dem, was diese Freunde anrichteten. Sie hatten es fertiggebracht, die Welt ganz zu entzaubern [...] Sie schilderten eine unerlebte Welt, die auch für den Leser unnachlebbar wurde.[113]

SEGHERS' Anspruch, Zeitgeschichtliches und Poetisches, das aus Märchen, Sagen, Mythen, Legenden und Träumen gespeist ist, miteinander zu verbinden, galt in der damaligen, politisch angespannten Situation als modernistisch, experimentierend und oppositionell. Der Verzicht auf einen positiven Helden und auf eine strenge Chronologie der Ereignisse, der Einsatz moderner Erzähltechniken, der Wechsel der Erzählperspektive und auch die Verfremdung und Erweiterung der Wirklichkeit durch fantastische Elemente wurde mit Skepsis betrachtet. Die Intention der Autorin, Wirklichkeit auch über eine emotionale, kathartische Erschütterung des Menschen zu vermitteln, spiegelt sich im Lektüreerlebnis einer Romanfigur aus TRANSIT, das im Sinne der SEGHERS'schen Wirkungsabsicht idealtypische Züge trägt:

> Aus lauter Langeweile fing ich zu lesen an. Ich las und las. Vielleicht, weil ich bisher noch nie ein Buch zu Ende gelesen hatte. Ich war verzaubert [...] Ich versteh gar nichts davon. Meine Welt ist das nicht. Ich meine aber, der Mann, der das geschrieben hat, der hat seine Kunst verstanden [...] Ich vergaß meine Langeweile. Und hätte ich tödliche Wunden gehabt, ich hätte auch sie im Lesen vergessen.[114]

Auch Kafkas Bekenntnis aus der REISEBEGEGNUNG, er **liebe Grimms Märchen. Aus ihrer Sprache lernte** [er] **viel und er müsse gestehen, den Sinn und den Rhythmus mancher Sätze habe** [er sich] **angeeignet**[115], kann als Schlüssel zum Textverständnis im SIEBTEN KREUZ gelesen werden. Der Duktus einer gleichsam verinnerlichten Märchensprache scheint immer dann hindurch, wenn es darum geht, Situationen ins Allegorische zu heben: **Es war, als ob...** oder **Es ging zu wie...** Auch der idealisierte Leser in TRANSIT fühlt sich durch die Lektüre an seine Kindheit erinnert und diese Erfahrung wiederum befähigt ihn die Wirklichkeit zu begreifen:

> So hatte ich nur als Kind gelesen, nein, zugehört. Ich fühlte dieselbe Freude, dasselbe Grauen. Der Wald war ebenso undurchdringlich. Doch war es ein Wald für Erwachsene. Der Wolf war ebenso böse, doch war es ein Wolf, der ausgewachsene Kinder betört. Auch mich traf der alte Bann, der im Märchen die Knaben in Bären verwandelt hat und die Mädchen in Lilien [...]
> All diese Menschen ärgerten mich nicht durch ihre Vertracktheit, wie sie's im Leben getan hätten [...] ich begriff ihre Handlungen, weil ich sie endlich einmal verfolgen konnte von dem ersten Gedanken ab bis zu dem Punkt, wo alles so kam, wie es kommen mußte.[116]

Durch die Verwendung von Märchen- und Sagenmotiven, Legenden und Mythen, volksliedhaften und folkloristischen Elementen, Sprichwörtern und volkstümlichen Redewendungen versucht ANNA SEGHERS auch im SIEBTEN KREUZ eine bestimmte Atmosphäre zu schaffen, Situationen, Stimmungen und Charaktere zu kennzeichnen. Dem fiebernden Georg Heisler erscheinen im nächtlichen Dom alle Dimensionen verzerrt und so klingt ihm das Geräusch der zurückkehrenden Putzfrauen, **als ob Riesinnen schlurften** (II/I, 80). Koboldhafte Züge tragen zwielichtige Gestalten wie das Hechtschwänzchen, dessen Schabernack Georg fast zum Verhängnis wird, (II/V, 116 ff.) oder das **Männchen**, das plötzlich neben Mettenheimer auf der Bank sitzt und den alten Mann irritiert zurücklässt. (VII/III, 395) SEGHERS verwendet die Begriffe Märchen, Sage und Legende weitestgehend synonym, es geht ihr um **jenen Schwebezustand zwischen Faktizität und Gleichnishaftigkeit, der das Zeitereignis in Dichtung verwandelt**, der dem

Augenblick Dauer verleiht.[117] Bei den im Folgenden aufgelisteten Textbeispielen gibt es immer wieder Überschneidungen der Genres.

- Märchen:

Georg wundert sich, als er von dem Brauereifahrer auf die Straße gesetzt wird, **was er denn für Schuhe gestohlen (hatte), daß sie ihn trugen und trugen, während er selbst den Wunsch und Willen verloren hatte, weiterzulaufen.** (I/VII, 59) Auch wenn einem hier nicht die Siebenmeilenstiefel oder die Zauberpantoffeln des kleinen Muck einfallen, spürt man die aus diesem Bild sprechende Zuversicht, dass dieser Flüchtling sein Ziel erreichen werde. Auch Paul Röder, der seine Kollegen in der Munitionsfabrik nach möglichen Fluchthelfern durchgeht, wachsen wunderbare Kräfte zu, er verstand sich plötzlich **auf das Geflüster der Menschen, wie jener Mann im Märchen sich auf die Stimmen der Vögel verstand, nachdem er von einer bestimmten Speise gekostet hatte.** (VI/V, 335f.) Paul wächst durch die extreme Anforderung gleichsam über sich hinaus; wie im Märchen bewirkt gerade der **kleine Röder,** der Unscheinbare, aber auch Unverdorbene die Rettung in der Not. Genau umgekehrt ist es bei Leni, sie ist in Georgs Träumen **eine Art von Fabelgeschöpf geworden, das auch in Sagen nur dann und wann vorkommt.** (II/I, 79) Auf die Probe gestellt, erweist sie sich als eine **Kröte** (III/III, 187), die ihn verleugnet und ihm nicht einmal erste Hilfe leistet. Leni scheint **verhext** und Georg versucht sie zu beschwören, **das stramme, beschürzte hausbackene Weib zu verlassen […], doch die Beschwörung mißriet.** (III/III, 186) Auch in der Garage der Katharina Grabber wähnt Georg sich plötzlich in der Gewalt einer Hexe und so verlassen wie Hänsel und Gretel: **Diese Hexe wird mich nie mehr herauslassen. Paul wird nie wiederkommen.** (VI/IV, 333) Ebenso wie bei Frau Grabber **vermindert sich** jedoch auch bei der alten Sophie die **Hexigkeit […] in der Nähe.** (VII/I, 382) Wenn es schließlich von Frau Wallau heißt, sie sei dem Entschluss ihren Mann zu retten, **mit der Behextheit von Frauen** (gefolgt), **die an undurchführbare Pläne herangehen, indem sie zunächst einmal […] den Teil ihres Verstandes ausschalten, der dazu da ist, zu prüfen, was undurchführbar ist** (III/VII, 141), so wird deutlich, wie breit die Semantik gestreut ist. Wie im Märchen gibt es in der Romanwirklichkeit verzauberte oder sich verstellende Menschen, oft trügt der äußere Schein, das Böse trägt die Maske des Schönen, das Gute ist durch bösen Zauber entstellt. Dem fast makellos erscheinenden, aber in seinem Wesen zynisch brutalen KZ-Leutnant Bunsen – er ist ein **an Gesicht und Wuchs auffällig schöner Mensch** (I/IV, 28), **ein gewappneter Erzengel, wie ein Sankt Michael** – steht der charakterfeste Wallau entgegen, **ein kleiner erschöpfter Mensch, ein häßliches kleines Gesicht** (III/IV, 190), der aber Menschenwürde, Stolz und Standhaftigkeit verkörpert.

In seiner Angst um die Lieblingstochter Elli fragt sich Alfons Mettenheimer: **Gab es nicht ein Märchen, in dem ein Vater dem Teufel verspricht, was ihm zuerst aus dem Haus entgegenkommt?** (II/V, 123) und die Erzählerin beschwört an Georgs letztem Abend im Hause Kreß das Schneewittchen-Märchen herauf: **Ach, essen von sieben Tellerchen, trinken aus sieben Gläschen, keinem ist's ganz geheuer dabei [...]** (VI/IX, 377) Beide Allegorien lassen sich auch im Sinne der christlichen Mythologie deuten. Das Motiv, nach dem ein Vater sein Liebstes aufbietet – im Märchen HANS MEIN IGEL im Pakt mit dem Teufel, in der Bibel als Glaubensbeweis an Gott –, findet seine Entsprechung im alttestamentlichen Gleichnis von Jephthah und seiner Tochter[118]. Georgs letzte Mahlzeit erinnert in seiner **eucharistischen Wirkung auf das Ehepaar Kreß**[119] an das Heilige Abendmahl. Hier zeigt sich, dass Märchen – wie Franz Fühmann formuliert – **herabgesunkene Mythen** sind und Mythen wiederum **Modelle von Menschheitserfahrung**[120]. Wenn sich bei den meisten Leser/inne/n auch vermutlich zuerst die von der Erzählerin nahe gelegte Märchen-Assoziation einstellt, die Trivialisierung des Mythos sozusagen, so wird doch deutlich, dass damit die Interpretation nicht erschöpft, die Tiefenstruktur des Textes nicht ausgelotet ist. Ähnlich verhält es sich mit der Deutung der magischen Zahl Sieben (vgl. Kap. 3.1).

■ Sagen:
Wallaus Angst beim Verhör beschwört das Gleichnis von den **Kindern der Sage** (III/II, 171) herauf, die von Tieren aufgezogen werden. Damit wird nicht schlechthin die Frage gestellt, wer seine Idee weitertragen wird, sondern die Idee selbst wird positiv konnotiert. Gudrun Fischer ist zuzustimmen, wenn sie meint, dass allein dieser Vergleich die Szene über ihren historischen Bezug hinaushebt und ihr exemplarische Bedeutung verleiht, unabhängig davon, ob man als Leser/in ein Beispiel für eine solche Sage parat hat oder nicht. Sagenhaft ist Georgs Anziehungskraft auf die Jungenklasse am Rhein: **Er hatte nicht einmal wie der Rattenfänger zu flöten brauchen. Das ganze Rudel witterte schon mit ungebrochenem Spürsinn, daß diesem Mann etwas anhaftete, ein Abenteuer oder ein sonderbares Unglück oder ein Schicksal.** (III/II, 161) Auch der Schäfer Ernst bezieht seine Gelassenheit und Ruhe aus sagenhafter Tradition. In seiner **Familie ist das Schäferhandwerk erblich seit den Tagen von Wiligis.** (I/V, 42) Tatsächlich gibt es in den von Jakob und Wilhelm Grimm gesammelten Heimatsagen die Geschichte von einem Mainzer Bischof namens Willegis, die erklärt, wie Mainz zu dem Rad in seinem Wappen kam.[121]

■ Volksweisheit – Sprichwörter und Redewendungen:
Wie in Märchen und Sagen sind auch in Sprichwörtern und volkstümlichen Redewendungen Lebensweisheiten und Wertvorstellungen aufbe-

wahrt, die von Generation zu Generation weitergegeben werden und im Regelfall jedem vertraut sind. In jeder Lebenslage lässt sich durch ein Sprichwort eine Art Konsens herstellen, in dem kurz und bündig ausgedrückt wird, was sonst umständlich erklärt werden müsste.

Füllgrabe, dem es nicht gelingt, Georg dazu zu überreden, sich freiwillig bei der Gestapo zu stellen, entlässt den Unbelehrbaren schließlich mit den Worten: **Wem nicht zu raten ist, Georg, dem ist nicht zu helfen.** (IV/III, 231) Er selbst sieht keinen Sinn mehr im Widerstand und meint resigniert: **Kein Hahn kräht nach uns.** (IV/III, 231) Liesel und Paul Röder rechtfertigen sich gegenüber Georg dafür, dass sie die neue Politik gutheißen und Paul in der Rüstungsindustrie sein Geld verdient: **Nie hat ein Hahn nach uns gekräht, ach, dem einen sein Uhl, ist dem andern sein Nachtigall.** Überhaupt ist die Sprache Röders gespickt von Redewendungen, mit denen man sich durchs Leben schlägt, Anteil nimmt und allerlei Unliebsames verdrängt: **Grün siehst du aus. Bist du denn überhaupt noch der Georg?**, vergewissert sich Paul; **Da bin ich ja wirklich platt**, gibt Liesel ihrer Wiedersehensfreude Ausdruck; **Bei uns ist immer Eintopfsonntag**, erklärt Paul das bescheidene Abendbrot; **Gut gegessen, gut getrunken, hält Leib und Seele zusammen**, lädt er Georg zum Essen ein; **Nein, so etwas war noch nie da auf der Welt** und **Ich kann nicht klagen**, fasst Paul seine Lage zusammen und **Man muß den Teufel nicht an die Wand malen** beschwichtigt er Georg und sich selbst, als er die wahren Hintergründe seines Kommens erfahren hat. (IV/V, 244 ff.) **Das hängt alles an einem Haar**, versucht Liesel weinend Paul ihren inneren Konflikt zwischen der Sorge um die Familie und der Solidarität zu Georg zu erklären. (V/III, 318)

Franz und Elli, zwischen denen immer noch Georg steht, um dessen Wohl sie jetzt besorgt sind, saßen **noch immer Hand in Hand [beieinander und] sahen vor sich hin. Eine Traurigkeit, gegen die kein Kraut gewachsen ist, schnürte beiden die Kehle zu.** (IV/VI, 257) Schon einmal hatte Elli diese Redewendung gebraucht um Franz mitzuteilen, dass sie ihn wegen Georg verlassen habe: **Lieber Franz, ich will es dir lieber selbst sagen. Georg und ich – sei mir nicht bös. Man kann nichts dagegen machen, weißt du, dagegen ist kein Kraut gewachsen.** (I/VIII, 71) Der Spruch der Frau Mettenheimer für die von ihrem Mann verlassene Tochter wird gleich zweimal wiederholt um zu bekräftigen, dass die Mutter recht behielt **und alle älteren Leute. Die Zeit heilt alles und alle Eisen glühen aus.** (II/VI, 129, 136) Als Elli bewacht wird, ohne dass ihr die Spitzel etwas anhaben können, heißt es: **Aber auch das dichteste Netz, sagt ein Sprichwort, besteht hauptsächlich aus Löchern.** (IV/III, 223) Frau Fiedler tröstet Liesel Röder: **Das ist auf jeden Fall halb so schlimm. Wenn's ganz schlimm wird, binden wir ein Läppchen drum.** (VI/IX, 371)

- Doppelgängermotiv:
Eine fantastische Dimension wird dem Text auch durch das Doppelgängermotiv verliehen. Das literarische Verwirrspiel mit der Ähnlichkeit von Figuren findet sich seit der antiken Verwechslungskomödie AMPHITRION in jeder Epoche, jedoch besonders häufig in der Romantik und hier bei einem Dichter, den ANNA SEGHERS, wie man spätestens seit der REISEBEGEGNUNG weiß, besonders mochte, bei E. T. A. Hoffmann. Leute, die sich selber sehen in einem anderen oder in sich selbst, spielten in der Romantik **vor allem durch die Hinwendung zu einer psychologisch orientierten Charakterisierung** eine Rolle, **die unbewußte psychische Abläufe und krankhafte Seelenzustände nicht mehr ausspart oder als bedauerliche** *Entartung* **verurteilt, sondern geradezu ins Zentrum rückt.**[122] Die bei E. T. A. Hoffmann zu verzeichnende Psychologisierung des Doppelgängermotivs macht den Doppelgänger zum **Symbol einer Zeit, deren Kennzeichen angesichts großer Umwälzungen in Philosophie und Wissenschaft auch eine existentielle Verunsicherung ist.**[123] Im SIEBTEN KREUZ klingt das Doppelgängermotiv im Hoffmann'schen Sinne am ehesten in der Charakterisierung des KZ-Kommandanten Fahrenberg an, der vom Ausbruch der Flüchtlinge existenziell betroffen ist. Er fürchtet um seine Machtposition und würde die Rückkehr ins zivile Leben als schlimmste Degradierung empfinden: **Von allen Gespenstern, die Fahrenberg in den letzten drei Nächten heimgesucht hatten, war das gespenstigste: ein Doppelgänger Fahrenberg im blauen Installateurkittel, eine verstopfte Röhre ausblasend.** (IV/II, 221)

Anders verhält es sich mit Heislers Doppelgängern, dem falschen und dem anderen Georg. Heinrich Kübler, der aufgrund seiner Ähnlichkeit mit Georg vor Ellis Haustür verhaftet wird, antizipiert gewissermaßen Heislers potenzielles Schicksal im Falle seiner Festnahme. Zunächst wird er durch die Misshandlungen bis zur Unkenntlichkeit entstellt und damit dem von drei Jahren Haft verunstalteten Heisler immer ähnlicher, am Ende stellt er sich aber als der falsche Georg heraus. Kübler ist weniger ein Doppelgänger als ein Double von Georg Heisler, ein Stuntman wider Willen, der eine gefährliche Szene doubelt. Auf Elli Heisler bezogen bedeutet die Wahl des Heinrich Kübler zum Geliebten, dass sie von ihrem Mann nicht loskommt. Kübler selbst ist ihr gleichgültig, sie versäumt es sogar, sich um sein Schicksal nach der Verhaftung zu sorgen, obwohl sie doch Schuld an seinem Missgeschick trägt. Der andere Georg, dessen Stelldichein im Schuppen Heisler unfreiwillig belauscht, hat nur denselben Namen, aber diese Namensgleichheit wirkt irritierend – zunächst auf den Flüchtling, der zusammenfährt, als das junge Mädchen ihren Liebsten ruft und gewiss auch auf die Leser/innen, die eine Absicht hinter der Namensgebung vermuten. Der jüngere Georg steht kurz vor der Einberufung und repräsentiert die Generation, die dem Soldatenleben mit Abenteuerlust entgegensieht. Die Tatsache, dass beide Episoden unmittelbar aufeinander folgen, wirkt verwirrend und spannungssteigernd, durch die Verdreifachung des Namens wird die Figur des richtigen Georg besonders herausgehoben. Tiefere Bedeutung hat sicherlich auch die Episode, in der die junge Sophie Mangold früh am Morgen der alten, von weitem einer Hexe gleichenden alten Sophie, der Mutter des Schäfers Ernst, über den Weg läuft. Auch hier wird in der Konfrontation von Jugend und Alter, Vergnügen und Arbeit Zukünftiges antizipiert und Leben gespiegelt, der Lauf der Welt.

■ Legenden und christliche Metaphorik:
Mit der Verwendung religiösen Sprach- und Bildmaterials, das nicht als religiöse Interpretation der Wirklichkeit misszuverstehen ist, schafft ANNA SEGHERS eine symbolische Interpretationsebene und verleiht dem Text eine Tiefenstruktur, **ein *Mehr* an Bedeutung, die ein an der Oberfläche verhaftender Realismus nicht in den Blick bekommen kann.**[124] Frau Wallau hielt sich bei der Planung der Flucht ihres Mannes **nicht an Erfahrungen, nicht an Auskünfte ringsherum, sondern an zwei oder drei Legenden von gelungenen Fluchten. Beimler aus Dachau, Seeger aus Oranienburg.** Wie zur Rechtfertigung wird im nächsten Satz ergänzt: **Und in Legenden steckt ja auch immer eine gewisse Auskunft, eine gewisse Erfahrung.** (II/VII, 142) Georg findet im nächtlichen Dom Trost durch die Stilisierung des eigenen Schicksals zur (Heiligen-)Legende: **Ich werde ja hier noch erfrieren, dachte Georg. Man wird mich finden. Man wird den Kindern das Mauerstück zeigen: Hier fand man einmal einen Flüchtling, in einer Herbstnacht erfroren, in jenen wilden Zeiten.** (II/I, 83) Darüber hinaus schöpft er Kraft aus der Tradition des Gekreuzigten: **Nicht nur, was von andern gleichzeitig durchlitten wird […], sondern was von andern früher durchlitten wurde** (II/I, 84), vermag ihn zu trösten. Leiden und Tod religiöser Märtyrer und die Passionsgeschichte werden assoziierbar bei der Folterung der gefangenen Flüchtlinge und ihrem Tod am Kreuz. Christliche Metaphorik findet sich auch in der Figurengestaltung: Das Schicksal des alten Bauern Aldinger lässt an Mose denken, der Verrat Wallaus durch seinen Genossen Bachmann assoziiert einerseits die Verleugnung Jesu durch seinen anhänglichsten, aber der Angst nicht standhaltenden Jünger Petrus, andererseits wird die Assoziation zu Judas Ischariot heraufbeschworen, zumal beide Verräter ihre Schuld suizidal büßen. Die auf Himmel und Hölle verweisende räumliche, personelle und atmosphärische Entgegensetzung von Konzentrationslager und Marnet'schem Bauernhof[125] gehört ebenso in diesen Kontext wie zahlreiche verbale Verweise auf die Bibel. Auf das Jüngste Gericht wird angespielt, als Franz in Gedanken die Vertrauenswürdigkeit seiner Bekannten abwägt: **Ein paar Dutzend Menschen gingen durch seinen Kopf […]**

Ahnungslos, auf welche furchtbare Waage sie in diesem Augenblick gelegt wurden. Ein Jüngstes Gericht, ohne Posaunenstöße, an einem hellen Herbstmorgen. (IV/III, 234) Paul berichtet Liesel nach der Vorladung bei der Gestapo: **Bloß das höllische Feuer hat gefehlt. Aber sonst haben sie durchaus gewollt, daß ich sie mit dem Jüngsten Gericht verwechsle.** (VII/III, 401)

Auch hier zeigt sich wieder, dass Bilder und Begriffe nicht schematisch zugeordnet sind, sondern zum Inventar sowohl der Verfolger als auch der Verfolgten gehören. Für die Dorfbevölkerung von Buchenbach ist Wurz' Anzeige gegen Aldinger **ein großes Unrecht [...]: falsches Zeugnis wider deinen Nächsten.** (IV/I, 215) **Laßt die Toten ihre Toten begraben** (III/IV, 193), lautet eine stumme Antwort Wallaus im Verhör. **Gebt dem Hitler, was des Hitlers ist** (IV/IV, 238), denkt Franz in seinem Tagtraum von einem Glück mit Elli, der alsbald in einen Alptraum übergeht. **Mein Name ist Overkamp und nicht Habakuk. Ich gehöre weder zu den großen noch zu den kleinen Propheten, ich mache hier harte Arbeit,** rechtfertigt sich der Polizeikommissar gegenüber Bunsen (IV/II, 259). Die Reiter der Apokalypse werden angeführt um zu verdeutlichen, dass nichts, auch nicht der bei dem Gespräch über Juden ausspeiende SS-Messer, den friedlichen Apfelkuchensonntag bei Marnets stören könne. (VII/III, 405) Georg versucht im Duktus des Katechismus seine Angst zu beschwichtigen: **du sollst nicht grübeln [...] Du sollst nicht plötzlich abspringen.** (IV/IV, 239 f.) Der heilige Martin, **der sich vom Pferd bückte, um seinen Mantel mit dem Bettler zu teilen** (VII/VI, 417), lässt Georg in Frieden Abschied nehmen von seiner Stadt Mainz, in der auch ihm Barmherzigkeit und Solidarität zuteil wurden. Letzte Zuflucht findet er in der Wirtschaft ›Zum Engel‹. (VII/VI, 417) Der Name ist Verheißung, denn wie ein weiblicher Schutzengel behütet die Kellnerin seinen alptraumgeschüttelten Schlaf in der letzten Nacht. ANNA SEGHERS reproduziert in ihrem Roman die poetischen Bilder der Mythen, weil sie davon überzeugt ist, dass poetische Bilder wirklicher und wirksamer sind als alles theoretische Kopfzerbrechen darüber, welche Chancen der Faschismus einer Humanität noch lässt, die sie sich als Gegenposition zu ihm aufbaut.[126]

## 3.5 Figurenkonstellation
### 3.5.1 Das Personal des Romans

Obwohl zu den im Personenverzeichnis aufgeführten 32 Figuren im Verlauf des Romangeschehens noch über 100 hinzukommen, bleibt die Handlung überschaubar. Viele der angedeuteten oder in der Erinnerung heraufbeschworenen Personen haben vor allem atmosphärische Bedeutung, sie tragen dazu bei, dass der fiktiv erzählte Wirklichkeitsausschnitt lebensecht und überzeugend, also in vielfachen Perspektiven und Spiegelungen, erscheint. Dabei kommt der Unterscheidung von Haupt- und Nebenfiguren sekundäre Bedeutung zu. Die Absicht der Autorin, am Ereignis der Flucht **die Struktur des Volkes**[127] **aufzurollen**, bezieht sich sowohl auf die Flüchtlinge, die verschiedenen sozialen Schichten angehören, als auch auf die zahlreichen, mit der Fluchtgeschichte konfrontierten Menschen. An keinem von ihnen geht die Begegnung spurlos vorüber, alle müssen sich menschlich, moralisch oder politisch dazu verhalten. Das Spektrum der Verhaltensweisen reicht von spontaner Hilfsbereitschaft und illegal organisierter Fluchthilfe bis zu schroffer Abweisung und Denunziation. Die im Lager zurückgebliebenen Häftlinge, deren Befindlichkeit uns gleich zu Beginn mitgeteilt wird, fiebern mit den entflohenen Kameraden. Sie sind die eigentlichen Adressaten der blasphemisch säkularisierten Kreuzigungen und sie werden mit der Folterung und Ermordung der Eingelieferten auf eine harte Probe gestellt.

Die nächste Person, deren Betroffenheit mitgeteilt wird, ist Franz Marnet, früher Georgs Freund und Lehrer an der Arbeiterabendschule, jetzt untergetaucht und nach langer Arbeitslosigkeit Stanzer bei Höchst. Seit der Minute, in der er von den Westhofener Ereignissen gehört hat, ist er wie elektrisiert. Indem er versucht alte Verbindungen zu aktivieren, die Georg nützen könnten, findet er zu sich selbst zurück. Er war auf dem besten Wege, sich mit den Verhältnissen, die er früher kritisiert und bekämpft hatte, abzufinden und zu einem Rädchen im Getriebe zu werden: **Franz hätte nie anders gekonnt als genau arbeiten, mochte auch der Teufel sein Arbeitgeber sein.** (I/II, 20) Fast hätte er sich zu sehr zurückgezogen und zufrieden gegeben mit einem kleinen privaten Glück, aber die Sache mit Georg und die Begegnung mit Lotte, deren Mann Herbert von den Nazis erschlagen wurde, machen ihm klar, dass er nicht die Augen verschließen kann vor der Ungerechtigkeit und Brutalität des faschistischen Regimes. Franz wünscht sich zuweilen **die einfachsten Sachen [...] – eine Wiese oder ein Boot, ein Buch, Freunde, ein Mädchen, Ruhe um (sich) herum. – Dann aber (war) dieses andere über (sein) Leben gekommen [...] – dieser Wunsch nach Gerechtigkeit.** (V/III, 316) Wie sich der Aufbau einer Figur im Erzählprozess vollzieht, wird gerade am Beispiel des Franz deutlich. Sein Bild entsteht sukzessiv durch die Beschreibung seines Äußeren, seiner Tätigkeiten, Verhaltensweisen und Empfindungen sowie durch das Einblenden seiner Vorgeschichte. Franz wird charakterisiert durch Ausgeglichenheit und Ruhe, die Fähigkeit, Vergnügen aus den kleinen Dingen des Alltags zu ziehen, durch sein Zugehörigkeitsgefühl zu der Landschaft, durch die er fährt, und zu den Menschen, denen er begegnet. Aus seiner Perspektive wiederum lernen wir Georg kennen, noch bevor er im Roman erscheint. Franz ist nur indirekt am Gelingen der Flucht beteiligt, doch er gewinnt die eigene Identität zurück. Franz' Tagträume von einem gewöhnlichen Glück mit Elli werden von Paul und Liesel Röder gelebt, bis sie durch Georgs Auftauchen aus der unbekümmerten Familienidylle aufgeschreckt werden. Vielleicht kann man noch nachvollziehen, dass die Röders ins Schwärmen geraten über die Vergünstigungen durch die neue Regierung, immerhin liegen die Erfahrungen der Weltwirtschaftskrise und Inflation hinter ihnen. Jetzt verdient Paul so gut wie nie und beide genießen die Unterstützung für kinderreiche Familien, die staatlichen Glückwünsche für Liesel zur Geburt der Kinder, **freie Windeln, NS-Volkswohlfahrt** und **Kraft durch Freude.**

Wenn man aber erfährt, dass Paul sein Geld in einem Rüstungsbetrieb verdient, in dem Munition hergestellt wird, an der **sie da unten** – gemeint sind die Interbrigadisten in Spanien – **krepieren,** wird verständlich, warum Georg beim Zuhören die **Kehle immer enger wurde** und ihm das Herz brannte. (IV/V, 247) Paul verdrängt die Folgen seines Tuns: **Ach, dem einen sein Uhl ist dem andern sein Nachtigall. Wenn du erst anfangen willst, darüber zu spinnen** (IV/V, 247), aber Georgs Reaktion macht ihn stutzig. Aus der Schwärmerei über den neuen Wohlstand wird Rechtfertigung und Nachdenklichkeit. Paul ist ein praktischer Mensch, der sein Auskommen für sich und seine Familie sucht, die vermeintlichen Errungenschaften des Systems genießen und sich aus der Politik heraushalten will. Mitgefühl und menschliche Anständigkeit veranlassen ihn jedoch, dem politischen Flüchtling zu helfen, auch wenn er dessen Engagement nicht nachvollziehen kann. Am Ende wird ihm die **wortlose Hochachtung** zuteil; **eine Art von Berührung, die tiefer in den Menschen hineingeht als welche Zärtlichkeit immer.** (VI/IX, 361) Die beinahe erotische Dimension dieses unter größten Gefahren gewagten politischen Engagements erweist sich auch in den Beziehungen der Ehepaare Fiedler und Kreß. Paul und Liesel Röder erkennen einander nach bestandener Gefahr auf neue Weise, das Ehepaar Kreß hat das Gefühl es müsse Georg für die Herausforderung dankbar sein, die es wieder zueinander geführt hat, und die Fiedlers fühlen sich erinnert an Zeiten, in denen ihr Leben ausgefüllt und sinnvoll war.

Obwohl Geld und Papiere von im Untergrund tätigen Kommunisten wie Reinhard und Hermann beschafft werden, verdankt Georg sein Überleben weniger den spektakulären politischen Aktionen als vielmehr der Hilfsbereitschaft einfacher Leute. Neben der Hilfe, die ihm zuteil wird, spielen natürlich seine eigene Zähigkeit, Zufälle und eine gehörige Portion Glück eine nicht zu unterschätzende Rolle, aber auch die Überzeugung von der Richtigkeit seines Tuns und die Orientierung an erfahrenen Genossen wie Wallau. Viele der Personen, die Georg spontan Sympathie und Hilfe erweisen, handeln nicht aus politischen Beweggründen, von Politik verstehen sie nicht viel und die Zusammenhänge durchschauen sie nicht oder nur zum Teil. Sie helfen, weil sie sich ein ursprüngliches Gefühl von Menschlichkeit bewahrt haben. Da ist zum Beispiel ein altes Fräulein, das nichts von Georgs Schicksal weiß, ihm aber durch ihr Almosen ein Frühstück ermöglicht. Da ist die Kostümschneiderin Marelli, die erst später begreift, wem sie da geholfen hat, aber in ihrer Geradheit und Gewissenhaftigkeit vermutlich auch dann geholfen hätte, wenn sie im Bilde gewesen wäre. Der jüdische Arzt Dr. Herbert Löwenstein[128] ahnt, dass mit seinem sonderbaren Patienten etwas nicht stimmt, und er weiß, dass eine unterlassene Strafanzeige ihn schlimmer treffen würde als unterlassene Hilfeleistung. Selbst ausgegrenzt und in Lebensgefahr hadert er zwar mit seinem Schicksal – **Ich habe Frau und Kinder. Warum kommt der Mensch zu mir? Bei jedem Schellen zittern müssen. Und was man mir Tag für Tag alles antut –**, aber menschliche Anständigkeit und medizinisches Ethos sind stärker als die Angst: **Zu dir ist bloß eine Hand ins Sprechzimmer gekommen, eine kranke Hand. Ob die aus dem Ärmel eines Spitzbuben heraushängt oder unter dem Flügel eines Erzengels, das kann Dir ganz egal sein [...] mich geht die Hand an** (II/IV, 104), so spricht er sich in Gedanken Mut zu. Der Bezug zu einer ähnlichen, eher beiläufig erscheinenden Szene verdeutlicht die Tragweite von Löwensteins Entscheidung. In einem Frankfurter Krankenhaus zögert ein älterer Arzt bei der Ausstellung des Totenscheins für Belloni, als er dessen durchschossene Füße sieht. Aber er wird von einem jüngeren Arzt zurechtgewiesen, ›**was gehen Sie [...] die Füße an. Daran ist er doch nicht gestorben.**‹ **Ein schwaches Gefühl von Übelkeit überwindend, tat der Ältere, was der Jüngere befohlen hatte.** (II/IV, 112)

Von den sechs in Löwensteins Wartezimmer sitzenden Patienten kam nur einer auf die Idee Georg zu denunzieren, ein Todkranker, der dem jüdischen Arzt, der ihn auch nicht heilen kann, eins auswischen und sich am Leben rächen will. Die spontane Entscheidung des Mainzer Dompfarrers Seitz, die gefundenen Drillichfetzen zu verbrennen, statt sie zur Polizei zu tragen, bleibt keine singuläre Aktion, wenn man die an anderer Stelle beiläufig erwähnte Information zu ihr in Beziehung setzt, dass er in Häftlingskreisen als Sympathisant gilt. Georg ahnt nicht, dass dieser **Pfarrer Seitz, der Werner geholfen haben soll, als er rauskam** (IV/III, 234) und den er deshalb als Kontaktperson in Erwägung zieht, ihm durch das Tilgen seiner Spur bereits geholfen hat. In der 1946 erschienenen Erzählung Das Ende wird die Geschichte des Mainzer Dompfarrers, den seine aus christlicher Nächstenliebe gewachsene Zivilcourage ins KZ gebracht hat, wieder aufgegriffen (vgl. Kapitel 5.1.1).

Der Personenkreis um den Marnet'schen Bauernhof, der mit dem

Flüchtling nicht in Berührung kommt, repräsentiert jene Teile der Bevölkerung, die scheinbar einen politikfreien Alltag leben und dennoch verstrickt sind in die Widersprüche der Zeit. In Marnets Küche treffen verschiedene Generationen und Weltanschauungen aufeinander. Franz Marnet und die Brüder Messer, die alle auf ihre Weise mit den KZ-Flüchtlingen beschäftigt sind, der eine, um zu helfen, die anderen, um ihn zu fangen; die redlichen Bauern, die gelassen ihrem Tagwerk nachgehen, Franz' Konspiration nicht bemerken und dem Eifer der jungen Männer in SS-Uniform mit leisem Spott begegnen, während sie der alten Tante Anastasia, Schwester bei den Ursulinerinnen, höchste Achtung erweisen; Auguste Marnet und Eugenie, ähnlich wie Anna Alwin, zupackende Frauen, die versuchen, ihre Familien zusammenzuhalten und das Beste aus der Situation zu machen; Sophie Mangold und Ernst, der Schäfer, die über ihrer Liebesplänkelei die Welt um sich herum zu vergessen scheinen.

Gerade die Figur des Schäfers Ernst bereitet jungen Leser/inne/n zuweilen Schwierigkeiten.[129] Der Schäfer, zumal er mit dem Fluchtgeschehen direkt nichts zu tun hat, erscheint auf den ersten Blick als Außenseiter, dem die politischen Verhältnisse gleichgültig sind. In Feldherrenpose – **ein Bein vorgestellt, einen Arm in der Hüfte** (I/I, 13; I/VII, 62) – hütet er die ihm anvertrauten Schafe und pfeift seinem Hund Nelly, flirtet mit den Frauen und genießt seine Unabhägigkeit. Seine **unnachahmbar spöttisch-hochmütige Haltung** (I/I, 14) ermöglicht es ihm jedoch auch, sich nicht vom System vereinnahmen zu lassen. Auf die Frage beim Arbeitsamt, ob er als ein **starker junger Mann** seinen **Platz nicht einem älteren Volksgenossen** überlassen wolle, antwortet er, **in meiner Familie ist das Schäferhandwerk erblich seit den Tagen von Wiligis.** Zwar verstehen weder der Meier vom Arbeitsamt noch Sophie Mangold diese Anspielung – **Von was für 'nem Willi?**, fragt sie –, aber sie geben sich zufrieden. Letztendlich erscheint Ernst mit seiner Bemerkung: **Ihr habt wohl damals in der Schule alle nicht aufgepaßt** (I/V, 43) als der Überlegene. Seine Verspottung des Hitlergrußes (›He Hannes!‹ – ›He Ernst! Heil Hitler!‹ – ›Heil du ihn!‹ I/VII, 62) und die lapidare Bemerkung, dass er sich an der Jagd auf den Flüchtling nicht beteiligen werde (›Er kann natürlich überall sitzen‹, sagte Ernst, ›in jedem hohlen Baum, in jedem alten Schuppen. Aber da, wo ich hingucke, da wird er ganz bestimmt nicht sitzen‹ III/I, 156), löst betretenes Schweigen aus, bis Frau Marnet einlenkt: ›Du kannst dir so was erlauben Ernst [...], weil du keinen Hof hast und überhaupt nichts Eigenes. (ebd.) Darüber hinaus ist Ernst der Schäfer, mit seinem knallroten Halstuch [...] ein ganz frecher, unschäferischer Bursche. (I/I, 12) ANNA SEGHERS, von Lesern nach dieser Figur gefragt, antwortet: **Den Schäfer Ernst muß man als einen Bestandteil des Landes nehmen, wie das Wasser und wie die Äpfel. Er ist pfiffig und** frech. Es gibt viele seiner Art in seiner Gegend. Eine tiefe, geheimnisvolle Bedeutung in ihm zu suchen, wäre ganz falsch. Man muß einfach über ihn lachen oder lächeln.[130] Dafür, dass Ernst, der Schäfer, in seiner Sinnlichkeit und natürlichen Unbefangenheit ein unverzichtbarer Teil der Landschaft ist, spricht nicht nur Eugenies Stoßseufzer nach dem Abzug der Herde: **Wie jetzt die Wiese leer ist!** (VI/VI, 343), sondern auch der Erzählerkommentar: **Wenn einmal Ernst mit seinen Schafen vorbei ist, dann ist das Land erst kahl.** (VI/II, 326) Ernst ist also ähnlich wie das Hechtschwänzchen oder das Schublädchen Teil der Landschaftsmetaphorik. Im Kontext des Marnet'schen Bauernhofs, der im Gegensatz zur Hölle des Konzentrationslagers paradiesische Züge trägt, symbolisiert er das Bleibende, Überdauernde. Er steht Schafe hütend **oben**, gleichsam über den Dingen, unter ihm die **johlende Stadt hinter dem Fluß**, in dessen Wellen sich beim Feuerwerk Tausende **Hakenkreuzelchen** (I/I, 15) kringeln, die bei Tag wieder verschwunden sein werden.

Der systemunabhängige, bleibende Erfolg des Romans liegt sicher nicht zuletzt darin begründet, dass es der Autorin gelungen ist, einen glaubwürdigen personellen Querschnitt durch die Gesellschaft des nationalsozialistischen Deutschland der 30er-Jahre darzustellen, ohne in allzu starke Typisierungen oder gar Klischees zu verfallen:

> Zweifel und Angst überkommen nicht nur die Flüchtlinge, sondern auch ihre stillen Helfer. Einsam und verloren fühlen sich Folterknechte ebenso wie altgediente und standhafte Antifaschisten. Schwache und Imstichlasser gibt es auf beiden Seiten der Front, bei den Guten wie bei den Bösen [...] nicht die Verfolgten oder die Verfolger sind die Hauptfiguren im SIEBTEN KREUZ, sondern jene Menschen, die durch die Fluchtgeschichte aus ihrem gewöhnlichen Leben gerissen werden [...] Nicht jene Figuren, die sich bereits mehr oder weniger für die eine oder andere Weltanschauung entschieden haben, interessieren Anna Seghers. Wichtiger sind ihr vielmehr alle die, die sich ihrer Sache noch nicht sicher sind oder durch den Gang der geschichtlichen Ereignisse vor bisweilen kleine, manchmal aber auch ein schier übermenschliches Maß an Mut und Kraft fordernde Entscheidungen gestellt werden.[131]

### 3.5.2 Georg Heisler – ein Held?

Unter einem Helden versteht man gemeinhin einen tapferen, mutigen, unerschrockenen Menschen. Helden werden geehrt und gefeiert, man setzt ihnen Denkmäler, benennt Straßen und Schulen nach ihnen. Der literaturwissenschaftliche Terminus Held meint zunächst wertungsfrei lediglich die weibliche oder männliche Hauptfigur eines Werkes und unterscheidet beispielsweise tragische, naive, zu früh oder zu spät gekommene Held/inn/en (Wallenstein, Parzival, Kassandra, Götz von Berlichingen). Im Theater gibt es das Rollenfach des jugendlichen Helden. In der Heldensage, im Heldenepos und Heldenlied werden kühne Recken wie Herakles oder Siegfried gepriesen, ihr Kampf mit dem Schicksal oder mit dem Drachen, ihre übermenschlichen Taten werden bestaunt. In der Literatur wie im Leben hat der Heldenbegriff allerdings erhebliche Wandlungen erfahren. Falsches Heldenpathos und Instrumentalisierungen des Begriffs haben dazu geführt, ihn zu hinterfragen. Nicht zuletzt durch die Säkularisierung des Menschenbildes kam es zu einer Desillusionierung des auf Identifikation ausgerichteten ästhetischen Heldenmodells und zur Schaffung literarischer Gegenentwürfe. Ironisch gebrochene, pessimistische, in sich widersprüchliche und sogar Antihelden traten auf den Plan (Walsers Anselm Christlein, Lenz' Hofmeister, Büchners Woyzeck, Brechts Baal). Der Heldenbegriff ist also meist mit einer ästhetischen und moralischen Wertung verknüpft, allgemeinsprachliche und terminologische Bedeutung stehen nebeneinander, sodass in der Textinterpretation oft auf umschreibende Begriffe wie Haupt-, Mittelpunkts-, Zentralfigur oder in sich widersprüchliche bzw. pleonastische Wortverbindungen wie negativer und positiver Held zurückgegriffen wird um den Protagonisten/die Protagonistin eines literarischen Werkes näher zu kennzeichnen.

Im Roman *Das siebte Kreuz* ist, wenn man von der Fluchtgeschichte als wichtigstem strukturbildenden Element ausgeht, Georg Heisler der Protagonist, also sein Held. Er ist der einzige der sieben Häftlinge, dem die Flucht gelingt, die Begegnungen mit ihm lösen Entscheidungssituationen und existenzielle Veränderungen bei vielen anderen Figuren aus. Damit wird dieser siebte Flüchtling zum Medium, durch das der Alltag und die Verhaltensweisen der Menschen im faschistischen Deutschland in vielfältigen Spiegelungen erscheinen. Heislers Geschichte, die aus verschiedenen Perspektiven dargestellt wird, ergibt am Ende eine psychologisch und sozial überzeugende Charakterstudie, weil auf Glättungen und Stilisierungen weitestgehend verzichtet wird. Die Leser/innen werden in seine Erlebnis-, Gedanken-und Gefühlswelt hineingezogen, denn immer wieder erteilt die Erzählerin ihm das Wort, gibt Einblicke in seine psychische Befindlichkeit, macht seine Ängste, Zweifel und Hoffnungen, Tagträume und Fiebervisionen nacherlebbar. Indem Heisler mit der Innensicht der allwissenden und sich einfühlenden Erzählinstanz ausgeleuchtet wird, verschwimmen zuweilen Erzähler- und Figurenperspektive, sodass Erzählerbericht, innerer Monolog und erlebte Rede nahtlos ineinander übergehen:

> Jetzt nur kein Mensch sein, jetzt Wurzeln schlagen, ein Weidenstamm unter Weidenstämmen, jetzt Rinde bekommen und Zweige statt Arme [...] Sonderbar genug, daß er sich also doch, wild und besinnungslos, eisern an seinen eigenen Plan gehalten hatte! Eigene Pläne, die man sich aufstellt in den

schlaflosen Nächten, was sie für eine Macht behalten über die Stunde, wenn alles Planen zunichte wird; daß einem dann der Gedanke kommt, ein anderer hätte für einen geplant. Aber auch dieser andere war ich. (I/III, 26) Trotz dieser Fokussierung, die Heisler strukturell zur Hauptfigur der Handlung macht, ist er nicht als positiver Held konzipiert. Das entspricht der Intention der Autorin, die ins Zentrum des Romans nicht einen Einzelnen stellen, sondern **an einem Ereignis die ganze Struktur des Volkes**[132] aufrollen und damit die Situation in Deutschland vier Jahre nach der Machtergreifung der Nazis möglichst umfassend darstellen wollte. Heisler ist ganz bewusst auch nicht als politische Vorbildfigur angelegt; **die Sache, um die es hier ging,** so beruhigt ihn Wallaus Stimme, als er nach Röders Verhaftung unter der Last der Verantwortung zusammenzubrechen droht, war **nur zufällig eine Woche lang auf den Namen Georg getauft.** (VI/IX, 380) Dennoch wird Georgs Auftritt spannungsvoll vorbereitet, indem schon im Prolog auf ihn verwiesen wird, noch bevor er selbst in Erscheinung tritt. Drei der Häftlinge, die sich am Feuer der zu Kleinholz verarbeiteten Kreuze wärmen, gedenken seiner, ohne jedoch seinen Namen auszusprechen. Durch die in Form einer Klimax angeordneten, konspirativ geflüsterten, zum Teil ellipsenhaft verkürzten Sätze, deren letzter und deutlichster – wie im Märchen – dem Jüngsten zugeordnet ist, wird die Episode mit Bedeutung aufgeladen und die Spannung gesteigert:

> Hans sagte leise, mit einem schiefen Blick auf den Posten, ohne den Mund zu bewegen: ›Das knackt.‹ Erwin sagte: ›Das siebte.‹ Auf allen Gesichtern lag nun ein schwaches merkwürdiges Lächeln, ein Gemisch von Unvermischbarem, von Hoffnung und Spott, von Ohnmacht und Kühnheit […] Der Jüngste von uns, Erich, sagte mit einem Blick aus den Augenwinkeln, einem knappen Blick, in dem sich sein ganzes Inneres zusammenzog und zugleich unser aller Innerstes: ›Wo mag er jetzt sein?‹ (I, 10)

Heislers Name fällt zum ersten Mal, als sich Franz Marnet darüber klar wird, warum die Gerüchte um Westhofen ihn derart aufwühlen: **Also ein Lageraufstand, sagte er sich, vielleicht ein ganz großer Ausbruch. Da fiel ihm ein, was ihn daran besonders betraf: Georg –.** (I/II, 21) Nachdem durch die spannungsgeladene Personeneinführung Heisler herausgehoben und beinahe zum Mythos stilisiert worden ist, lernen wir ihn in der nächsten Episode selbst kennen, einen vor Angst und Kälte schlotternden Flüchtling, **ein Tier, das in die Wildnis ausbricht, die sein Leben ist, und Blut und Haare kleben noch an der Falle.** (I/III, 23) Allein der Frühnebel, der ihn wie eine Tarnhaut umgibt und der Umstand, dass man ihn so dicht am Lager nicht mehr vermutet, schützen ihn vor den fluchenden Posten und kläffenden Hunden. Erst neun Episoden später erfahren wir die Vorgeschichte Georg Heislers. Subjektiv gebrochen durch die Erinnerung des einstigen Freundes und Kampfgefährten Franz Marnet, entsteht das Bild eines Mannes, der mehr einem Abenteurer als einem Helden gleicht. Im Gegensatz zu dem Intellektuellen Franz hatte der aus dem Proletariermilieu stammende Georg früher **statt 'nem Kopf 'nen Fußball auf den Schultern,** zur linksorientierten Fichte-Jugend ist er nur **durch den billigen Jiu-Jitsu-Unterricht** gekommen und in Franz' Kurs an der Arbeiterabendschule **bloß aus Langeweile** (I/VIII, 67) – das behauptet er wenigstens. Dieser mit drei Brüdern vaterlos aufgewachsene hübsche und aufgeweckte Bursche, der seit seiner Automechanikerlehre arbeitslos ist, steht in dem Ruf, ein unberechenbarer Draufgänger und Weiberheld zu sein, der sich **mit einem Ruck von seinen jeweiligen Freundschaften** (IV/V, 243) losriss:

> Er wechselte ziemlich häufig seine Mädchen, und nach der seltsamsten Regel. Das schönste Mädchen in seiner Fichtegruppe ließ er plötzlich stehen und nahm sich ein närrisches, etwas verwachsenes Ding, eine Modistin bei Tietz. Er machte der jungen Bäckersfrau den Hof, bis es Krach mit dem Bäcker gab. Dann ging er plötzlich aufs Wochenend mit einer mageren kleinen Genossin mit einer Brille. (I/VIII, 70)

Georg ist fasziniert von seinem Lehrer Franz wie auch umgekehrt dieser von ihm, aber er fühlt sich ihm geistig unterlegen. Er ist es nicht gewohnt, Bücher zu lesen und in Diskussionen mitzuhalten und so veranlassen ihn Abenteuerlust und Tatendrang, aber auch das Bedürfnis nach Eigenständigkeit und Selbstbestätigung aufgrund uneingestandener Minderwertigkeitsgefühle, Extreme auszuschreiten, bis eines Tages die Freundschaft zwischen den beiden Männern dadurch zu zerbrechen droht, dass Georg Franz die Freundin ausspannt, um sie bei nächster Gelegenheit mit einem Kind sitzen zu lassen. Im Grunde fühlt sich Georg hin und her gerissen zwischen der kleinen Welt seiner Herkunft und der großen Welt des politischen Engagements, zwischen dem gewöhnlichen Glück und dem Menschheitsglück, der Sehnsucht nach Geborgenheit und dem Anspruch die Gesellschaft umzukrempeln. An den damit verbundenen, nicht ohne Gewissenskonflikte und Scham vollzogenen Milieuwechsel denkt Georg auf dem Weg zu Paul Röder, mit dem er Klicker und Fußball spielend aufgewachsen ist: **Das ganze Jahr, da er mit Franz zusammengelebt hatte, war er ein Schuldgefühl gegen den kleinen Röder nicht losgeworden.** (IV/III, 235) **Jene Kluft, die ihn plötzlich von Röder getrennt hatte, als er zu Franz gezogen war […] Hinziehen zu Franz, das bedeutete nicht nur lernen, sich bestimmte Gedanken aneignen, an den Kämpfen teilnehmen, das bedeutete auch, sich anders halten, sich anders kleiden, andere Bilder aufhängen, andere Dinge schön finden.** (IV/V, 243) Und doch war die Begegnung mit Franz nur die Brücke zu einem Lebensanspruch, den Georg selbst in sich trug. Paul Röder kann das zunächst nicht nachvollziehen:

›Du wärst in den ganzen Wirbel nicht reingekommen‹, sagt er ungehalten, ›wenn du damals nicht so in diesen Franz vernarrt gewesen wärst […] Auf 'ne Versammlung sind wir ja alle mal gegangen, 'ne Demonstration haben wir ja alle mal mitgemacht. Wut haben wir ja alle mal gehabt. Und Hoffnung haben wir auch alle mal gehabt. […] Das war nicht der Franz‹, sagte Georg. ›Das war stärker als alles andere –‹ (IV/V, 252)

Was genau dieses Stärkere war, ein unbändiges Gerechtigkeitsgefühl, das Ideal einer solidarischen Gesellschaft oder das Bedürfnis an Veränderungen selbst mitzuwirken, wird nie eindeutig und klar ausgesprochen. Auch Georgs Mutter bleibt bei dieser Vagheit, wenn sie meint, sie sehe bei Georg wesentlich stärker ausgeprägt, **was bei dem Vater und bei den Brüdern nur ein einzelner Wesenszug war, ein hingeworfenes Wort, mal ein Streik – mal ein Flugblatt.** (V/I, 269) Und obwohl sie sich daran erinnert, dass dieser Sohn ihr **viel Verdruß gemacht** hat, es hatte **immerzu Klagen gegeben von Lehrern und Nachbarn** (V/I, 267), fühlt sie sich gerade jetzt, da er in Gefahr ist und sie alle in höchste Gefahr bringen könnte, stärker denn je mit ihm verbunden.

Ähnlich wie Hull aus der Erzählung AUFSTAND DER FISCHER VON ST. BARBARA (1928) weckt Georg beinahe messianische Erwartungen: **Manche haben gesagt, daß er kommt […], und manche haben gesagt, daß er nicht kommt; jetzt ist er gekommen […] Jetzt wird es ernst.**[133] Wie von Grubetsch geht auch von Georg eine Faszination aus. In GRUBETSCH (1927) hieß es: ›**Der Grubetsch ist wieder da**‹, sagte Marie, die Frau, ›**jetzt wird es wieder ein Unglück geben.**‹[134] Auch die Knaben der Schulklasse, mit denen Georg über den Rhein setzt, witterten **mit ungebrochenem Spürsinn, daß diesem Mann etwas anhaftete, ein Abenteuer oder ein sonderbares Unglück oder ein Schicksal.** (III/II, 161) Auch Elli, die von Georg verlassene Ehefrau, trägt ihm nichts nach und sucht – zumindest das Äußere betreffend – Männer nach seinem Bilde – ein Umstand, der ihrem Liebhaber Heinrich Kübler zum Verhängnis wird, da er wegen seiner Ähnlichkeit mit Heisler versehentlich verhaftet wird. Die Art, wie sich Elli an den süßen Schmerz des Wartens auf Georg erinnert (II/VI, 128), ähnelt wiederum der verzehrenden Sehnsucht Katharinas nach Grubetsch.[135] Sogar Röders Tante, die Fuhrunternehmerin Katharina Grabber, eine harsche, vom Leben gezeichnete Frau, erkennt in Georg einen ebenbürtigen Partner und eine Herausforderung: **Er gefällt ihr. Sie wird ihm schon die Zunge ziehen. Er hat etwas Anheimelndes an sich.** (VI/IX, 363) Die Kellnerin schließlich, bei der Georg in der letzten Nacht vor seiner Flucht Schutz findet, denkt schon bei der ersten Begegnung: **Was ist denn das da draußen für einer? Was hat denn der auf dem Kerbholz? Denn etwas hat er […] Er ist kein Lügner, aber er lügt. Er hat Angst, aber er ist nicht ängstlich.** (VII/VI, 419)

Beim Abschied von Georg verschönt ein **leuchtender Blick** ihr Gesicht, die Begegnung mit ihm lässt sie **mit einem ruhigen stolzen Lächeln** (VII/VI, 422) zurück.

Heisler ist eine charismatische Persönlichkeit, aber kein geborener Widerstandskämpfer. Erst durch Franz findet er zur kommunistischen Bewegung, ganz allmählich wächst er mit seinen Aufgaben und gewinnt das Vertrauen seiner Genossen. Eine Entwicklung, die auch damit zu tun hat, dass er durch die Verhaftung vieler führender Kader mit immer verantwortlicheren Positionen betraut wurde, wird nur angedeutet: **An ihm haben die (Nazis) uns zeigen wollen, wie man einen baumstarken Kerl einszweidrei umlegt. Aber das Gegenteil passierte** (I/VIII, 75), erzählen entlassene Häftlinge und Franz denkt voller Verwunderung und Achtung: **Wie konnte ich ahnen, daß er der ist, der er ist. Wie konnte man das im voraus wissen? Unsere Ehre und unser Ruhm und unsere Sicherheit waren auf einmal in seinen Händen. All das früher, alle seine Geschichten, alle seine Streiche, das war nur Unsinn, Nebensache [...] Ich hätte vielleicht an seiner Stelle nicht standgehalten.** (I/VIII, 75) Georg besitzt eine bemerkenswerte Ausstrahlung, er hat aber auch etwas Unstetes. Als Identifikationsfigur wird er vermutlich gerade deshalb angenommen, weil er keine fertige und fehlerlose Persönlichkeit ist, sondern ein Mensch mit Stärken und Schwächen. Darüber hinaus verkörpert er ein bipolares Muster, das jeder in irgendeiner Weise in sich trägt, auch die behütet aufgewachsene Bürgerstochter ANNA SEGHERS, auch Franz Marnet und Paul Röder und viele literarische Figuren aus früheren Texten der Autorin.[136] Zwei unvereinbar scheinende Sehnsüchte sind in Georg, die nach einem gewöhnlichen Leben und die nach der ungebundenen Existenz des Abenteurers und Weltveränderers.

Die ungeschönte, Widersprüche nicht glättende Charakterisierung des Protagonisten Heisler ist durchaus von der Autorin beabsichtigt, denn **das bringt wohl den Leser dazu, daß er fühlt: Auch ein Mensch, der nicht ganz auf der Höhe war, kann im entscheidenden Augenblick, verfolgt vom Klassenfeind, heroisch wirken.**[137] SEGHERS ist sich bewusst, dass diese Figurenanlage nicht der Konzeption des sozialistischen Realismus entspricht, gegen dessen Verengungen sie in der Kontroverse mit Georg Lukács leidenschaftlich argumentiert hat. Leser, die **in diesem Roman einen positiven Helden suchen und brauchen**[138], verweist sie – vielleicht nicht ganz ohne Ironie – auf Ernst Wallau. Dieses Angebot der Autorin führte in der DDR zu einer verengten Rezeption, zu einer Vereinnahmung des Buches für die Heroisierung des kommunistischen Widerstands.[139] Eine solche, mit der Glorifizierung Wallaus verbundene Akzentsetzung unterlief jedoch die Intention der Autorin, die um eine differenzierte, ideologische Klischees und Heroisierungen meidende Gestaltung bemüht war. In einem schon 1943 in Mexiko gegebenen Interview sagte sie:

> Heisler, wie ich ihn sehe, wie ich ihn zu entwerfen versucht habe, war ein durchschnittlicher Mensch. Das gleiche gilt für Wallau – obwohl Wallau wohl ein wenig reifer und erfahrener im Kampf gegen den Feind war. Beide Männer stehen für hunderte, die dasselbe durchgemacht habe. Ich kann mir durchaus vorstellen, daß Amerikaner sich vorstellen, diese Männer besäßen außergewöhnliche Willenskraft [...] Heislers und Wallaus gibt es überall.[140]

Die westdeutsche Rezeption resümierend stellte Erwin Rotermund fest: Nicht zuletzt in der großen Bedeutung, die den nonkonformistischen, intuitiv handelnden Individuen von Hull bis Seidler im Werk von Anna Seghers zukommt, dürfte die starke Faszination begründet sein, das dieses auch auf ein nichtsozialistisches Publikum ausübt.[141]

### 3.5.3 Sieben Flüchtlinge – viele KZ-Schicksale

Die sieben Flüchtlinge, die verschiedenen sozialen Schichten angehören und aus ganz unterschiedlichen Gründen im KZ waren, lassen darauf schließen, dass die nationalsozialistische Diktatur ihre Gleichschaltungspolitik radikal durchsetzte. Nicht nur kommunistische Funktionäre wie Ernst Wallau und Georg Heisler wurden in Schutzhaft genommen, sondern auch politisch indifferente Kleinbürger und Künstler wie der Ladenbesitzer Füllgrabe und der Artist Anton Meier alias Belloni, Intellektuelle wie Eugen Pelzer oder Bauern wie Aldinger. Die im Roman angedeutete Häftlingsklientel entspricht der zweiten Phase der Entwicklung der Konzentrationslager, die in drei Etappen verlief. Ging es bei der Einrichtung der Lager ab 1933 in erster Linie um die Ausschaltung der politischen Opposition (Kommunisten, Sozialdemokraten, Gewerkschafter, Christdemokraten des Zentrums), so kamen ab 1937 weitere missliebige Personengruppen hinzu (Juden, Sinti und Roma, Homosexuelle, oppositionelle Geistliche, so genannte Asoziale), ab 1942 schließlich wurden Arbeits- und Vernichtungslager vor allem für rassisch Verfolgte errichtet.[142]

Eine Verhaftung konnte also Ende 1937, zur Handlungszeit des Romans, jeden treffen. Mit der Verhaftung von Holzklötzchen wird schon im ersten Kapitel gezeigt, wie schnell man sich damals die Zunge verbrennen (I/II, 22) und von einem Spitzel in Lebensgefahr gebracht werden konnte. Holzklötzchen kommt nach einigen Tagen wieder frei, gezeichnet von Folterungen und zum Schweigen gebracht (VI/II, 329), kurz zuvor erfährt man jedoch von acht Neueinlieferungen. (VI/I, 323) Acht aufsässige Arbeiter von Opel in Rüsselsheim kamen nach Westhofen zu **einer kurzen Kur, die ihnen nachher ihre neuen Akkordsätze besser bekömmlich machte.** (VI/I, 323) Von einem jungen Schiffer aus Liebach ist die Rede, der für einige Wochen eingesperrt war, weil er auf das Lager geflucht hatte: **Als er herauskam, hatte er sonderbar ausgesehen und auf keine Frage geantwortet.** (II/II, 88) Diese Episode kann man als Vorausdeutung auf das Schicksal Georgs lesen, denn eben dieser Schiffer hatte **Arbeit auf einem Schleppkahn gefunden und war später […] ganz in Holland geblieben.** (ebd.)

Wie banal und niederträchtig solche Denunziationsgeschichten ablaufen konnten, zeigt auch Aldingers Fall. Er, ehemals Bürgermeister von Unterbuchenbach, landet im KZ, weil Bauer Wurz, Bürgermeister von Oberbuchenbach, ihn bei der Ortszusammenlegung als Konkurrenten ausschalten wollte. Die in der SA organisierten Söhne des Wurz – einer von ihnen war von Aldingers Tochter abgewiesen worden – hatten ihm zu dieser Intrige geraten. Am Ende ist Wurz selbst erschrocken über die Wirkung seiner Anzeige und fürchtet sich vor Aldingers Rache: **Man hatte den Aldinger wirklich geholt. Ihm, Wurz, war nur daran gelegen gewesen, den Aldinger wegzuhaben, bis er selbst im Amt bestätigt war. Er hätte sogar seinen Spaß daran gehabt, sich an Aldingers Ärger zu laben. Das hatte nicht recht geklappt – aus unerfindlichen Gründen war Aldinger weggeblieben.** (IV/I, 212)

Denunziationen waren an der Tagesordnung, was eine andere Romanfigur, den Journalisten Heini aus Irmgard Keuns Roman NACH MITTERNACHT (1937) dazu veranlasste, die **deutsche Volksgemeinschaft** satirisch umzutaufen in **große deutsche Denunziantenbewegung: Jeder hat jeden zu bewachen, jeder hat Macht über jeden. Jeder kann jeden einsperren lassen. Der Versuchung, diese Macht auszuüben, können nur wenige widerstehen.**[143] In SEGHERS' Roman ist mehrfach von Hauswarten und Nachbarn die Rede, die alles Auffällige und Verdächtige melden. Röders Hauswartsfrau kommt es merkwürdig vor, dass Paul Röder früher als sonst das Haus verlässt. Noch ist Heislers Personenbeschreibung nicht von den Blockwarten an die Hauswarte ergangen, aber Paul hat später **die Frau stark im Verdacht, eine Meldung in seiner Sache erstattet zu haben.** (VII/III, 403) In Schenks Mietshaus reagieren Hauswart und Nachbarn äußerst misstrauisch, als nach dem von der Gestapo Verhafteten gefragt wird. Für den Schwätzer Hechtschwänzchen, den keiner so recht ernst nimmt, ist die Anzeigenerstattung eine willkommene Gelegenheit, sich wichtig zu tun. Löwensteins Patient Binder denunziert Georg um dem jüdischen Arzt eins auszuwischen, weil dieser ihm, dem unheilbar Kranken, nicht helfen kann. Frau Marelli, die die Zusammenhänge zunächst nicht durchschaut, merkt zu spät, dass sie ein Wort zu viel gesagt und die Gestapo auf Georgs Spur gebracht hat.

Nicht alle Flüchtlingsbiografien und Fluchtwege werden im Roman ausführlich geschildert. Von dem schon nach einer halben Stunde gefassten

Albert Beutler und von dem 1898 in Hanau geborenen Eugen Pelzer, der in einer Hundehütte in Buchenau von Pimpfen aufgespürt und genau 6 Stunden und 25 Minuten nach dem Ausbruch verhört wird, erfährt man kaum mehr als diese Daten. Es entspricht SEGHERS' Auffassung von der **Avantgarderolle der Kommunisten im antifaschistischen Widerstand**[144], dass die Geschichten von Heisler und Wallau durch ihre Ausführlichkeit herausgehoben werden. Aber auch die Geschichte des Bauern Aldinger aus Buchenbach, eines geraden Charakters, der sich mit kreatürlichem Instinkt nach Hause durchschlägt, beim Anblick seines Heimatdorfes am fünften Fluchttag einem Herzschlag erliegt und an den Posten vorbei in sein Haus getragen wird, prägt sich ein, obwohl nur Bruchstücke seiner Flucht mitgeteilt werden: **Er hatte nachts in den Feldern geschlafen, einmal war er von einem Möbelwagen vier Stunden mitgenommen worden. Allen Streifen war er entgangen […] Aldinger kannte keine Überlegung, keine Berechnung. Er kannte nur die Richtung […] Hätte die Gestapo […] eine Gerade gezogen von Westhofen bis nach Buchenbach, sie hätte ihn bald auf einem Punkt dieser Geraden gestellt.** (V/III, 293) Wie Belloni, der sich nach einer Verfolgungsjagd von einem Frankfurter Hoteldach stürzt und im Krankenhaus stirbt, gelingt es Aldinger, dem ältesten der sieben Flüchtlinge, Fahrenbergs Plan zumindest insofern zu durchkreuzen, dass er sich ihm nicht lebendig ausliefert.

So bleibt, genau genommen, nicht nur das siebte Kreuz leer. Die Todesart Aldingers ruft wie der Freitod Bellonis Assoziationen an Heimkehr und Freiheit hervor und verleiht diesem Sterben im Gegensatz zu einem qualvollen Foltertod im KZ die Qualität von Würde und Selbstbestimmtheit. Auch Georg geht es in seiner Verzweiflung durch den Kopf, dass der Tod im Sumpf außerhalb des Lagerzaunes ein anderer sein müsse **als der, vor dem er geflohen war, ein Tod in der Wildnis, ganz frei, und nicht von Menschenhand.** (I/III, 24) Wie Belloni, der vor seinem Sprung noch einmal **über die ganze Stadt weg sehen (kann), über den Main und die Höchster Fabriken und die Taunushänge** (II/IV, 111), betrachtet auch Aldinger noch einmal **das Land […], all diese teils bewaldeten, teils bebauten Hügelchen, die sich im Wasser spiegelten** (V/III, 294), als wolle er Abschied nehmen im Einvernehmen mit diesem Land. Wie Wallau und Heisler scheinen auch der undurchschaubare Belloni und der eigensinnige Aldinger den Nazis moralisch überlegen. Aldinger hatte im Lager fast den Verstand verloren, ihm waren nach und nach **alle Wünsche zerschlagen worden […] Aber das, was die Schläge übriggelassen hatten, war immer noch mächtig und stark.** (V/III, 294) Sein Denunziant Peter Wurz ist im Gegensatz zu dem zähen und aufrechten Alten nur ein Häufchen Elend. Seit er von der Flucht Aldingers gehört hat, verkriecht er sich **im dunkelsten Winkel** (IV/I, 210) seines Stalles und hinter seinem Bürgermeisterschreibtisch, über dem das Hitlerbild hängt. (V/III, 295 ff.) Hatten die Dorfbewohner nach anfänglicher Irritation ihr Auskommen gesucht mit dem neuen Bürgermeister, weil sie allmählich zu begreifen meinten, dass der Wurz **auf die richtige Karte gesetzt hatte** (IV/I, 214), als er seine Söhne bei der SA mitmachen ließ, so distanzierten sie sich jetzt von ihm. Die Haltung der Familie Aldinger, die den ›Heimgegangenen‹ auf seinem frisch bezogenen Bett würdevoll aufbahrt, bringt sie zur Besinnung: **Wer ins Haus kam, schrie nicht mehr Heil Hitler und schwenkte nicht mehr den Arm, sondern zog seine Mütze vom Kopf und gab den Menschen die Hand.** (V/III, 299)

Der Zirkuskünstler Belloni **war vom Trapez weg verhaftet worden**, weil man **ein paar Briefe [...[ von der Artistenloge aus Frankreich** (II/I, 82) bei ihm gefunden hatte. Welcher Art Bellonis Verbindungen waren, ob es nur um einen Auftritt in einem französischen Varieté ging oder um politische Konspiration, erfahren wir nicht. Selbst für Georg bleibt Belloni bis zuletzt rätselhaft, **ein dunkler, schweigsamer Mensch, ein guter Kamerad, aber sehr fremd.** (II/I, 82) Aber ohne **Bellonis Mantel** und das von der redlichen Frau Marelli ausgezahlte Geld hätte es Georg vielleicht nicht geschafft. Für Tamara Motyljowa ist **Belloni die Bestätigung der Tatsache, daß die Kämpfer gegen den Faschismus mitunter auch dort Verbündete finden konnten, wo sie sie nicht vermuteten.**[145]

Die Fluchtgeschichten, von denen man meist nur die Ausgänge erfährt, sind kontrastreich gegeneinander gesetzt, jede ist auf ihre Weise spannend und tragisch. Der Hochseilartist Belloni hat vor seinem Tod noch einmal einen großen Auftritt, eine Hetzjagd über die Dächer von Frankfurt: ›**Der reinste Film**‹ sagten die Leute. ›**Da fehlt nur die Greta Garbo.**‹ (III/IV, 109) Anders als in der Manege sieht Belloni zwar das Publikum, aber die zusammen geströmten Leute, die den Fassadenkletterer für einen gefährlichen Hoteldieb halten, müssen **schließlich abziehen, ohne etwas erlebt zu haben.** (II/IV, 111) Das verleiht Belloni beinahe so etwas wie Unsterblichkeit, denn in **den Mutmaßungen der Müßiggänger, in den aufgeregten Berichten der Frauen schwebte er immer noch stundenlang über die Dächer, halb Gespenst, halb Vogel.** (II/IV, 111) Während Bellonis Todessprung als großes Spektakel erscheint, ist Beutlers Ende unspektakulär. Schon kurz nach dem Ausbruch gefasst, wird er, der wegen eines geringen Devisenvergehens im KZ saß, so brutal zusammengeschlagen, dass den anderen Flüchtlingen sein unmenschlicher Schrei in die Glieder fährt und Polizeikommissar Overkamp nur noch voller Wut und Zynismus feststellen kann: **Gratuliere. Da könnt ihr schleunigst ein paar Spezialärzte herbeitrommeln, daß sie dem Mann da seine paar Nieren und Hoden und Ohren zusammenflicken, damit er uns noch mal vernehmungsfähig wird!** (I/IV, 33)

Pelzer dagegen wird, zur Enttäuschung der Buchenauer Bauern und Pimpfe, die ihn gejagt, seine Brille zerschlagen und ihm mit dem Absatz auf die Finger getreten haben, anständig im Lager empfangen. Overkamp verspricht sich vom Verhör mit ihm wichtige Informationen über den Fluchtplan, er versucht Pelzer zu irritieren, indem er vorgibt Heisler sei schon gefangen und werde ihm, sobald vernehmungsfähig, gegenübergestellt. Doch Pelzer hat sich schon aufgegeben, er ist zu erschöpft, als dass noch irgend etwas aus ihm herauszuprügeln wäre. Auch Schenk, den Röder im Auftrag Heislers vergeblich aufgesucht hatte, findet sich in Westhofen wieder. Dieser Schenk, Arbeiter im Zementwerk, ein **ruhiger, kläräugiger Mensch,** gehört zu jenen, die **alles in sich und an sich (hatten), was für Georg die Bewegung, den Inhalt des Lebens ausmachte.** (V/III, 275) Im Roman steht er für die Genossen, die ihre politische Tätigkeit im Untergrund fortgesetzt und auch im Lager nicht aufgegeben haben. Im letzten Kapitel erfahren wir, dass Schenk große Hoffnungen auf das Gelingen von Georgs Flucht setzt und den anderen Häftlingen Mut macht:

> […] in der Baracke sagte einer zum andern, ohne den Mund zu bewegen, weil das Sprechen verboten war: ›Glaubst du, sie haben ihn wirklich?‹ und der andere erwiderte: ›Nein, das glaub ich nicht.‹ Und der eine war Schenk und der andere war der Neuankömmling von den Arbeitern aus Rüsselsheim, den man gleich in den Bunker gesteckt hatte […] ›Nein, sie haben ihn nicht.‹ Nur die Nächsten konnten verstehen, was die beiden sagten. Doch vom Nächsten zum Übernächsten breitete sich in der Baracke im Lauf des Abends der Sinn der Worte aus. (VII/V, 413 f.)

Die Lagerinsassen, aber auch ihre Sympathisanten außerhalb des Stacheldrahts, die mit der Errichtung der sieben Kreuze und der umgehenden Rückführung und Bestrafung der Flüchtlinge eingeschüchtert und erniedrigt werden sollen, werden mit jedem Eingelieferten mutloser und klammern sich um so stärker an den Siebten, denn **ein entkommener Flüchtling, das ist immer etwas, das wühlt immer auf. Das ist immer ein Zweifel an ihrer Allmacht. Eine Bresche.** (I/VIII, 76)

In diesem Kontext werden auch die Verhaftungen und Verhöre zu Bewährungssituationen für die direkt und indirekt Betroffenen. Besonders eindrucksvoll ist hier der Kontrast zwischen Wallau und Füllgrabe gestaltet. Wallau wird am Abend des zweiten Tages, **noch bevor der Hahn kräht,** von seinem Genossen verraten – Füllgrabe stellt sich am vierten Tag selbst der Gestapo, weil er meint: **Kein Hahn kräht mehr nach uns.** (IV/III, 231) Aus Wallau ist trotz grausamer Folter nichts herauszukriegen, er ist zäher als ein **rohes Beefsteak.** (III/IV, 189) Füllgrabe braucht man nur zu schütteln **und die Aussagen fallen wie Pflaumen.** (IV/IV, 260) Wallau kann auf ein ausgefülltes, kämpferisches Leben zurückblicken: Spartakusbund,

Ruhrkämpfe, Parteiarbeit – Füllgrabe hat sich nie engagiert, er hat ab und zu eine Mark auf die Spendenliste der Kommunisten gesetzt, er sei so hineingeschlittert, man hätte ihn überredet, er hätte nie nein sagen können. (II/I, 83) Wallau hat wie Heisler Freunde und Genossen, die um ihn und ihre gemeinsame Sache bangen, die ihn unterstützen, um ihn trauern – Füllgrabe hat keine Verbündeten und keine höheren Ziele, deshalb fühlt er sich allein und dem Regime ohnmächtig ausgeliefert. Wie Füllgrabe zu seiner Garderobe kam – **Er sah so adrett aus wie eine Schaufensterpuppe** (IV/III, 228) – wird nicht erzählt. Georgs Gedanke, dass Füllgrabe sich **immer ein Hintertürchen offengehalten** hatte, lässt die Vermutung zu, dass er Leute aufgesucht hat, die erpressbar waren und ihn deshalb materiell ausgestattet haben. Moralische Unterstützung hat er offenbar nicht erfahren.

Aufschluss über die Macht der Nazis und über die Grenzen ihrer Macht geben auch Episoden, in denen etwa die Verhaftung Heinrich Küblers oder die Bespitzelung und Vernehmung von Alfons Mettenheimer, Elli Heisler und Paul Röder geschildert werden. Während die einen sich einschüchtern lassen, finden die anderen die Kraft zu widerstehen: **Sollen sie mich beobachten**, sagt sich Mettenheimer **mit einer Art von Stolz, nun, dann werden sie endlich einen ehrlichen Mann kennenlernen.** (VII/III, 394 f.) Paul berichtet Liesel, die überstandene Gefahr ironisch herunterspielend, um sie und sich zu beruhigen: **Dabei haben sie mich mit allem bedroht, womit man einem drohen kann. Bloß das höllische Feuer hat gefehlt. Aber sonst haben sie durchaus gewollt, dass ich sie mit dem Jüngsten Gericht verwechsle.** (VII/III, 401)

Dass dennoch im Roman nichts beschönigt oder verharmlost wird, zeigt der Fall des Ernst Wallau. Gerade er, der politische Kopf der Flüchtlingsgruppe, wird von einem Genossen verraten und den Nazis endgültig ausgeliefert. Als kommunistischer Funktionär und Reichstagsabgeordneter der KPD verfügt er über langjährige Erfahrungen und Verbindungen. Auch wenn er im Verhör nichts davon preisgibt, reißt sein Tod eine Lücke: **Unser ehemaliger Betriebsrat, der Abgeordnete Ernst Wallau, ist am Samstag sechs Uhr in Westhofen erschlagen worden. Dieser Mord wird am Tage des Gerichts schwer zu Buche stehen**, heißt es in einem Flugblatt seiner früheren Kollegen, die für sich in Anspruch nehmen, dass die höhere Gerechtigkeit auf ihrer Seite steht. Im Roman tritt Wallau als Person nur zweimal auf, nämlich in den Verhörszenen, und er sagt nur einen einzigen Satz (**Ich werde von jetzt an nichts mehr aussagen.** III/IV, 190), aber seine Stimme ist häufig präsent: als stummer Dialogpartner Heislers und später Overkamps und Bunsens, in den Gedanken und Hoffnungen seiner Kampfgefährten und Angehörigen und in den Flüchen seiner Feinde. Wallaus Biografie setzt sich zusammen aus den Erinnerungen Georgs und anderer

Häftlinge, aus Erzählerkommentaren zu Wallaus Familie und aus den protokollarischen Fragen Overkamps und stummen Antworten Wallaus im Verhör. So entsteht das Bild eines bemerkenswerten Menschen, eines charismatischen Führers, der – nicht nur für Heisler – väterlicher Freund und Lehrer, Ratgeber und Vorbild ist. Dennoch wird durch die Art der Personenbeschreibung und die zurückgenommene Präsenz im Romangeschehen nahe gelegt, dass Wallau kein Romanheld im herkömmlichen Sinne ist. **Ein kleiner, erschöpfter Mensch, ein hässliches kleines Gesicht, dreieckig aus der Stirn gewachsenes dunkles Haar, starke Brauen, dazwischen ein Strich, der die Stirn spaltete. Entzündete, dadurch verkleinerte Augen, die Nase breit, etwas klumpig, die Unterlippe durch und durch gebissen.** (III/IV, 190) Aber für die Nazis ist er eine uneinnehmbare Festung, sie können ihn zwar physisch vernichten, aber nicht moralisch brechen. Wallau trägt Züge eines Märtyrers, er lässt sich **durch keine Drohung und kein Leiden von der Weltsicht oder *Idee*, die ihm als Wahrheit feststeht, abbringen,** er tritt **mit Leib und Leben**[146] für sie ein. Das zeigt sich auch in Bezug auf seine Widersacher, die, obwohl sie seine Überzeugung nicht teilen, ihm den Respekt nicht versagen können: **Kann es denn bloßer Humbug gewesen sein, wofür einer sich foltern oder töten ließ? Zeugt die Glaubwürdigkeit, mit der er sich für seine Sache hingab, nicht auch für die Glaubwürdigkeit seiner Sache?**[147]

Die im Roman gestaltete Verhör- bzw. Todesszene Wallaus erinnert an die biblische Szene der Verurteilung und Kreuzigung Jesu. Auch das spricht für die Absicht der Autorin, die Idee, für die Wallau stirbt, aufzuwerten, denn die **Idee wird geheiligt durch ihren Märtyrer, er wird geheiligt durch sie,** deshalb sind die **christlichen Heiligenlegenden überwiegend Märtyrergeschichten.**[148] Der Auffassung Zimmers, die Autorin habe hier ein Bild eines Antifaschisten gezeichnet, welches dem Wunsch nach Verklärung und Erhöhung folgt, um die brüchige und widersprüchliche Wirklichkeit der kommunistischen Weltanschauung und Politik nicht thematisieren zu müssen[149], ist jedoch nicht unbedingt zuzustimmen, beruht sie doch auf der gleichen, nur mit entgegengesetztem Vorzeichen versehenen Überbewertung der Wallau-Figur, die man gemeinhin der DDR-Rezeption vorwirft.

### 3.5.4 Die Repräsentanten des Nationalsozialismus

ANNA SEGHERS verfolgte zwar mit ihrem Roman die Absicht ihren Lesern das Bild des anderen Deutschland zu vermitteln und versuchte der im Ausland verbreiteten Ansicht, dass alle Deutschen Nazis seien, entgegenzuwirken, dennoch räumt sie den Anhängern des Nationalsozialismus den Platz ein, der einer realitätsnahen Darstellung entspricht. Neben dem KZ-Personal werden auch die in der SA, SS, HJ und anderen Verbänden organisierten Teile der Bevölkerung sowie die unterschiedlichen Formen von Mitläufertum und Anpassung gezeigt. Dabei ist trotz angestrebter Objektivität die Tendenz unverkennbar, die Anhänger des Nationalsozialismus zwar differenziert, aber doch mit Distanz zu beschreiben. Neben Figuren, die in Psychogrammen und Kurzporträts näher vorgestellt werden, gibt es auch solche, die nur schemenhaft angedeutet oder auf redende Namen reduziert werden. Gleich im ersten Kapitel wird aus der retrospektiven Sicht eines Häftlings die Kommandantur des KZ Westhofen vorgestellt, wobei der alte und der neue Lagerkommandant kontrastiv voneinander abgesetzt sind. Sommerfeld sei **eine andere Nummer** gewesen als sein Vorgänger Fahrenberg, heißt es zunächst lapidar. Danach folgen historisch verbürgte Details, die den erzählerischen Anspruch auf Authentizität verdeutlichen: **Afrikaner, Kolonialoffizier vor dem Krieg, und nach dem Krieg war er mit seinem alten Major Lettow-Vorbeck auf das rote Hamburg marschiert.** (I, 9) Den späteren Freikorpsführer Lettow-Vorbeck, einen hohen Offizier der Wilhelminischen Kolonialtruppen, hat es wirklich gegeben, und die Stadt Hamburg, von der nach dem Kieler Matrosenaufstand im November 1914 landesweite Gründungen von Arbeiter- und Soldatenräten ausgingen, ist tatsächlich von Freikorpsverbänden besetzt worden. ›Alte Kämpfer‹ holte man sich also in die Westhofener Lagerleitung nach der peinlichen Ausbruchsgeschichte, die durch unberechenbare Leute wie Fahrenberg und Zillich zum öffentlichen Desaster geworden war, Strategen anstelle von unbeherrschten Schlägern:

> War der erste Kommandant ein Narr gewesen, mit furchtbaren, unvorhersehbaren Fällen von Grausamkeit, so war der neue ein nüchterner Mann, bei dem sich alles voraussehen ließ. Fahrenberg war imstande gewesen, uns plötzlich alle zusammenschlagen zu lassen – Sommerfeld war imstande, uns alle in Reih und Glied antreten und jeden vierten herauszählen und zusammenschlagen zu lassen. (I, 9)

Seeligenstadt, als dessen Eroberer Fahrenberg ironisch bezeichnet wird, ist kein historisch bedeutsamer Ort, sondern eine Kleinstadt in der Maingegend[150], in der Fahrenberg eigentlich anstelle des im Krieg gefallenen älteren Bruders das Installationsgeschäft seines Vaters übernehmen sollte, doch diese Vorstellung ist ihm ein Alptraum. **Lieber [...] wollte er Deutschland erneuern, mit seinem SA-Sturm kleine Städtchen erobern [...]. In den Arbeitervierteln herumknallen, Juden verprügeln.** (IV/II, 220) Den Leuten, die ihn für einen **Nichtsnutz** hielten, wollte er es beweisen **mit Achselstücken, Geld in der Tasche, mit Anhang, mit Macht.** (IV/II, 220 f.) Er hat den Einfall mit den gekuppten Platanen und setzt nun seinen ganzen Ehrgeiz daran, die Flüchtlinge innerhalb einer Woche an diesen, von weitem sieben Kreuzen gleichenden Baumstümpfen aufzureihen. Eine Zeit lang ist er allein auf Georg fixiert, doch dann begreift er, **dass er nicht hinter einem einzelnen her war** [...], **sondern einer gesichtslosen, unabschätzbaren Macht.** (VII/VI, 422) Diese Einsicht ist für ihn unerträglich, denn nicht nur seine Position als Lagerkommandant ist gefährdet, sondern – und das lässt sein Haar **ergrauen** und sein Gesicht **einschrumpfen** (III/I, 150) – seine ganze, an diese Macht geknüpfte, monomanische Existenz. Er maßt sich an, vom Führer **zur Macht bestellt** zu sein, zwar **nicht ganz zur Allmacht**, aber immerhin, **Herr über Menschen sein, Leib und Seele beherrschen, Macht haben über Leben und Tod.** (III/I, 150) Selbst für die Polizeikommissare Overkamp und Fischer, die nur ihre Pflicht tun, und für Bunsen, der sich einen Karrieresprung von Fahrenbergs Missgeschick erhofft, ist dieser Lagerkommandant ein Psychopath, neurotisch, sadistisch und machtbesessen: **Fahrenberg ist die Sache ins Gehirn gestiegen** [...] **Dieser Spaß wird sein letzter in Westhofen sein.** (III/IV, 188f) Ob Fahrenberg ein ähnliches Schicksal erleidet wie sein Gefolgsmann Zillich in SEGHERS' Nachkriegserzählung DAS ENDE (1946), bleibt offen. Es geht das Gerücht um, er habe sich nach seiner Entlassung aus Westhofen **eine Kugel in den Kopf geschossen**, aber vielleicht ist er auch **die Treppe heraufgefallen und hat noch mehr Macht bekommen.** (VII/VI, 424)

Im SIEBTEN KREUZ scheinen der Handwerker Fahrenberg und der Bauer Zillich zwei schichtenspezifische Antworten auf die Frage zu sein, welche sozioökonomischen und sozialpsychologischen Prädispositionen Menschen dazu geführt haben, im Nationalsozialismus ihr Heil zu suchen. Furcht vor sozialer Deklassierung, aus Minderwertigkeitsgefühlen erwachsende Angst- und Hassgefühle sowie die Bereitschaft diese durch Gewalt zu kompensieren. Unzufriedenheit, Lebensangst und innere Leere trieben viele schon vor 1933 in nationalsozialistische Kampforganisationen wie den ›Stahlhelm‹, wo sie das Sozialprestige erlangen konnten, was ihnen als Angehörigen der Mittelschicht oft versagt blieb. Wie von Fahrenberg erhalten wir auch von seinem Scharführer Zillich eine psychologische Charakterstudie durch die Einbeziehung seiner Vorgeschichte und Befindlichkeit. Beide Männer suchen in der nationalsozialistischen Bewegung Halt und Sinn bzw. einen Ersatz für ihre gescheiterte Existenz und beide würden die Rückkehr in ein ziviles Leben als eine Degradierung empfinden. Sie verachten das gewöhnliche Leben, weil sie sich nicht eingestehen wollen, den Anforderungen eines normalen Broterwerbs und der Verantwortung für eine Familie nicht gewachsen zu sein.

Im Gegensatz zu Fahrenberg, der auf ein angefangenes Jurastudium zurückblicken kann und immerhin bis zum Lagerkommandanten aufgestiegen ist, hat es Zillich nie zu etwas gebracht. Seinen Bauernhof hat er nach dem Ersten Weltkrieg bis zur Zwangsversteigerung heruntergewirtschaftet, die Vorstellung, dass er **noch mal mit den Kühen rumbumbeln (soll, erfüllt) sein Inneres mit dumpfer Angst.** (VI/VII, 351) Als ungeselliger Mensch, der weder bei den Kameraden noch in seiner Familie Rückhalt findet, betäubt er sich anfallsweise mit Alkohol. **Er kannte diese Angst von klein auf […] Sein angeborener Verstand, seine Riesenkräfte waren von klein auf eingezwängt, unberaten, unerlöst, unverwendbar.** (VI/VII,352) Im Krieg, wo er auch dem Leutnant Fahrenberg begegnet ist, hat er sich zu Hause gefühlt: **Er hatte im Krieg das eine gefunden, was ihn erleichterte. Er wurde nicht wild beim Anblick des Blutes, wie man es Mördern nachsagt […] Der Anblick des Blutes beruhigte ihn.** (VI/VII, 352) Im KZ ist er seinem Kommandanten beinahe hündisch ergeben, seine Minderwertigkeitskomplexe lebt er in Brutalität und Sadismus gegenüber den Häftlingen aus, er ist es schließlich, der Wallau totschlägt. Er hat keine Ideale, er weiß nur, was er alles nicht will und kann. Deshalb war er leicht zu gewinnen für die nationalsozialistische Bewegung: **Komm mit, Zillich, komm mit uns. Das ist das Rechte für dich, du bist ein Kamerad, du bist eine kämpferische Natur, du bist ein nationaler Mann, du bist gegen das Gesindel, du bist gegen das System, du bist gegen die Juden. – ›Ja, ja, ja‹, hatte Zillich gesagt, ›ich bin dagegen‹.** (VI/VII, 350) Hier wird deutlich, wie die Angst vor sozialer Deklassierung und die Unzufriedenheit mit den bestehenden Verhältnissen aufgefangen und in nationalistische, antisemitische und antikommunistische Bahnen gelenkt werden konnte.

Die auf Fahrenberg und Zillich folgende Generation wird durch den jungen SS-Leutnant Bunsen vertreten, einen **an Gesicht und Wuchs auffällig schöne(n) Mensch(en).** (I/II, 28) Mit seiner äußeren Erscheinung entspricht er nicht nur dem rassischen Arierideal – groß, blond, blauäugig –, er wird sogar augenzwinkernd mit einem **Drachentöter** – Siegfried aus der Nibelungensage(?) – einem **gewappneten Erzengel**, einem **Sankt Michael** (IV/VI, 261) verglichen. Dass irgend etwas mit dieser Schönheit nicht stimmt, wird sowohl an der ironischen Geste deutlich, mit der wiederholt auf sie angespielt wird, als auch durch den Hinweis auf Bunsens *Mausezähnchen,* die ihn in die Nähe niederer Wesen rücken und auch die Verbindung zum Dämonischen und Teuflischen andeuten. (IV/VI, 261)[151]. Der Gegensatz zwischen äußerer Wohlgestalt und innerer Kälte, zwischen Bunsens sauberem Privatleben und dem schmutzigen Geschäft, dem er nachgeht, erinnert aus heutiger Sicht an Schreibtischtäter wie Eichmann. Auch Bunsen mordet nicht selbst, er lässt morden – als auch seine Vernehmung Wallau nicht zum Reden bringt, lässt er dem Büttel Zillich freie Hand. Nach dem Ersten Weltkrieg aufgewachsen, ist er ein typisches Produkt nationalsozialistischer Erziehung, er fühlt sich überlegen, weiß seinen

Ehrgeiz dosiert einzusetzen und richtet auch sein Privatleben gesinnungsgerecht aus. Seine Braut, so erfahren wir, wird einen **Sechswochenkurs auf der SS-Bräuteschule** (VII/V, 415) besuchen, ein Hinweis darauf, dass die SS sich besonders in ihren Anfangsjahren als ideologische und biologische Eliteorganisation verstand, die selbst die Familiengründung mit Schulungen begleitete, um die ›Rasse‹ nicht zu gefährden.

Auch Georgs Bruder Heini wird vermutlich nicht zuletzt deshalb von den Nazis angeworben, weil er dem Gardemaß der SS entspricht: **Sein Wuchs, sein Schädel, sein Haar, seine Zähne – als hätten ihn seine Eltern nach dem Lehrbuch der Rasse geschaffen.** (V/I, 266)[152] Wie Heini Heisler sind auch die Brüder Heinrich und Friedrich Messer angezogen von dem äußerlichen Prestige und der Überlegenheit, die ihnen die Mitgliedschaft in der SS verschafft. Einerseits wird gezeigt, wie die Insignien der Macht – schwarze Uniform und Motorrad – und die Angst vor Denunziation ihre Mitmenschen einschüchtert, andererseits wird deutlich, dass der Respekt vor diesen dienstbeflissenen Wichtigtuern sich in Grenzen hält. Auf die Frage von Franz, warum die Messers ihren Schwager Anton Greiner nicht auf ihrem Motorrad zur Arbeit mitnehmen, antwortet Anton geringschätzig: **Dürfen die gar nicht, die haben nachher Dienst.** (I/II, 17) Messers Phrase **Eine Sarah weniger** (VII/III, 450) hindert die Tischgesellschaft am Apfelkuchensonntag bei Marnets nicht daran, das Gespräch über die Jüdin Dora Katzenstein fortzusetzen. In diesem Zusammenhang ist die inzwischen verjährte Einschätzung Eugen Kogons von Interesse, dass Untersuchungen über die Herkunft von SS-Angehörigen **in fast jedem einzelnen Fall** ergeben haben, **daß es sich bei ihnen um Tiefunzufriedene, Nichterfolgreiche, durch irgendwelche Umstände Zurückgesetzte, um Minderbegabte aller Art und häufig genug um sozial gescheiterte Existenzen handelt.**[153]

In Westhofen werden Fahrenberg und Zillich abgelöst durch Sommerfeld und Uhlenhaut, Bunsen wird im Urlaub vertreten durch Hattendorf, über Letztere erfährt man ebenso wenig wie über das weitere KZ-Personal, das – wie im Fall Messer – zum einen redende Namen trägt – Braunewell, Willich, Lohgerber (I/IV, 29 f.; I/V, 38) – zum anderen jedoch lediglich die zahlenmäßig starke Präsenz verdeutlichen soll. Manche der Posten erkennt der im Sumpf versteckte Georg an ihrer Stimme, an andere fühlt er sich erinnert, als er junge, uniformierte Männer in der Stadt sieht, die – für Georg unbegreiflich – einen gewöhnlichen Alltag leben. Ausführlicher wird der zeitweise im Lager tätige Polizeikommissar Overkamp geschildert, der meist mit dem Polizeiwachtmeister Fischer zusammen auftritt, beide **waren nationale Männer mit allen Kriegsauszeichnungen.** (V/III, 304) Overkamp geht mit einer gewissen Tüchtigkeit, aber leidenschaftslos und ohne Mitleid seiner Arbeit nach, für ihn eine **Arbeit wie jede andere. Sie berei-**

tete ihm keine Belustigung, geschweige denn Lust. (V/III, 304) Der Übereifer Fahrenbergs oder die Zurichtung des eingelieferten Pelzer lehnt er ab, aber vor allem deshalb, weil diese Kapriolen seine Arbeit stören. Er versteht sich als loyaler Staatsbeamter, als Hüter der Ordnung: **All die Menschen, nach denen er fahnden mußte, hatte er immer für Feinde der Ordnung gehalten** [...] **Auch heute noch hielt er die Menschen, nach denen er fahndete, für die Feinde der Ordnung** [...] **Soweit war alles noch klar. Unklar wurden die Dinge erst, wenn er sich überlegte, für wen er da eigentlich arbeitete.** (VI/II, 304 f.) Aber solche Überlegungen scheint er zu verdrängen. Seine Philosophie beruht auf der einfachen Formel totalitärer Regimes, **entweder halten wir eine bestimmte Sorte Menschen hinter einem Stacheldraht und geben schön acht** [...], **daß alle drin bleiben – oder wir sind drin und die andern geben auf uns acht.** (IV/VI, 259)[154]

Auch der nationalsozialistische Alltag ist geprägt von dieser Dialektik. In jedem Ort, jeder Arbeitsbrigade, jedem Mietshaus und fast in jeder Familie gibt es Leute, vor denen man sich in Acht nehmen muss oder auf die man sich gegebenenfalls, zur eigenen Rechtfertigung, berufen kann. So ist es dem Malermeister Alfons Mettenheimer ganz recht, dass er bei der Vernehmung durch die Gestapo auf den Mann der ältesten Tochter verweisen kann, der Sturmbannführer ist. Dieser Otto Reiners tritt im Roman selbst nicht auf, aus den Reflexionen über ihn muss sich der Leser selbst eine Meinung bilden. **Frau Reiners hatte die beste Heirat von den Mettenheimer-Töchtern gemacht. Sie war vernünftig gewesen** (IV/VI, 253 f.), heißt es im Erzählerbericht. Ihr Mann, **über Tag ein Bankbeamter, war abends SS-Mann, in der Nacht, sofern er daheim war, ein Gemisch aus beidem; er war aus einem Stahlhelmer zu einem leidenschaftlichen Anhänger des neuen Staates geworden** [...] **ein Judenfresser, antikirchlich in seinen Äußerungen.** (ebd., 252 f.) Seine Frau, die selbst zu den **Frauen- und Luftschutzabenden (ging)**, obwohl sie sich langweilte, fügt sich ihrem Mann und verbietet der eigenen Schwester den Zutritt ins Haus: **Du verstehst doch!** [...] **Wir können uns ja bei den Eltern sehen** [...] **Du kennst ja den Reiners.** (ebd., 254).

Anna Alwin, auf deren Buchenauer Gehöft sich Georg hinter einem Holzstapel versteckt, ist unglücklich über die Umstände, die aus ihrem Mann **wieder das alte Biest** und aus den Söhnen von dessen erster Frau wieder **das freche Kroppzeug** (I/VI, 51) gemacht haben. Als der Sohn Fritz mit einem Rudel Pimpfe Haus und Hof nach dem Flüchtling durchstöbert und der fanatische Alwin in SA-Uniform die Frauen zurechtweist, weil sie ihrer täglichen Hausarbeit nachgehen, statt sich an der Flüchtlingsjagd zu beteiligen, bricht es aus Anna heraus: **Ach, etwas ist immer. Gestern der Erntedank und vorgestern für die Hundertvierundvierziger, und heute** für den Flüchtling zu fangen und morgen, weil der Gauleiter durchfährt. **Na, und die Rüben? Na, und der Wein? Na, und die Wäsche? Halt's Maul** (ebd., 49), herrscht sie ihr Mann an, und **nimm dir doch das alles nicht so zu Herzen** (ebd., 50), versucht sie die Schwiegermutter zu trösten, es gebe eben Sachen, die man nicht ändern könne, irgendwann gingen sie schon vorüber. **Die alte Frau Alwin sah stramm und hart aus, die jüngere ging vornübergebeugt mit müdem Gesicht.** (I/VI, 48)

Unglücklich und ratlos ist auch die alte Frau Heisler, die nur hoffen kann, dass Georg nicht seinen eigenen Brüdern in die Hände fällt, denn der Zweitälteste war nach fünfjähriger Arbeitslosigkeit zur SA gegangen, **bei ihm war alles schon vergröbert und verdickt** (V/I, 266), und der Jüngste, derselbe Heini, den Georg zu allen Kundgebungen auf seinen Schultern geschleppt hatte, war jetzt **dreist und kalt**, hatte jetzt **Rosinen im Kopf von Führerschulen und von der SS und von der motorisierten SS** (V/I, 267). Am liebsten würde er, um seine unbedingte Gefolgschaftstreue unter Beweis zu stellen, den Flüchtling selbst fangen.

Während – wie am Beispiel der Eheleute Fiedler und Kreß gezeigt wird – Menschen wieder zueinander finden können durch das gemeinsame Engagement für eine gerechte Sache, sind ihre Beziehungen gefährdet, wenn die nationalsozialistische Ideologie in ihr Leben eindringt. Durch die Familien Mettenheimer, Alwin, Heisler und Bachmann geht ein Riss und auch Liesel Röder ahnt, dass – so absurd es auch klingt – ihr Familienglück unrettbar verloren gewesen wäre, wenn Paul Georg verraten hätte, um dieses Familienglück zu retten. Bei den Bachmanns ist genau das passiert, ihr Leben, das ›gewöhnlich‹, ›stark‹, ›kühn‹ und ›klar‹ war, ist zerstört durch den Verrat an Wallau. (II/VII, 144 f.) Im gleichen Kontext steht der Tagtraum des Franz Marnet von einem Leben mit Elli: Zwei Zimmerchen, Gärtchen, Vergünstigungen für Neuvermählte, Kraft durch Freude, Vergünstigungen für Kinderreiche. Doch unvermittelt geht dieser Tagtraum in einen Alptraum über: Fahnen raus(?), Abzeichen im Knopfloch(?). Ellis Schwester lehrt das Kind den Hitlergruß – Franz erschrickt, denn dieses einfache Glück wäre zu teuer erkauft, ein gewöhnliches Leben scheint in diesem Dritten Reich für ihn nicht möglich zu sein. (IV/IV, 237 ff.)

Immer wieder wird im Roman Generationsproblematik thematisiert. Die nationalsozialistische Erziehung scheint flächendeckend zu funktionieren, sie hat dazu geführt, **daß die jungen Leute, die immer alles besser wissen wollen,** jetzt nicht **das Gute**, sondern **Das Böse** besser wussten. (II/II, 89) Messers Söhne sind bei der motorisierten SS, Heini Heisler träumt davon, auch dazugehören zu dürfen, Wurz' Söhne sind bei der SA, Alwins Sohn Fritz ist ein fanatischer Pimpf, der Gärtnerlehrling Fritz Helwig ein HJ-Mitglied, das seinem Scharführer Martin blind vertraut, die

Söhne des redlichen Gärtners Gültscher **gehörten halb ihm, halb dem neuen Staat.** (V/II, 273) Mettenheimer wird im Verhör vorgeschlagen, Georgs Sohn, seinen Enkel, in ein Kinderheim zu geben. Seine jüngste Tochter, die stupsnasige Liesbeth, hält Mettenheimer an, dahin zu gehen, **wo alle Mädchen hingehen [...], nicht auf halb verbotene Sachen** (II/III, 93), also zu den **Jungmädeln** und zum BDM und nicht in die Kirche. Georg trifft eine Knabenklasse, deren Lehrer, jede Gelegenheit nutzend, sie auf den Krieg vorzubereiten, Georg bittet, seine Kriegserlebnisse zu berichten. Es klingt eine Hoffnung im Text an, dieser engagierte Lehrer möge den aufgeweckten Buben in anderen Zeiten nützlichere Dinge beibringen. Ähnlich zu werten ist die Szene, in der der Eisenbahnarbeiter Hermann dem Lehrling Otto helfen will, der von Lehrmeister Lersch im Kasernenhofton mehr gedrillt als angelernt wird. Doch **der kleine Otto entzieht sich, der Bub hält jetzt Güte für Geschwätzigkeit und Solidarität für altertümlichen Unsinn,** stellt Hermann bedauernd fest und er fragt sich: **Was kann aus ihm werden [...]. Ein zweiter Lersch vielleicht, noch ein schlimmerer, weil die Lehre danach war. [...] Ich will die Patenschaft über das Kind übernehmen, eine Art von geheimer Patenschaft.** (VI/VI, 345)

Der Gärtnerlehrling Fritz Helwig begibt sich sozusagen von selbst in eine solche Patenschaft bei dem besonnenen Gärtner Gültscher. Wie alle Jungen seines Alters ist er in der HJ, wie fast alle Leute seiner Gegend hat er sich an das nahe gelegene KZ gewöhnt, doch jetzt, da er mit dem Schicksal eines Flüchtlings unmittelbar konfrontiert ist, beginnt er nachzudenken und zu zweifeln. Im gleichen Maße wie ihn der Fanatismus und die Brutalität der Flüchtlingsjäger abstoßen, identifiziert er sich mit seinem Flüchtling. Er ist **herangewachsen in einem wilden Getöse aus Trompeten, Fanfaren, Heilrufen und Marschschritten,** aber er hat eine **stille Mutter,** die ihm darin beipflichtet, dass in dem Lager wohl nicht nur lauter **Lumpen und Narren** eingesperrt seien. (II/II, 90) Indem er durch die Verleugnung seiner Jacke die Spuren verwischt, verschafft er Georg einen Vorsprung und trägt maßgeblich zum Gelingen seiner Flucht bei. Auch Wallau, dem im Verhör mitgeteilt wird, dass seine Söhne Karl und Hans **der Erziehungsanstalt Oberndorf überwiesen (wurden), um im Geiste des nationalsozialistischen Staates erzogen zu werden** (III/IV, 192), hofft, dass diese Kinder, die seine Frau Hilde und er in ihrem **gemeinsamen Glauben** (ebd.) aufgezogen haben, der nationalsozialistischen Indoktrination widerstehen werden.

Die Angst – nicht nur der Kommunisten –, dass **ein Niemandsland** gelegt werde **zwischen die Generationen, durch das die alten Erfahrungen nicht mehr dringen konnten, dass niemand die Fahne mehr abnehmen will, weil er ihre Bedeutung gar nicht kennt** (II/II, 170 f.), ist groß. Aber der Befürchtung der bei der Einlieferung Wallaus zutiefst deprimierten Häftlinge, dass alle **die Burschen und Mädel da draußen, wenn sie einmal die Hitler-Jugend durchlaufen hatten und den Arbeitsdienst und das Heer** [...] **den Kindern der Sage (glichen), die von Tieren aufgezogen werden, bis sie die eigene Mutter zerreißen,** wird im Roman entgegengearbeitet. Wenn es auch letztendlich den Leser/inne/n des Romans überlassen bleibt, ob sie die Zeichen der Hoffnung oder die der Hoffnungslosigkeit stärker ausgeprägt sehen, die Intention der Autorin ist unverkennbar. In der Erzählung *Vierzig Jahre der Margarete Wolf* (1958) können wir Wallaus Söhnen begegnen, die das Vermächtnis ihres Vaters weitergeführt haben.

# 4 Rezeption des Romans

## 4.1 Publikationsgeschichte

Die Rezeptionsgeschichte des Romans beginnt mit seiner erfolgreichen Vermarktung in Amerika. Wie sehr ANNA SEGHERS an der Veröffentlichung ihres Buches gelegen war, zeigt die Tatsache, dass ihr Agent Max Lieber unverzüglich nach ihrem Eintreffen in Ellis Island im Juni 1941 Verhandlungen mit dem Bostoner Verlag Little, Brown & Company aufnahm, der 1942 die englische Erstausgabe publizierte. Auf Empfehlung von Erich Maria Remarque erschien DAS SIEBTE KREUZ. ROMAN AUS HITLERDEUTSCHLAND noch im gleichen Jahr im 300 000 Mitglieder zählenden Book-of-the-Month Club als Buch des Monats, was für einiges Aufsehen sorgte und auch das Interesse amerikanischer Filmstudios weckte. Doch noch bevor der überwältigende Erfolg des Films THE SEVENTH CROSS 1944 zu einer weiteren Verbreitung des Textes führte, erschien im Zuge einer Werbeaktion des Buchklubs eine Comic-Strip-Version im New Yorker *Daily Mirror* sowie in weiteren 34 amerikanischen Tageszeitungen. Sowohl der Film als auch eine 1944 herausgegebene Taschenbuchausgabe der Armed Services Edition wurden genutzt, um den Soldaten der US Army eine Vorstellung von Deutschland zu vermitteln und sie auf ihren Einsatz in Europa vorzubereiten.

Die erste deutschsprachige Ausgabe des Romans erschien 1942 bei El Libro Libre, dem mexikanischen Exilverlag, der von ANNA SEGHERS mitgegründet und von Walter Janka geleitet wurde. Seine deutschen Adressaten erreichte DAS SIEBTE KREUZ erst nach dem Krieg. Doch auch hier, in dem durch die Besatzungsmächte viergeteilten Deutschland, kam das Buch noch vor SEGHERS' Rückkehr aus dem Exil gleich in zwei Verlagen heraus, 1946 in Berlin und 1947 in München. Eine Kurzbiografie von ANNA SEGHERS und ein Auszug aus dem SIEBTEN KREUZ erschien auch in dem 1947 von Richard Drews und Alfred Kantorowicz herausgegebenen Band VERBOTEN UND VERBANNT. DEUTSCHE LITERATUR – 12 JAHRE UNTERDRÜCKT[155], ein verdienstvolles Unternehmen, wenn man bedenkt, dass im Nachkriegsdeutschland antifaschistische Literatur so gut wie unbekannt war. Nach Willi Bredels KZ-Roman DIE PRÜFUNG war DAS SIEBTE KREUZ die zweite Veröffentlichung eines Exilromans im Aufbau-Verlag. Als ANNA SEGHERS im Juli 1947 den Georg-Büchner-Preis bekam, geschah das zwar schon drei Monate nach ihrer Rückkehr aus Mexiko, aber dennoch mit fünfzehnjähriger Verspätung, denn 1932 war eine Nominierung aus politischen Gründen zurückgestellt worden.

## 4.2 Der Film »The Seventh Cross« (1944)

> Wenn alle Geschichten erzählt worden sind, die großen Geschichten und die kleinen – die Tragödien und die Melodramen –, wenn alle Geschichten von dem, was in Europa passiert ist, erzählt worden sind, was natürlich nie sein kann, dann wird man sich an The Seventh Cross erinnern als eine Geschichte von ein paar kleinen Leuten in einem kleinen Bezirk von West-Preußen, die bewiesen haben, daß es in der menschlichen Seele etwas gibt, das die Menschen über die Tiere stellt. Haß und Wunden verschwinden; politische Systeme verändern sich; dies aber ist ewig.[156]

Mit diesem Eingangsmonolog beginnt der Film THE SEVENTH CROSS, der 1943/44 in den kalifornischen Studios der MGM (Metro-Goldwyn-Mayer) gedreht wurde. Kriegs- und Anti-Hitler-Filme waren in jenen Jahren keine Seltenheit, es war die Zeit, da nach dem japanischen Überfall auf Pearl Harbour und der Aufkündigung der Neutralität Amerikas gegenüber Deutschland eine Flut unausgewogener antinazistischer Propagandafilme produziert wurde. Dennoch wertet es der amerikanische Literaturwissenschaftler Alexander Stephan, der die Geschichte dieses Films bis ins Detail aufgearbeitet hat, als einen Sonderfall, dass es einer kommunistischen Autorin, die im damaligen Amerika als potenzielle *enemy alien* galt, gelang, mit ihrem Roman einen Bestseller auf dem amerikanischen Buchmarkt zu landen und schließlich auch noch in Hollywood Erfolg zu haben. Das Geheimnis dieses Erfolgs beruht zu großen Teilen vermutlich darauf, dass die Story des Romans und noch mehr die der Filmversion den Lektüre- und Sehgewohnheiten des amerikanischen Publikums entsprach und seine Bedürfnisse nach Spannung und Unterhaltung befriedigte. Dem Film kommt aber auch das Verdienst zu, dank der guten Romanvorlage ein weitaus differenzierteres Deutschlandbild zu präsentieren, als dies in der damaligen amerikanischen Presse und Kriegsberichterstattung der Fall war.

Die Tatsache, dass der Film bis heute als **bester aller in Hollywood hergestellten Antinazi-Filme** [157] gilt, ist aber nicht nur rezeptions-, sondern auch produktionsästhetisch zu erklären. Zu nennen sind die Meisterschaft und das Engagement des Regisseurs Fred Zinnemann[158], der zwar damals noch am Beginn seiner Karriere stand, als jüdischer, aus Österreich stammender Emigrant jedoch ein besonderes Interesse am Gegenstand hatte. Ein Meister seines Faches war auch sein Kameramann Karl Freund, der schon mit so berühmten Regisseuren wie Friedrich Murnau und Fritz Lang zusammengearbeitet hatte und dessen Stummfilm-Erfahrung seiner exzellenten Kameraführung deutlich anzusehen ist. Man achte beim Betrachten des Films auf den ständigen Wechsel von Detail- und Nahaufnahmen, auf die durch Schatten und Schrägaufnahmen stark stilisierten Totalen. Schon die erste, schnittlose Einstellung, in der die Kamera zunächst bei einem Kreuz vor grauem Hintergrund verweilt, erfährt eine enorme Bedeutungsaufladung durch die Kamerafahrt, die durch Nebel und Schatten schließlich bei den Menschen, den sieben Flüchtlingen, anlangt, welche dann einzeln gleichsam die Bühne betreten und durch die Erzählerstimme vorgestellt werden.

Ein weiterer Grund dafür, dass der Film damals beim Publikum ankam und noch heute Schauwert besitzt, ist die hochkarätige Besetzung bis in die Nebenrollen hinein. Dem Hauptdarsteller Spencer Tracy, der schon damals als renommierter Charakterschauspieler galt, schien die Rolle des Georg Heisler – zumindest so, wie man ihn sich in Hollywood vorstellte – auf den Leib geschrieben zu sein. Heutige Zuschauer bzw. Kenner des Romans nehmen jedoch erfahrungsgemäß eher Anstoß an dem Filmstar-Image des **Außenseiters, des *loners* und gehetzten, aber ehrlichen *Imstichlassers,*** der sich hinter breiten Hutkrempen und hoch geschlagenem Mantelkragen verbirgt[159], weil es dem – inzwischen auch durch Dokumentaraufnahmen geprägten – Bild des ausgemergelten KZ-Häftlings nicht entspricht. Während die zentralen Figuren hauptsächlich mit amerikanischen Darstellern besetzt waren, traten in Nebenrollen Exilschauspieler auf, sie **durften statieren…, um Atmosphäre zu erzeugen**[160], schrieb damals Berthold Viertel. Sein etwas mokanter Unterton könnte auch darauf verweisen, dass die Exilanten hauptsächlich die bösen Deutschen verkörperten. Karin Verne beispielsweise spielte die treulose Leni, Alexander Granach den KZ-Kommandanten Zillich und Helene Weigel die intrigante Hauswartsfrau in Röders Mietshaus, zwei kurze stumme Szenen, die ihr einziger Hollywood-Auftritt bleiben sollten. Insgesamt ist das Bemühen zu spüren, deutsche Lebensweise und Mentalität realitätsnah darzustellen. Kulisse, Requisiten und Musikauswahl bedienen teilweise triviale Darstellungsmuster und deuten an, was man für typisch deutsch hielt: Fachwerkhäuser in engen Altstadtgassen, plätschernde Brunnen, Kuckucksuhren, Pfeife rauchende Männer und Sauerbraten. Die Melodie von »Am Brunnen vor dem Tore« begleitet die Szene, als Georg das kleine Mädchen trifft – im Film ohne die Begleitung von Schublädchen –, und Leni summt in ihrer blitzsauberen Wohnküche bis zu Georgs Auftauchen das Volkslied »Kommt ein Vogel geflogen«.

Sehr amerikanisch wirken die musikalische Untermalung der Liebesszenen und bestimmte Dialoge, wie z. B. der zwischen Georg und dem Lebensmittelhändler Poldi Schlamm, eine für den Film erfundene Figur. Als sich Georg bei ihm für die Überbringung der Papiere bedankt und jener bescheiden abwehrt, indem er all die kleinen, mutigen Leute mit den Ameisen in seinem Delikatessengeschäft vergleicht und dann noch augenzwinkernd fragt: **Verstehen Sie, was ich meine?**, gerät die Szene recht sentimental. Neben hinzugefügten technischen Details – Georg hat einen Revolver, nach den Flüchtlingen wird mit Suchflugzeugen gefahndet – gibt es auch einige Ungenauigkeiten: Der Mainzer gleicht mehr dem Kölner Dom; Worte wie ›Konzentrationslager‹ und ›3000 Marks‹ sind falsch geschrieben; Sauers Luxusbad sieht für den Frankfurter Fabrikarbeiter Röder aus **wie aus einem Hollywoodfilm**, das abstrakte Gemälde in Sauers Wohnung passt nicht in die Zeit, sondern ist für die Nazis entartete Kunst und entspricht damit nicht dem auf Tarnung und Anpassung bedachten Architekten. Wenn auch nicht alle Details stimmen, so ist insgesamt aber die von Angst und Ungewissheit, Anpassung und Widerstand geprägte Atmosphäre in Deutschland gut getroffen, was sicherlich ein Verdienst Zinnemanns ist, der falsches Pathos wie Karikatur gleichermaßen vermeiden wollte. Die Tatsache, dass der Film den Roman ein Jahr zurückdatiert, zwischen der Handlungszeit (1936) und der Produktions- bzw. Aufführungszeit (1943/44) also sechs bis sieben Jahre liegen, sollte möglicherweise suggerieren, dass sich die Verhältnisse in Deutschland inzwischen zugespitzt hatten.

Die Einbeziehung des Films in den Unterricht kann zu einer genaueren Lektüre des Romans führen, er kann aber auch ein erster Schritt zur Aneignung filmanalytischer Kompetenz sein und sollte deshalb unbedingt erwogen werden, auch wenn man sich im Klaren darüber sein sollte, dass bei Literaturverfilmungen der Vergleich zwischen Buch und Film meist zugunsten des Buches ausfällt. Michael Ackermann sieht ein gewisses Konfliktpotenzial darin, dass vermutlich die Machart des Films den Sehgewohnheiten der meisten Schüler entspricht, der Film aber ihren Erwartungen nach der Romanlektüre nicht gerecht werden würde: **Ein Hollywoodfilm mit seinen rührseligen Elementen macht viele Schüler emotional betroffen und lässt gleichzeitig Enttäuschungen aufkommen über seine die Autorenintention, die Form und den Inhalt des Romans verfälschende (verkitschende) Machart.**[161]

Buch und Film sollten jedoch nicht gegeneinander ausgespielt, sondern als jeweils eigenständige Medien mit unterschiedlichen Möglichkeiten und Grenzen betrachtet werden. Von diesen Voraussetzungen ist auszugehen, bevor man sich einer Gegenüberstellung von Roman und Verfilmung zuwendet. Literarische Texte leben von ihrer Mehrdeutigkeit, sie lassen Bilder im Kopf der Leser/innen entstehen, gestatten der Fantasie fast unbegrenzte Freiräume. Während ein Buch Bilder freisetzt und Assoziationen in der Schwebe lässt, setzt der Film dem Zuschauer Bilder vor, er selektiert, fügt hinzu, setzt Schwerpunkte und neue Akzente.

Das Drehbuch von Helen Deutsch folgt zwar in groben Zügen dem Romangeschehen, spart aber zugunsten einer überschaubaren Filmstory ganze Handlungsstränge aus, verzichtet auf einen großen Teil des Figurenensembles bzw. verschmilzt mehrere Schicksale miteinander. Da die Charaktere nicht wie im Roman entwickelt werden, erscheinen sie mitunter flacher oder stärker typisiert. Trotz der im Folgenden angedeuteten Reduktionen wirkt die Filmhandlung nicht fragmentarisch, ob sie der Intention der Autorin bzw. der Lesart der Zuschauer- bzw. Leser/innen gerecht wird, hängt natürlich auch vom jeweiligen ästhetischen und politischen Empfinden und Anspruch ab.

- Eliminiert wird das Geschehen auf dem Marnet'schen Bauernhof einschließlich der Figur des Schäfers Ernst, und damit der im Roman so wichtig erscheinende atmosphärische, räumliche und personelle Kontrast zwischen dem Apfelgarten-Paradies im Taunus und der KZ-Hölle in Westhofen.
- Mit der Veränderung der Aldinger-Geschichte und dem Verzicht auf Zillichs Vorgeschichte bleibt das bäuerliche Milieu gänzlich unberücksichtigt. Man erfährt weder von der schwierigen Situation der Kleinbauern nach dem Ersten Weltkrieg noch von den staatlichen Vergünstigungen der Bauernwirtschaften ab 1933 – zwei im Roman angedeutete Gründe für die nationalsozialistische Vereinnahmung von Teilen der Landbevölkerung.
- Durch die Ehelosigkeit Georgs im Film wird die gesamte Handlung um die Büroangestellte Elli Heisler und ihren Vater, den Handwerksmeister Alfons Mettenheimer, ausgespart. Das kleinbürgerliche Milieu wird im Film allein durch die Einstellung der Arbeiterfamilie Röder repräsentiert, die jedoch wie im Roman einen deutlichen Entwicklungsprozess durchmacht.
- Auf eine einzige Szene beschränkt wird die Helwig-Handlung, sodass der innere Wandlungsprozess des Jungen, der durch die Verleugnung seiner Jacke Georgs Flucht begünstigt, allenfalls ahnbar bleibt. Die nationalsozialistische Manipulierung Jugendlicher wird im Film anhand der fanatisierten Pimpfe bei der Jagd auf Pelzer sowie durch die Erwähnung von Georgs jüngstem Bruder, dem die schwarze SS-Uniform so gut stehe, thematisiert.
- Verzichtet wird auf die Figur des Pfarrers Seitz und damit auf die Darstellung des kirchlichen Widerstands.
- Die Domszene ruft weniger religiöse als erotische Assoziationen hervor, da sie relativ schnell in eine Rückblende übergeht, die Georgs Erinnerung an die unbeschwerte Zeit mit Leni zeigt.
- Religiöse Symbole (Kreuz, Gott) werden jedoch weniger säkularisiert als im Roman, sodass z. B. Wallaus Sterben am Kreuz stärker in die Nähe der christlichen Überlieferung gerät.
- Einige Stationen auf Georgs Flucht werden gestrichen – der Kleider-

tausch mit dem Schiffer, die Polizeikontrolle in der Hechtschwänzchen-Episode, die Autofahrt mit dem amerikanischen Touristen, die Rheinüberquerung mit der Jungenklasse, die beinahe-Begegnungen mit Boland und den beiden früheren Bekannten im Büfett, die Bordell-Episode, das Untertauchen in der Garage von Katharina Grabber, das Asyl im Hause Kreß. Dennoch bleibt die Handlung spannend und abwechslungsreich.

- Andere Sequenzen werden ausgetauscht, eingefügt oder erweitert:
  – An die Stelle der panischen Flucht Georgs aus dem Bordell tritt eine Verfolgungsjagd in Mainz, in der man ihn für einen Taschendieb hält.
  – Ausgedehnt werden die Szenen mit Leni und der Kellnerin, während auf Georgs Beziehung zu Elli gänzlich verzichtet wird.
  – In der Leni-Szene verweilt die Kamera lange auf den Gesichtern der ehemals Liebenden und malt deren Emotionen weidlich aus.
  – Die fast schicksalhafte Begegnung Georgs mit der Kellnerin, die im Film zur weiblichen Hauptrolle avanciert, wird um eine Nacht verlängert, was zu einer starken Akzentuierung der Liebesgeschichte führt. Das glückliche Ende von Georgs Flucht wird konterkariert durch die melodramatische Trennung des Liebespaares – eine Szene, die zudem durch die musikalische Untermalung rührselig wirkt.
  – Die Beziehungsproblematik der Ehepaare Fiedler und Kreß wird in einem Dialog des Ehepaares Sauer zusammengefasst, allerdings nicht unbedingt repräsentativ. Die mondäne Frau Sauer – dargestellt durch den Broadway-Star Katherine Locke – stellt ihren Gatten zur Rede, der Paul Röder die Tür gewiesen und damit indirekt auch Georg Heisler seine Hilfe versagt hat.

- Vieles, was im Roman in der Schwebe bleibt, wird im Film auf eine Bedeutung festgelegt:
  – So werden gleich am Anfang die sieben Flüchtlinge steckbriefartig vorgestellt und eindeutiger als im Roman in soziale Kontexte gestellt: Pelzer ist im Film Lehrer – im Roman heißt es lediglich, er sei Brillenträger und ohne seine Brille hilflos / Beutler ist ein kleiner jüdischer Lebensmittelverkäufer – im Roman erfährt man nur, dass er wegen eines geringen Devisenvergehens eingesperrt war / Belloni – im Film Luigi Bellani – ist hier nicht nur Varietékünstler, sondern der berühmteste Artist Deutschlands / die Identitäten von Wallau, Heisler und Aldinger werden beibehalten / verändert wird die Figur des kleinen Ladenbesitzers Füllgrabe, von dem es im Film heißt, er sei Schriftsteller, ein bekannter Romancier. Im Dialog mit Georg verkörpert er jetzt weniger den **Typ des prinzipienlosen Spießbürgers**[162],

als den des bürgerlichen Intellektuellen. Der in Füllgabe angelegte Hang zum Nihilismus – **kein Hahn kräht mehr nach uns** (IV/III, 231) – wird existenzialistisch zugespitzt: **Es ist eine böse Welt, Heisler – eine stinkende, schreckliche, gottverlassene Welt!**, heisst es im Drehbuchtext von Helen Deutsch.

- Mit den Modifizierungen der Flüchtlingsidentitäten gehen weitere Veränderungen einher. So wird Wallau zuerst gefasst, Beutler tot aufgefunden und Aldinger gefangen und im Lager erschlagen. Den Todessprung Bellanis erlebt Heisler als Augenzeuge mit, was im Film als logische Begründung genügt, ihn Frau Marelli aufsuchen und Bellanis Kleidung in Empfang nehmen zu lassen.
- Auch die Exponenten des Nationalsozialismus werden stärker typisiert: Aus der relativ gesichtslos bleibenden Masse der Uniformträger ragen nur drei heraus, die vom Sprecher vorgestellt werden: Fahrenberg, **ein dummer Neurotiker** – Zillich, **ein sadistischer Rohling**, und Overkamp, **ein guter Deutscher, hartherzig, schneidig, intelligent.**

Seghers' Roman kommt einer Verfilmung allein durch seine Struktur und Kompositionstechnik entgegen. Die epische Montage entspricht der filmischen Schnitttechnik, die verschiedene Einstellungen aneinanderreiht, die Fluchtfabel wiederum ist geeignet die parallel und kontrastiv angeordneten Teile zusammenzuhalten. Drehbuch, Kamera und Regie versuchen literarische Strukturen und Erzählweisen mit filmtechnischen Mitteln umzusetzen, wobei das Bemühen deutlich wird der Textgrundlage gerecht zu werden und zugleich ein eigenständiges, ästhetisch überzeugendes cineastisches Produkt zu schaffen. Die nonverbale Filmsprache, also unterschiedliche Einstellungsgrößen (Weit, Totale, Halbtotale, Halbnah, Nah, Groß, Detail), verschiedene Verfahren der Perspektivierung (Normalsicht, Vogel- und Froschperspektive) sowie Zeitraffer, Licht- und Raumeffekte, Geräuschkulissen und Musik als Ausdruck wechselnder Gemütsverfassungen ermöglichen die Darstellung und Zuordnung innerer Vorgänge und ersparen epische Figuren- und Situationsentwicklungen sowie Kommentare. Während einerseits das Bemühen zu spüren ist, in Seghers' Roman angewandte epische Gestaltungsmittel wie erlebte Rede, inneren Monolog und Bewusstseinsstrom zu übernehmen – man denke auch an Wallaus Stimme, die sich analog der allwissenden Erzählerin im Roman als ›voice over‹ im Film sowohl an Heisler als auch an den Zuschauer wendet –, gibt es andererseits Veränderungen auf sprachlicher Ebene, die aus der Übersetzung in die Fremdsprache, aber auch aus der Übertragung in die Filmsprache resultieren. Es hieße wohl über das Ziel hinauszuschießen, wenn man daran ginge, **den unzulässigen Mißbrauch zentraler Aussagen als bloße Pointen** zu entlarven[163]. Dennoch macht der Vergleich des oft zitierten Romanendes mit dem letzten, von Georg gesprochenen Satz im Film deutlich, dass man in Amerika anders spricht als in Deutschland und dass sich literarische von filmischer Sprache unterscheidet:

*Roman:*
Wir fühlten alle, wie tief und furchtbar die äußeren Mächte in den Menschen hineingreifen können, bis in sein Innerstes, aber wir fühlten auch, daß es im Innersten etwas gab, was unangreifbar war und unverletzbar. (VII/VI, 425)

*Drehbuch:*
Heute weiß ich, dass die Welt die Seele des Menschen grausam peinigen kann, solange sie mag, daß aber gottgewollte Anständigkeit in ihnen, wenn man ihr eine Chance gibt, doch zu Tage tritt. Das ist die Hoffnung für uns Menschen, der Glaube, an den wir uns klammern sollen, das einzige, wodurch unser Leben lebenswert wird. Das war's wohl, was Wallau mir immer verständlich machen wollte in Westhofen.

Auch wenn man die durch das Drehbuch vorgenommenen Veränderungen unterschiedlich beurteilen mag, ist der ästhetische Wert des Films THE SEVENTH CROSS, der auf Regie und Kameraführung, Besetzung und natürlich auch auf der Qualität der Textvorlage beruht, bis heute unumstritten. Uneinigkeit jedoch gibt es darüber, ob der Film die politische Aussage des Buches angemessen repräsentiere oder zugunsten einer zeitlosen, das Allgemeinmenschliche betonenden Ebene vernachlässige und damit die Auseinandersetzung von Antifaschismus und Nationalsozialismus auf eine Konfrontation zwischen Gut und Böse reduziere. Fred Zinnemann bestätigt zunächst, dass ihm der menschliche Aspekt wichtiger gewesen sei als der politische: **Ich sah den Stoff vor allem [...] als die Geschichte eines Mannes, der Hilfe braucht und um sein Leben rennt und die Menschen, die er von früher her kennt, einfach nur durch seine Anwesenheit dazu zwingt, Farbe zu bekennen, Stellung für oder gegen ihn zu beziehen.**[164] Er fühlt sich an das biblische Gleichnis von Sodom und Gomorrah erinnert, in dem Gott auf Bitten Abrahams von der Bestrafung der Stadt absehen würde, wenn er wenigstens zehn aufrechte Christen finden könne. Zinnemann ging es genau wie SEGHERS darum, den Menschen im Ausland zu zeigen, **daß es noch etwas Gutes – und ein paar gute Deutsche – in Deutschland gibt**[165]. Dieser Gedanke durchzieht leitmotivisch den Film und prägt sich über bestimmte Identifikationsfiguren wie Frau Marelli, Dr. Löwenstein, Frau Sauer oder Liesel und Paul Röder stark ein. Es ist sicher kein Zufall, dass der Schauspieler Hume Cronyn 1945 für seine Röder-Darstellung mit einem Preis für die beste Nebenrolle ausgezeichnet wurde. Alexander Stephan sieht zwar keine Veranlassung, die Akzentverlagerung von der politischen auf die allgemein menschliche Ebene als **bewußte Entpolitisierung des Stoffes oder gar als einen verkappten Antikommunismus auszulegen**[166], Fred Zinnemann aber erinnert sich, dass es durchaus **eine Grundsatzentscheidung war, die politische Seite des Stoffes herunterzuspielen. Die Kommunisten waren nämlich nicht nur damals unbeliebt, sie waren schon lange unpopulär gewesen, und zwar spätestens seit dem deutsch-russischen Pakt.**[167] Zinnemann selbst gesteht ein, **damals in politischen Sachen ziemlich unerfahren** gewesen zu sein und er fügt hinzu, dass es ihm ziemlich egal war, ob es sich bei den im Roman dargestellten politisch Verfolgten **um Sozialdemokraten, Liberale oder Kommunisten handelte.**[168] Dass die politische Dimension auch großen Teilen des Publikums eher gleichgültig war, zeigen zeitgenössische Rezensionen:

> *THE SEVENTH CROSS* könnte nicht spannender sein, wenn es sich nur um einfache Polizisten und Räuber vor dem Hintergrund von Manhatten handeln würde. Das ist so, weil es eine vordringliche Eigenschaft besitzt, die sich immer an der Kasse verkaufen lässt – eine gleichsam elektrische Spannung ... das Antinazithema dagegen wird in Miss Deutsch' Drehbuch allein wegen des Unterhaltungseffekts abgehandelt.[169]

In der Tat ist das Sujet der Flucht nicht a priori politisch determiniert. Die politische Dimension der Fluchtgeschichte in SEGHERS' Roman wird jedoch durch die Schicksale Wallaus und Heislers, durch authentische Verweise auf Hans Beimler und Bernhard Seger sowie durch Rückschlüsse auf die Weltanschauung der Autorin selbst assoziierbar. Dennoch hat die Konsequenz, mit der Begriffe wie Kommunistische Partei umschrieben werden – es ist von einer Bewegung, dem festen Band einer gemeinsamen Sache, einem gemeinsamen Glauben die Rede –, viele Interpreten dazu veranlasst, die Gesten der Barmherzigkeit der kleinen, stillen, einfachen Leute in diesem Widerstandsroman als wesentlicher zu bereifen als die großen politischen Aktionen großer heroischer Menschen.

Tatsächlich ist die politische Aktion im Roman entsprechend der realen Situation in Deutschland weitaus dezenter dargestellt als im Film, wo das Gelingen der Flucht von Anfang bis Ende von der Organisation der im Untergrund operierenden Gruppe abzuhängen scheint. Franz Marnet, im Roman eine Figur, die zwar Fäden zieht, aber im Hintergrund bleibt, avanciert im Film beinahe zum Kopf dieser Organisation, deren konspirative Treffen die Filmhandlung dominieren. Es erscheint paradox, dass der Film trotz dieser Akzentuierung des organisierten Antifaschismus dennoch wie eine Entpolitisierung des Romans wirkt. Das mag zum einen daran liegen, dass auch im Film nicht explizit von kommunistischem Widerstand die Rede ist – die Gruppe um Franz, Hermann und Reinhard erscheint zuweilen eher wie eine **abenteuerliche Verschwörergruppe**[170] – zum anderen aber auch daran, dass das Publikum offenbar eigene Akzente setzte, den Film als reinen Actionfilm sah und den gewünschten Unterhaltungswert aus den stark in den Vordergrund tretenden Liebes- und Verfolgungsszenen bezog: THE SEVENTH CROSS [...] ist tatsächlich eine lange Verfolgungsszene [...] Es wäre schade, wenn Sie sich von der Zeit und dem Thema abschrecken ließen, denn trotz des deprimierenden Hintergrunds ist es die Jagd, was zählt[171], schrieb ein Rezensent, der sein Filmerlebnis vielleicht allzu sehr mit der den Film einführenden Werbecampagne in Verbindung brachte, über die *Life* berichtete: Sie haben eine Menschenjagd auf Georg Heisler in sieben Städten quer durch die USA organisiert. In jeder Stadt mußte Heisler (gespielt von einem Double von Spencer, Roy Thomas) innerhalb einer bestimmten Zeit an sieben Kreuzen vorbeigehen. Die erste Person, die ihn in jeder Stadt identifiziert hat, erhielt eine $ 500 Kriegsanleihe.[172]

Um die *Manhunt* so echt wie möglich zu gestalten, gab es Steckbriefe, Handzettel und fingierte Radiomeldungen, in denen das Jagdfieber der Bevölkerung angeheizt wurde: Seid wachsam. Beweist, daß kein Verdächtiger der Aufmerksamkeit von Amerikanern entkommen kann [...] Wenn Sie ihn sehen, gehen Sie auf ihn zu und sagen Sie, ›Sie sind Georg Heisler. Das siebte Kreuz wartet auf Sie!‹[173] Diese extreme Art der Werbung mag man unangemessen und geschmacklos finden, immerhin trug sie dazu bei, die Produktionskosten einzuspielen. Glücklicherweise beschränkte sich die Wirkung des Films jedoch weder auf reißerische Kampagnen noch auf oberflächliche Rezensionen, sondern löste durchaus interessante Diskussionen aus. Eine Kontroverse gab es beispielsweise um die Frage, ob der Film die Verhältnisse in Deutschland real darstelle oder verharmlose, ob er inmitten der sich häufenden Nachrichten über deutsche Kriegsverbrechen nicht zu stark für einen *soft peace* plädiere.[174] Die Menschen, die diesen Film sehen, müssen den Eindruck bekommen, dass im Grunde die deutsche Bevölkerung nur darauf wartet, den Antifaschisten zu helfen [...] So wird der an sich echte und gefühlte Film [...] zu einem trügerischen Produkt [...] voller Schiefheiten und vielleicht sogar schädlichen Wirkungen.[175] Andere Stimmen verweisen auf Nachrichten von der Ermordung Thälmanns, Breitscheids und Zehntausender anderer anständiger Deutscher, die die Aussage des Films gerechtfertigt erscheinen ließen. Auch Alexander Abusch wies in einer Rezension den Vorwurf entschieden zurück, dass dieser Film infolge einer zu günstigen Darstellung der Deutschen eine Propaganda für einen *weichen Frieden*[176] sei. Offenbar waren all diejenigen, die davor warnten, Deutschland mit dem Faschismus gleichzusetzen und die Deutschen pauschal zu verurteilen, in ständigem Rechtfertigungszwang.

Davon abgesehen, dass der Film ANNA SEGHERS und ihrer Familie finanziell das Überleben im Exil sicherte und sie dem Unternehmen schon deshalb positiv gesinnt war, stimmte sie mit Fred Zinnemann sowohl menschlich als auch ästhetisch in den Grundzügen überein. Sie war zwar weder am Drehbuch noch an der Produktion des Films beteiligt, fand aber das Ergebnis **recht gut, zumal der Regisseur weit weg von Deutschland drehen mußte**[177], eine spätere Verfilmung durch die DEFA, die trotz zweier Anläufe nie zustande kam, wollte sie allerdings nicht billigen, **wenn nicht die rheinische Landschaft im Original mitspielen**[178] könne.

### 4.3 Theater- und Hörspielfassungen
#### 4.3.1 *Das Hörspiel »Das siebte Kreuz« (1955)*

Am 2. Februar 1955, dem zehnten Jahrestag des Häftlingsausbruchs aus dem KZ Mauthausen, wurde im Rundfunk Berlin das Hörspiel DAS SIEBTE KREUZ gesendet. Ähnlich wie Franz Fühmanns Pamphlet DIE LITERATUR DER KESSELRINGS[179] wurde Hedda Zinners Funkbearbeitung des Romans als literarisches Fanal gegen Remilitarisierungstendenzen in Westdeutschland verstanden. Das politische Klima im geteilten Deutschland war angespannt, dem Beitritt der BRD in die NATO 1955 folgte der Eintritt der DDR in den Warschauer Vertrag 1956, es herrschte kalter Krieg. Dem entspricht ein propagandistisches Pathos der zeitgenössischen Rezensenten: **In einer Zeit, da der deutsche Faschismus im Westen unserer Heimat erneut sein Haupt erhebt und die Vorbereitung einer faschistischen Aggression auf die friedliebenden Völker Europas bereits wieder auf Hochtouren läuft, gewinnt diese Hörspielinszenierung besondere Bedeutung**[180], hieß es in der *Täglichen Rundschau,* und das *Neue Deutschland* sprach dem Hörspiel **mahnende, anklägerische Aktualität** zu und meinte, dass

> der Hörer nicht nur an vergangenes Grauen aus der Hitlerära, sondern an gegenwärtiges in den Konzentrationslagern und Zuchthäusern Franco-Spaniens, Nordafrikas, Südafrikas, Guatemalas – daß er an die stickige Atmosphäre der Angst gemahnt wird, die sich schon wieder, schleichendem Giftgas ähnlich, über Westdeutschland auszubreiten begonnen hat.[181]

Hedda Zinner reduziert den Roman wie Fred Zinnemann in seinem elf Jahre zuvor gedrehten, in Deutschland damals aber noch unbekannten Film auf das Fluchtgeschehen und erzwingt damit ähnliche Kürzungen. Im Gegensatz zum Film stellt die Rundfunkadaption jedoch keine ins zeitlos Allgemeinmenschliche gehobene, sondern eine politisch akzentuierte Fassung des Romans dar, kein Kriminalhörspiel, sondern eher ein Lehrstück. In 30, auf 80 Minuten verteilten Szenen werden die Episoden herausgearbeitet, die vom Widerstandswillen der deutschen Bevölkerung, von der Kraft der Schwachen künden. Das Hörspiel verzichtet auf zahlreiche Episoden, Figuren werden typisiert, vieles im Roman in der Schwebe Gehaltene wird mit Deutung und Wertung versehen, an die Stelle der Reflexions- tritt eine Kommentarebene. Ausgespart werden die Handlungsstränge um den Marnet'schen Bauernhof, um den Schäfer Ernst, den Malermeister Mettenheimer, den Gärtnerlehrling Helwig, den Architekten Sauer und die Arbeiter Röder und Schenk. Verzichtet wird auch auf Figuren wie Hechtschwänzchen, Binder und Leni, die sich negativ verhalten. Teile der Fluchtgeschichte Heislers und die Schicksale der übrigen sechs Häftlinge werden in Dialogen retrospektiv mitgeteilt, auf einige Personen wird lediglich verwiesen, manche im Roman auf mehrere Figuren verteilte Handlungsmotive werden gebündelt. So finden sich im Dialog des Ehepaares Kreß Textteile, die im Roman den Fiedlers und Sauers zugeordnet sind. Prolog und Epilog werden wie im Roman durch einen Erzähler gestaltet, der aus der personalen Perspektive eines Häftlings berichtet. Im Gegensatz zum Film wird das übrige Geschehen jedoch nicht von Wallaus Stimme kommentiert, sondern in Dialoge aufgelöst.

Zu den partiellen, durch die Dialogisierung des epischen Geschehens bedingten Veränderungen der Textvorlage zählt, dass Heisler in den ersten Fluchtstunden nicht allein, sondern zusammen mit Aldinger unterwegs ist, der sich erst nach der Nacht im Mainzer Dom allein auf den Weg in sein Dorf macht. So werden die Hörer/innen durch den Dialog zwischen den beiden Flüchtlingen am Geschehen beteiligt. Auch dadurch, dass in die Handlung eingeführt wird, sich die Figuren selbst vorstellen und ihre Handlungen kommentieren, ist es nicht schwer, dem Geschehen zu folgen. Außerhalb der Szene liegende Handlungsteile werden mithilfe des Botenberichts eingefügt. Obwohl mit Musik und Geräuschen sparsam umgegangen wird – am Anfang und am Ende wird eine Strophe der »Moorsoldaten« gesungen, bei der konspirativen Passübergabe von Hermann an Fiedler erklingt im Hintergrund Jahrmarktsmusik, in szenischen Überblendungen hört man Sirenengeheul, Hundegebell und Stimmengewirr –, wirkt das Hörspiel nicht kunstlos. Großen Anteil an seiner gelungenen atmosphärischen Wirkung haben die Darsteller, die Stimme und Intonation professionell einsetzen und unter der Regie von Hedda Zinner angehalten sind, in einem dialektal gefärbten Duktus zu sprechen.

Wird Georg Heisler schon im Roman meist beim Vornamen genannt, so entsteht im Hörspiel eine noch größere Nähe zu dieser Figur durch die umgangssprachliche Namensverkürzung Schorsch. **In manchen Szenen der Flucht [...] und den Dialogen der Menschen [...] wird eine so starke Wirklichkeitssuggestion erreicht, daß man sich in das grausige Gefängnis Hitlerdeutschland zurückversetzt fühlt und einen ein tiefer Schauder erfaßt**[182], schrieb ein Rezensent knapp zehn Jahre nach Kriegsende. Aber auch heute, mehr als vier Jahrzehnte nach der Produktion des Hörspiels, wirkt es nicht antiquiert und scheint nach wie vor geeignet für eine Einbeziehung in den Unterricht.

### 4.3.2 Das Drama »Das siebte Kreuz. Ein deutsches Volksstück« (1981) und zwei amerikanische Theaterfassungen (1943 und 1949)

Während das Hörspiel mit ungeteilter Zustimmung aufgenommen wurde, war die Bühnenfassung des Romans am Mecklenburgischen Staatstheater Schwerin 1981 **heiß umstritten** und **viel diskutiert**[183]. DAS SIEBTE KREUZ. EIN DEUTSCHES VOLKSSTÜCK ist eine Szenenfolge in 27 Bildern, in der die Fluchtgeschichte stark zurückgedrängt ist und der Flüchtling Georg Heisler selbst nicht auftritt, wenn er auch in Gedanken und Handlungen der 71 agierenden Figuren allgegenwärtig ist. Die eng mit dem Regisseur Christoph Schroth zusammenarbeitenden Autoren der Bühnenfassung Bärbel Jacksch und Heiner Maaß orientierten sich an Modellen von Volker Braun und Heiner Müller und konnten nach Inszenierungen von Alfred Döblins BERLIN ALEXANDERPLATZ und Brigitte Reimanns FRANZISKA LINKERHAND auf Erfahrungen in der szenischen Umsetzung epischer Großformen zurückgreifen. In einem Gespräch kommentierten sie ihre Vorgehensweise, die sich bewusst von der des Films THE SEVENTH CROSS absetzte:

> Der uns vorliegende Versuch geht den anderen Weg: Er läßt die Action-Fabel außer acht und entwickelt den anderen Fabelstrang. Nämlich, wie die Leute, die nur mittelbar mit dem Fluchtweg Georg Heislers in Verbindung kommen, gezwungen sind, sich zu verhalten. Das führt zum Bloßlegen großer innerer Auseinandersetzungen, Selbstverständigungsprozesse, unterbewußter Vorgänge, die sich in Monologen, Selbstgesprächen, Träumen, Alpträumen widerspiegeln.[184]

Mit ihrer Absicht, den deutschen Alltag auf die Bühne zu bringen und die von der Flucht aus ihrer Alltäglichkeit herausgerissenen und mit Entscheidungssituationen konfrontierten Menschen zu zeigen, kommen sie der Intention von ANNA SEGHERS sehr nahe, die in ihrem Roman die Fluchtgeschichte als Anlass und den Protagonisten als Medium verstanden wissen wollte, um die Struktur des Volkes aufzurollen. Jacksch und Maß versuchen, vierzig Jahre nach der Romanveröffentlichung, den Assoziationsraum inhaltlich zu erweitern, indem sie an formale Muster des Romans anknüpfen und sie durch traditionelle und moderne theatralische Mittel ergänzen. Interessante Verfremdungseffekte entstehen durch simultane Kurzszenen, groteske, slapstickhafte Elemente und gelegentlichen Szenenstillstand, durch Masken und Puppen, durch die Montage literarischer Texte und musikalischer Zitate sowie durch chorisches Sprechen und Kommentieren. Dem in der Alltagswelt angesiedelten **Chor der uralten Mütter,** der sich mit dem Wissen um Vergangenes ins Gegenwärtige einschaltet und auch die Hoffnung auf Zukünftiges verkörpert, steht der **Chor der Häftlinge** im KZ gegenüber, der dem Geschehen ausgesetzt ist und es zugleich gedanklich verallgemeinert und überhöht. Ähnlich wie im Roman und dennoch absichtsvoll ins Extrem getrieben, werden in Szene gesetzte Träume und Alpträume: **Die Widerspiegelung des Gesellschaftszustands mit dem Mittel des Traums verletzt nicht den Realismusgehalt, die tatsächlichen Proportionen, [sondern] treibt ihn durch den Verfremdungsgrad auf die Spitze menschlicher Fassungskraft**[185], rechtfertigen die Autoren ihre Absicht. Die Regieanweisung für die Szene »**Deutschland – Ein Alptraum**« zeigt die beabsichtigte Simultaneität und den offenen Spielraum für die Schauspieler:

> Auf der Bühne sind die Frauen aus dem Chor als Hölderlin, Forster und Heine; SS- und SA-Leute mit über den Kopf gestülpten Goebbelsschnauzen; Dr. Herbert Löwenstein am Pranger, von Vorbeikommenden bespuckt und bepißt; Füllgrabe, der mit einer Vogelscheuche spricht und der tote Bauer Aldinger im offenen Sarg, seine Frau und vier Söhne trauern um ihn. Zwei Gestapoleute mit ins Gesicht gezogenen Hüten. Dorfleute. SA- und SS-Leute grölen unverständliche Phrasen, Wortfetzen usw.[186]

Wie im Roman sollen durch die dem Leben nachempfundene Gleichzeitigkeit der Ereignisse Kontrastwirkungen erzielt werden. Bücherverbrennende SS-Leute, ein »Rosamunde« grölender Braunhemdenchor, ein an einer Hakenkreuzfahne nähendes Hexenwesen neben Menschen, die ihrer täglichen Arbeit nachgehen, Kuchenberge verspeisen, flirten, schwatzen und trauern. Dem entspricht die Bühneneinrichtung, die ständig beide Ebenen zugleich präsentiert: Eine rampenartig ansteigende Spielfläche, in deren ausgesparter Mitte eine schwere, sich geräuschvoll öffnende Eisentür den Blick in die Hölle des KZ öffnet. Über dieser Unterwelt ist die Ebene des alltäglichen Lebens angesiedelt, die aber wiederum Gewöhnliches und Gefährliches miteinander konfrontiert: Bauer, Schäfer und Arbeiter, Kommunistenwitwe und Ursulinerin, SS-Mann, Soldat und Hitlerjunge gehören zu Marnets **Apfelweinfest**, das auf der Bühne in eine **Kleinbürgerorgie**, eine **Deutsche Walpurgisnacht** ausartet.

Abgesehen von den ausladenden Apfelbäumen, die den Marnet'schen Obstgarten darstellen und den Kontrast zwischen unten und oben, KZ und Bauernhof, Hölle und Paradies verstärken, wird auf naturalistische Details weitestgehend verzichtet. Requisiten werden sparsam eingesetzt: Nähmaschine, Bett, Spiegel, Handwagen, Leiter, Schwesternhaube, Verhörstuhl. Um so mehr wird auf die atmosphärische Wirkung von Musik und Bewegung vertraut: Volks- und Kirchenlieder, Schlager, nationalsozialistisches Liedgut und Marschmusik werden kontrapunktisch eingesetzt. Mettenheimer und der Chor der Mütter tanzen nach dem rhythmisch veränderten

Volkslied »Die Gedanken sind frei« aus der Verhörszene heraus, Wallaus Sterben und das aussichtslose Warten von Georgs Mutter auf ihren Sohn werden von elegischen Gesängen begleitet, und wenn sich in der Szene der Bücherverbrennung Beethovenklänge mit dem »Lili-Marleen-Lied« vermengen, wird das Gemisch aus emotionaler Betörung und geistiger Perversion sinnlich nachvollziehbar. **Mancher Augenblick des Abends wie ein Herzstich**[187] – beschrieb der Rezensent der *Norddeutschen Zeitung* seine Betroffenheit. Christa Wolf, die zusammen mit Steffi Spira eine Durchlaufprobe der Schweriner Aufführung besuchte, schildert der damals schon betagten ANNA SEGHERS ihre **im ganzen positiv(en)** Eindrücke.[188]

Auch die Kritikerin Anne Braun sah in der Inszenierung eine **kühne theatralische Aneignung eines Romans der Weltliteratur, die darauf zielt, aus heutiger Sicht ein Geschichtsbild zu vermitteln, Geschichte begreifbar zu machen als Tatsache, der sich keiner – ganz gleich, wo und zu welcher Zeit – entziehen kann.**[189] Die Inszenierung war in der DDR jedoch nicht unumstritten. Man nahm Anstoß an den vermeintlich **ästhetisch formalisierenden Lösungen**[190] und befürchtete die im Stück angewandte **Simultan- und Episodentechnik**[191] könnte den Zuschauer überfordern und seine emotionale Einfühlung behindern. Ein Rezensent akzeptiert zwar den Chor der Häftlinge, der für ihn **zur packenden szenischen Metapher auf die Kraft der Schwachen wird,** der Chor der uralten Mütter jedoch ist ihm **in seiner kommentierenden Funktion zu prätentiös** und wirkt auf ihn **überflüssig, störend** wie auch der Einsatz von Musik ihm zu **übergewichtig** gerät.[192] Auch die Rezensentin der Schweriner Volkszeitung fühlte sich verunsichert, war **fasziniert** und **unberührt**, aber auch **überzeugt** und **enttäuscht** zugleich, manche Details hielt sie für nicht deutbar und **sogar überflüssig** und sie nahm schließlich Anstoß am letzten, durch chorisches Sprechen hervorgehobenen Satz des Stückes, einem Satz, der wohl vielen Zuschauer/inne/n lange in den Ohren geklungen haben mag, da sie ihn auf die Wirklichkeit des real existierenden Sozialismus bezogen: **Das muß schon eine Ewigkeit her sein, seit hier etwas geschehen ist, oder es hat noch gar nichts richtig begonnen.**

Der Umgang mit der Inszenierung ist in vielerlei Hinsicht exemplarisch für das kulturpolitische Klima in der DDR Anfang der 80er-Jahre. Der Respekt vor dem Werk von ANNA SEGHERS gebot zunächst einmal Zustimmung, eine freie Lesart des Romans schien jedoch nach jahrzehntelanger, meist einengender Schulinterpretation kaum noch möglich. Darüber hinaus tat man sich schwer sowohl mit dem experimentellen Theater als auch mit der aktualisierenden und psychologisierenden Art der Vergangenheitsbewältigung, wie sie auch in Christa Wolfs Buch KINDHEITSMUSTER kritisiert wurde. Ein Verdienst der Inszenierung, das viele DDR-Kritiker nicht zu sehen vermochten, erblickte der aus räumlicher und zeitlicher Distanz urteilende amerikanische Literaturwissenschaftler Alexander Stephan darin, dass **Experimente wie die Schweriner Bearbeitung des Siebten Kreuzes zeigten, daß jene modernen Formen, die Anna Seghers Ende der dreißiger Jahre in Umgehung des sozialistisch-realistischen Regelwerks in ihrem Roman eingesetzt hatte, vier Jahrzehnte später, wiederentdeckt und fortgeschrieben durch selbständig denkende Künstler, ihre Bedeutung für die DDR-Literatur behalten hatten.**[193]

Stephan verweist auch auf zwei in Amerika entstandene Bühnenfassungen des Seghers'schen Romans, die nie zur Aufführung gelangten.[194] Seghers' Agent Maxim Lieber und der aus Österreich stammende Schauspieler und Produzent Otto Preminger beabsichtigten 1942 *Das siebte Kreuz* am Broadway zu inszenieren und bestellten deshalb bei der amerikanischen Autorin Viola Brothers Shore eine Dramatisierung des Romans. Aus einem 1943 gegebenen Interview geht hervor, dass Seghers **Viola Brothers Shore geholfen habe**[195] die dreiaktige Drehbuchfassung zu erarbeiten und dabei versuchte ihre englischen Sprachkenntnisse zu erweitern, um bei der Übersetzung ihrer im Exil veröffentlichten Texte besser mitreden zu können. Stephan beschreibt die nie ins Deutsche übersetzte und auch in Amerika unveröffentlicht gebliebene erste Drehbuchfassung als **im ganzen doch recht farblosen und traditionellen, um nicht zu sagen, langweiligen Bühnentext**, eine Variante, die zwar handwerklich **annehmbar gemacht (sei), aber ohne Spannung bleibe.**[196] **Mit Ausnahme von Lotte, die auch in der amerikanischen Buchausgabe fehlt, kommen [...] nahezu alle wichtigen Personen auf die Bühne – freilich oft, ohne Raum zur Entfaltung zu erhalten. Als Konzessionen an das von unterhaltsamen Stücken verwöhnte Broadway-Publikum** wertet er die erweiterte Bordellszene mit der Prostituierten **Lulu**, eingefügte politische Witze über Ribbentrop und Göring oder die fiktive Anspielung auf einen ehemaligen, jetzt in Brooklyn lebenden Freund von Heisler.

Interessanter erscheint Stephan ein etwa sieben Jahre später entstandener zweiter Versuch von Brothers Shore, ein experimenteller Zweiakter, der auf die aktuell-politische Situation in Amerika bezogen war. Aber dieses Manuskript, eine **rasch hingeschriebene, unspielbare Skizze**, enthalte **zahlreiche fragmentarische Szenen, ein schwer durchschaubares Personengewirr und [...] bisweilen extrem überzogene Abweichungen vom Romantext.**[197] Der eigentliche Grund, warum keine der beiden Fassungen je auf die Bühne kam, ist darin zu sehen, dass mit der Vergabe der gut bezahlten Filmrechte alle weiteren Veräußerungen des Romans vorerst untersagt waren.

### 4.3.3 Das Hörspiel »Die Jacke« (1985)

Die am 17.11.1985 in der Rubrik Kinderhörspiel des Berliner Rundfunks gesendete Funkbearbeitung von Kristina Handke trägt den Untertitel **Hörspiel nach einer Begebenheit aus dem Roman Das siebte Kreuz von Anna Seghers**. Vertrauend auf die Substanzialität der Teile im epischen Text wird ein Handlungsstrang herausgelöst, der sowohl für sich allein stehen als auch auf die übergreifende Intention des Werkes hinweisen kann. Die novellistische Grundstruktur des Romans bietet Raum für die erzählerische Entfaltung bzw. szenische Interpretation vieler nur angedeuteter Episoden (vgl. Kapitel 3.3.1).

Das Hörspiel folgt im Wesentlichen dem Roman, hebt bestimmte Sätze durch Wiederholung hervor und fügt nur wenig Text hinzu. Die Dialoge zwischen Fritz Helwig und den anderen Figuren der Handlung (Heidi, Helwigs Freundin, 15 Jahre/ Franz, ein Mitschüler/ Alwin, ein HJ-Führer/ der alte Gültscher, Gärtner/ ein Beamter der Kriminalpolizei/ eine Frau) werden ergänzt durch den Prolog und Epilog einer Erzählstimme. In acht dialogischen Kurzszenen, die durch den Prolog und Epilog eines Erzählers eingerahmt und durch das a capella gesungene Volkslied »Am Brunnen vor dem Tore« kontrapunktisch unterbrochen und kontrastiert sind, wird die sich verändernde Haltung des Gärtnerlehrlings Fritz Helwig entwickelt, dem von dem KZ-Flüchtling Georg Heisler die Jacke gestohlen wurde. Helwig reagiert verständlicherweise zunächst wütend auf den Diebstahl, denn auf seine hochmodische Jacke – **brauner Kordsamt mit Reißverschlüssen außen und innen, auch innen, verstehst du** – hat er lange gespart. Ihm ist zum Heulen zumute, aber ›ein Junge weint nicht‹, ein Hitlerjunge schon gar nicht, und so verleiht er seinem Zorn über den Dieb dadurch Ausdruck, dass er immer wieder ausstößt: **Den schlag ich tot. Wenn ich den kriege, schlag ich ihn tot!** Der Einfall der Autorin, als Aufhänger der Helwig-Episode ein Kleidungsstück zu wählen, scheint unter identifikatorischem Gesichtspunkt günstig. Nicht nur das Problem ›Wie hätte ich mich damals verhalten?‹, sondern auch die scheinbar banale Frage, ›Hätte ich auf meine sauer ersparte Jacke, Jeans oder Bluse verzichten können?‹, ist geeignet die Problematik näher zu beleuchten. Erfahrungsgemäß spielen Konventionen in Bezug auf Kleidung, bestimmte Fabrikationsmarken und Farben, selbst die Farbe der Schnürsenkel, eine ausgesprochen wichtige Rolle in der nonverbalen Kommunikation bestimmter Altersgruppen.

Mit dem KZ in der Nachbarschaft aufgewachsen geht Fritz Helwig davon aus, dass die Schutzhäftlinge dort hineingehören **wie Irre ins Irrenhaus**. Mit seinem spontanen Wut- und Rachegefühl weiß sich der Bestohlene also im Konsens mit der öffentlichen Meinung. Doch schon der erste

Dialog, die einzige hinzugeschriebene Szene des Hörspiels, mit der ein Transfer des hervorgehobenen Problems stattfindet, verweist auf die charakteristische Disposition des Protagonisten, der von seinem Wesen her kein Mitläufer ist. Fasziniert erzählt Helwig seinem Schulkameraden Franz die Geschichte vom finnischen Langstreckenläufer Salminen, der **mal 'was gemacht (hat), was sich sonst keiner traut […] der hat auf einem Empfang, wo alle […] Alkohol […] getrunken haben, […] gesagt: ›Ich will ein Glas Milch‹**[198]. Fritz findet das **lässig**, er ist beeindruckt von Menschen, die auf ihrer Eigenständigkeit und ihrem Anderssein bestehen, und auch er selbst findet im Verlauf der Handlung den Mut zu solch einer Haltung. Er fühlt sich abgestoßen von der fanatisierten Menge und angezogen von dem zurückhaltenden, unbeirrbar an seiner menschlichen Grundhaltung festhaltenden und seiner Arbeit nachgehenden Gärtner Gültscher. Der moralische Rückhalt, den er bei Gültscher sucht, spielt beim Erwachsenwerden des Jungen eine ebenso wichtige Rolle wie die Wärme und Geborgenheit, die er bei seinem Mädchen findet. Die Aufschneiderei des **rohen Alwin,** der dem von ihm gefangenen Häftling die Brille zertreten hat und der ihn – jetzt **mal auf Deutsch, Helwig** – jagen würde, **bis er keinen Fetzen mehr auf dem Leib hat** (zitiert nach der leicht veränderten Tonaufnahme), bringt Helwig auf Distanz zu diesem System, das diese Unmenschlichkeit gutheißt. Angesichts der Brutalität der Flüchtlingsjäger und der lancierten Greuelmärchen, die man sich von der angeblichen Skrupellosigkeit der Flüchtlinge erzählt, beginnt Fritz zu zweifeln. Der nachdenkliche Blick Gültschers verunsichert ihn, die Fragen seines Mädchens setzen ihm zu. War es denn nötig, dem hilflosen Flüchtling mit dem Absatz auf die Finger zu treten? Waren die Lagerinsassen wirklich alle Lumpen und Verbrecher? Würde er sich in seiner Jacke (in seiner Haut) noch wohl fühlen, wenn er mit ihrer Identifizierung den Flüchtling ans Messer lieferte? Fritz verleugnet seine Jacke und verwischt damit die Spur Heislers. Er schert aus der Schar der Mitläufer aus und beweist, um in dem anfangs bemühten Bild zu bleiben, den langen Atem des Langstreckenläufers.

Die Idee des knapp 45 Minuten (laut Manuskript 30 Minuten) dauernden und schon deshalb gut im Unterricht einsetzbaren Hörspiels, das sich im Wesentlichen auf den Text des Romans stützt, ist so einfach wie genial. Seine Machart ist nachvollziehbar und bietet Anregungen für den eigenen produktiven Umgang mit dem Roman. Darüber hinaus fokussiert das Hörspiel mit der Wahl des siebzehnjährigen Fritz Helwig eine Figur, mit der sich die Schüler/innen in Beziehung setzen und an die sich Selbstbefragungen und Aktualisierungen anschließen lassen.

# 5   Intertextuelle Bezüge

Um die Singularität der Erzählung DER AUSFLUG DER TOTEN MÄDCHEN herauszustellen, wies Hans Mayer schon früh auf den zyklischen Charakter des SEGHER'schen Werkes hin[199]. Auch Alexander Stephan sieht einen Wesenszug ihres Œvres in der **Wiederholung von bestimmten Grundsituationen und -motiven, leicht wiedererkennbaren Menschentypen und konkreten stilistischen Wendungen.**[200] SEGHERS-Leser/innen wissen um die Bedeutung des von der Autorin bevorzugten Augenmotivs zur Charakterisierung ihrer Figuren, die nicht nur Variationen eines bestimmten Grundmusters zu sein scheinen, sondern oft auch favorisierte, genrehafte Namen tragen: Marie, Anna, Katharina. Auf diese Weise entsteht **ein mal eng-, mal ein weitmaschiges Netz, das sich von den frühen Prosastücken bis zu den Romanen und Erzählungen aus der DDR-Zeit spannt.**[201]

So weist der zeitlich und thematisch anschließende Roman TRANSIT strukturelle Ähnlichkeiten zum SIEBTEN KREUZ auf, die bis in die Gestaltung der Figurenkonstellationen sichtbar sind.[202] Die Flucht Georg Heislers erfährt in gewisser Weise eine Fortsetzung in der Geschichte des namenlosen Protagonisten in TRANSIT, der sich Seidler nennt, der wie Heisler im KZ war und von sich erzählt: **Ich bin einmal aus einem Lager geflohen, […], ich bin über den Rhein geschwommen.**[203] Heisler und Seidler, deren Namen phonetisch aufeinander bezogen scheinen, sind Helden vom gleichen Schlag, sie sind nicht als makellose Identifikationsfiguren konzipiert, aber sie orientieren sich an Vorbildern. Dem Kommunisten Wallau entspricht in TRANSIT der durch die Gewalt der Nazis verstümmelte Heinz, den eine Welle der Solidarität trägt. Wie Heisler meint auch Seidler von sich, ein **etwas unzuverlässiger Bursche** (248) zu sein, wie er ist er aber zugleich auch selbstlos, hilfsbereit und hartnäckig im Verfolgen bestimmter Ziele. Beide sind Arbeiter (Autoschlosser und Monteur) und haben gewisse Vorbehalte gegenüber intellektuellen Tätigkeiten. Heisler kapituliert vor den Bücherregalen seines Lehrers und Freundes Franz, er könne das **alles doch nicht behalten** (I/VIII, 70), Seidler fällt nach seinem einmaligen, faszinierenden Lektüreerlebnis wieder zurück in **den alten Unwillen (seiner) Knabenjahre gegen Bücher, die Scham vor bloß erfundenem, gar nicht gültigem Leben** (104). Das Dreiecksverhältnis zwischen Franz, Elli und Georg erinnert an das zwischen Seidler, Marie und Weidel. Elli und Marie verkörpern ähnliche, anziehende und begehrte Frauentypen, beide sind fixiert auf ihre Männer, die sie aus den Augen verloren haben. Elli sucht sich unbewusst Partner nach Georgs Ebenbild; Seidler hat keine Chance Marie zu gewinnen, solange sie auf der Suche nach ihrem Mann ist, dem Schriftsteller Weidel, von dessen Suizid sie nichts weiß. Wie Heisler und Franz träumt auch Seidler von einem gewöhnlichen Glück mit der Frau fürs Leben, beiden bleibt die Erfüllung ihrer Sehnsüchte versagt. **Mit ihr hätte ich alles teilen können […], mein ganzes Leben, aber ich hab ja kein Leben zu teilen** (VII/VI, 422), geht es Georg beim Abschied von der Kellnerin, der auch ein Abschied von seinem Land ist, durch den Kopf. Auch Seidler träumt: **[…] das gemeinsame Leben, nie zuvor habe ich mir etwas Ähnliches gewünscht, ich Wegelagerer: Jetzt aber, in dem Erdbeben, in dem Geheul der Fliegersirenen, in dem Gejammer der flüchtenden Herden, wünsche ich mir das gewöhnliche Leben herbei wie Brot und Wasser.** (168)

Vergleichbar sind auch der weltanschauliche Tenor und die Perspektivgestaltung beider Texte. Wird im Eingangskapitel des Romans DAS SIEBTE KREUZ das vermeintliche *Tausendjährige Reich* der Nationalsozialisten in die historischen Relationen seit der Besiedlung dieses Landstrichs gestellt und damit entdämonisiert, so heißt es auch in TRANSIT: **Aber Frankreich war schon oft besetzt – alle haben wieder abziehen müssen.** (11) Bis in die Metaphorik gleichen sich die Texte: **Tausende Hakenkreuzelchen, die sich im Wasser kringelten**, heißt es im SIEBTEN KREUZ, doch das Wasser des Rheins bleibt ›unvermischt‹. **Wie viele Feldzeichen hat er schon durchgespült, wie viele Fahnen.** (I/I, 16) Der Flüchtling Seidler im besetzten Frankreich versucht sich auf ähnliche Weise zu trösten: **Meine Angst war völlig verflogen, das Hakenkreuz war mir ein Spuk, ich sah die mächtigsten Heere der Welt hinter meinem Gartenzaun aufmarschieren und abziehen, ich sah die frechsten Reiche zerfallen und junge kühne sich aufrichten, ich sah die Herren der Welt hochkommen und verwesen.** (11) Der menetekelhafte Satz im SIEBTEN KREUZ: **Was jetzt geschieht, geschieht uns,** wird in TRANSIT variiert, als der Franzose Georg Binnet den deutschen Emigranten zum Bleiben auffordert: **Du gehörst zu uns. Was uns geschieht, geschieht dir.** (261)

Einzelne in TRANSIT verwendete Typisierungen finden sich bereits in der 1939 erschienenen Geschichte REISE INS ELFTE REICH. Wie in dieser Satire, in der Orden als Bürde gelten, die man im Verlauf seines Lebens abzulegen bestrebt ist, weisen die Orden des **kleinen Legionärs** weniger auf seine Verdienste als auf die Tragik seines Schicksals hin. Der aus Deutschland geflohene Jude, der in der Fremdenlegion untergetaucht war, wurde von Deutschen und Franzosen verstoßen, man verschmäht ihn sogar als **Kanonenfutter.** (57, 102) Auch die groteske Situation, dass sich die Emigranten durch ein Labyrinth von Warteräumen und Vorzimmern hindurchkämpfen müssen, wobei die Türsteher und kleinen Beamten den Bittstellern weit größere Schwierigkeiten bereiten als die Leiter der Konsulate, wird in beiden Texten thematisiert. (126) Letztendlich erscheint die Situation der Flüchtlinge im Roman nicht weniger absurd als die der Emigranten in der Satire. Dürfen die einen nur unter der Bedingung, dass sie keinerlei Papiere besitzen, ins **Elfte Reich** einreisen, so zermartern sich die anderen, die in Marseille aufgeregt nach Papieren und Stempeln jagen, das Gehirn,

> ob es besser sei, vor dem Konsul der Vereinigten Staaten eine Schwangerschaft zu verbergen oder sie ihm einzugestehen […], ob es besser sei, die Gefährlichkeit einer Krankheit zu verschweigen oder sie eindringlich zu beschreiben […], ob man wirklich vollständig arm sein dürfe oder ob man auf irgendeine geheimnisvolle Geldquelle hindeuten solle […] (185)

Der Roman DAS SIEBTE KREUZ steht im Kontext des Schaffens der Autorin nicht isoliert da. Während die Romane DER KOPFLOHN und DIE RETTUNG seine Vorgeschichte erzählen, sind der Roman TRANSIT sowie die Nachkriegserzählungen DAS ENDE, DIE SABOTEURE und VIERZIG JAHRE DER MARGARETE WOLF als Fortsetzungen des im SIEBTEN KREUZ behandelten historischen Ausschnitts lesbar. Hier gibt es neben indirekten intertextuellen Bezügen auch markierte Intertextualität, indem Figuren namentlich aufgegriffen und ihre Geschichten weitererzählt werden. Interessante regionale und zeitliche Parallelen zum SIEBTEN KREUZ finden sich auch im AUSFLUG DER TOTEN MÄDCHEN, wo ähnlich wie im Roman die Struktur des Volkes aufgerollt wird.

### 5.1  Wiederaufnahme von Romanfiguren in späteren Erzählungen

In drei Erzählungen der Nachkriegsjahre greift ANNA SEGHERS die Lebenswege von Figuren des Romans DAS SIEBTE KREUZ wieder auf. Zwei Texte entstanden unmittelbar nach der Zerschlagung des Hitlerfaschismus noch in Mexiko und eine Erzählung 1957 in der DDR, zehn Jahre nach der Rückkehr aus dem Exil. Die Erzählung DAS ENDE (1945) verfolgt das Schicksal des Scharführers Zillich weiter, dessen Charakterisierung durch die Anlage im Roman DER KOPFLOHN (1932) und seine Fortsetzung im SIEBTEN KREUZ (1939) nun zu einer fundierten Fallstudie von soziologisch-psychologischer Qualität ausgeweitet wird. In dem chronikalischen Bericht DIE SABOTEURE (1946) wird eine Episode fokussiert, die einige der Fluchthelfer des Georg Heisler – die Arbeiter Franz Marnet, Hermann Schulz und Paul Bohland (**Zwetschgenkernchen**) sowie den Ingenieur Dr. Kreß – als aktive Widerstandskämpfer gegen das nationalsozialistische Regime zeigt. Die Prosaskizze VIERZIG JAHRE DER MARGARETE WOLF (1958) zieht, den Spuren der Oktoberrevolution bis in die DDR folgend, eine positive Bilanz der kommunistischen Bewegung, für die Ernst Wallau, der Bruder der Protagonistin, sein Leben geopfert hat.

### 5.1.1 »Das Ende« (1945) – Zillichs Flucht und Suizid nach dem Krieg

Schon im französischen Exil sprach ANNA SEGHERS die Befürchtung aus, dass der **Prozeß der Entfaschisierung des deutschen Volkes** [...] **durch furchtbare Leiden [gehen werde], durch die Dezimierung der deutschen Jugend, durch die Verzweiflung von Millionen Müttern, durch die grausamsten Erfahrungen, mit denen verglichen die** *Erziehung vor Verdun* **eine zarte, milde Erziehung war.**[204] Die Erzählung DAS ENDE, mit der die Autorin im zwölften Jahr ihres Exils und zwei Jahre vor ihrer Rückkehr nach Berlin deutsche Nachkriegswirklichkeit antizipierte, geht der Frage nach, wie die Menschen nach der Katastrophe des Zweiten Weltkriegs weiter leben, wie sie mit der schmachvollen Vergangenheit, mit Schuld- und Rachegefühlen umgehen werden. In Gestalt des ehemaligen KZ-Häftlings Volpert und des früheren Lageraufsehers Zillich konfrontiert sie Täter und Opfer miteinander. Der erst wenige Monate zuvor aus dem Konzentrationslager entkommene Häftling erkennt in einem der Bauern den früheren SA-Scharführer wieder, fühlt sich durch diese ebenso gefürchtete wie erhoffte Begegnung emotional aus der Bahn geworfen und zeigt den **Büttel (7)**[205] bei den Besatzungsbehörden an. Er erkennt Zillich an der für ihn charakteristischen Trittbewegung, mit der er im Lager so manchem Häftling den Todesstoß versetzt hat und nun seinen Sohn antreibt, am Schnippen seiner Finger und an den umgestülpten Ohrläppchen, die ihm bei den Lagerinsassen den Namen **das Schweinsohr** eingetragen haben.

Nach der differenzierten Gestaltung des Zillich in den Romanen DER KOPFLOHN (1932) und DAS SIEBTE KREUZ (1939), in denen die Entwicklung dieses Charakters zwar nicht gerechtfertigt, aber dennoch aus sozialen, ökonomischen und psychologischen Determinationen heraus erklärt wird, fällt auf, dass die Gestaltung der Figur in der Nachkriegserzählung eher schematisch ausfällt. Diese negative Typisierung wird jedoch verständlich, wenn man bedenkt, dass sie aus der Sicht des Opfers erfolgt, das Folterungen und Morde mit angesehen und selbst unsägliche Demütigungen und Qualen erlitten hat. Der ehemalige Häftling Volpert erinnert sich: **Als Gebhardt vor der ganzen Kolonne zu Tode geprügelt worden war, hatte Zillich, der mit verschränkten Armen gleichgültig zusah, im letzten Augenblick plötzlich auf den Liegenden eingehackt, einem Todesvogel gleich, der sein Opfer umkreist und erst auf es fällt, wenn es verendet. (7)**

Zillich hat inzwischen eine verhängnisvolle Karriere gemacht. Aus dem verschuldeten und vom Unglück verfolgten Bauern, der im Sommer 1932 den Versprechungen der Nationalsozialisten glaubend und auf einfache Lösungen aller seiner Probleme hoffend zur SA gegangen war, wurde ein gefürchteter Aufseher in einem der wilden Lager (vgl. Kapitel 2.3) und

Intertextuelle Bezüge

schließlich ein gewissenloser Mörder im KZ. Schon als Scharführer und rechte Hand des Lagerkommandanten Fahrenberg in Westhofen war der als dumpf und brutal geltende Zillich für das Grobe zuständig, in Piaski machte er den Tod zu seinem Beruf. Zillich **dämmert** es nach einigem Nachdenken, dass er Volpert **wohl zuletzt im Lager Piaski in Polen unter der Fuchtel gehabt** (14) habe. Ihm fiel es ein, **wie viele er aufgehängt hatte** [...]. **Besonders im Lager von Piaski hatte ihm so was Spaß gemacht** (19). Einer Mutter, die noch immer auf die Rückkehr ihres Sohnes wartet, wünscht er im Stillen: **Die sollten doch mal die Amerikaner** [...] **an unser Massengrab in Piaski bringen, dann würden ihr die Hirngespinste vergehen.** (38) Mehrmals gibt sich Zillich, seine Ortskenntnis auf zynische Art missbrauchend, selbst als ehemaliger Häftling von Piaski aus. Nach Volpert begegnet er noch einem zweiten Häftling aus diesem Lager sowie einem alten Lagerkameraden, dessen Rache er fürchtet, weil er ihm einst den Aufstieg zum Oberaufseher verdorben hat. Die Tatsache, dass in der Erzählung sieben Mal, also verhältnismäßig oft, von Piaski die Rede ist, mag man als gestalterische Schwäche empfinden, der biografische Kontext bietet jedoch eine Erklärung für den wiederholten Verweis auf diesen Ort. ANNA SEGHERS weiß inzwischen, dass ihre Mutter in das Sammellager Piaski und von dort aus – wenn sie noch lebte – vielleicht in das nahe gelegene Konzentrationslager Majdanek oder in eines der Vernichtungslager (Sobibor, Belzec, Auschwitz) deportiert worden ist. Ihr mit der Nummer 856 versehener Name findet sich neben dem der Lehrerin Johanna Sichel – derer ANNA SEGHERS im *AUSFLUG DER TOTEN MÄDCHEN* gedenkt – auf einer Liste von insgesamt 1000 Bürgern jüdischen Glaubens aus der Mainzer Region, unter ihnen 450 Juden aus der Stadt Mainz, die zur Deportation bestimmt waren. In Piaski verliert sich die Spur der Mutter. Der Literaturwissenschaftler Frank Wagner ist ihr nachgegangen und hat versucht sich in die damalige Situation hineinzuversetzen:

> Hedwig Reiling am 20. März 1942: Zweiundsechzigjährig, ein beschriebenes Schild um den Hals, auf der linken Brustseite des Mantels der aufgenähte gelb-schwarze Judenstern, einen schweren Koffer, Deckenrolle, Proviantbeutel schleppend. Den Beutel Wertsachen hat man ihr schon abgenommen. Die vorletzte nach all den vorangegangenen Enteignungen. Aufbruch in die schwarze Ungewißheit. Oder Gewißheit des Todes? [...] Gemäß einer vom Reichsverkehrsministerium ergangenen Anordnung wurden ›Juden und fremdvölkische Personen‹ zum Zwecke der ›Aussiedlung aus dem deutschen Reich‹ in Sonderzügen und nach einem Sondertarif befördert [...] Von der Bahnstation Trawniki bis Piaski sind es 12 km [...] ein beschwerlicher Weg. Im letzten Märzdrittel, nach dem besonders schlimmen Winter 1941/42 mit großen Schneemassen, die auf den Feldern nur langsam wegtauten.[206]

Die Erzählung *Das Ende* ist vielleicht in erster Linie als ein Stück Trauerarbeit von Netty Reiling/ANNA SEGHERS zu verstehen. Das Wissen um das vermutlich qualvolle und demütigende Ende der Mutter, die grauenhafte Vorstellung von der Ermordung von Millionen Menschen und das inzwischen zwölfjährige, von den Nazis erzwungene Exil lassen die Verbitterung der Autorin gerechtfertigt erscheinen.

Die Erzählung *Das Ende* erscheint stärker konstruiert, dennoch stimmen nicht alle Fakten in Bezug auf Zillichs Entwicklung mit der Anlage der Figur in den vorhergehenden Romanen überein. Im *Siebten Kreuz* ist von Zillichs Teilnahme am Ersten Weltkrieg die Rede, in der nach 1945 spielenden Erzählung wird sein Alter auf 30 bis 40 Jahre, also um mindestens zehn Jahre zu jung, veranschlagt. Ebenso variieren die Anzahl und das Alter seiner Kinder, im *Kopflohn* (1932) ist sowohl von vier als auch von sechs Kindern die Rede, in der Erzählung *Das Ende* (1945) ist das älteste der vier Kinder erst zwölf Jahre alt, kann also zur Handlungszeit des Romans *Der Kopflohn* noch nicht geboren gewesen sein. Gleich geblieben sind die psycho-soziale Kennzeichnung Zillichs und die Beschreibung seiner verhärmten und geschundenen Frau. Wie in den Romanen ist in der Erzählung von Zillichs Vorliebe für militärische Rituale, für **Marschschritte** und **Kommandos** die Rede, vom **lang entbehrten Geschmack der Macht** (26): **Er sehnte sich […] nach einem schroffen Widerstand, der sich aufbäumte, bis man ihn mit den Füßen zertrat, daß er um sich schlug, schrie und winselte, und von Blut nur so tratschte […]**. (48) Ob der Autorin Ungereimtheiten in der Figurenanlage unterlaufen sind oder ob sie darauf verweisen wollte, dass es ihr weniger um zyklische Kontinuität als vielmehr um die Darstellung typischer Züge und um die Verallgemeinerung und Übertragbarkeit des Dargestellten ging, sei dahingestellt. Wie groß ihr Schmerz über den von den Zillichs maßgeblich mitverschuldeten Abschnitt deutscher Geschichte ist, geht aus den Gedanken Volperts hervor, von dem es in der Erzählung heißt:

> Er fühlte über dem Herzen eine Trauer, kühl und unfaßbar, wie Reif. Er hatte einstmals geglaubt, er brauchte nur wieder frei zu sein, um froh zu werden, gedankenlos froh wie ein Kind. Er sah jetzt ein, die Freude war weg wie die Kindheit, endgültig und unwiederbringlich […] Selbst wenn sie den Zillich morgen finden, das Böse war dadurch noch nicht gefangen, wovon der Zillich ein Auswuchs war, der Reif ging davon nicht weg […], die Trauer in seinem Herzen war unstillbar, er würde davon nicht froher. (21)

Zillich, den es wie viele andere nach Kriegsende in sein Heimatdorf zurückgezogen hat, fällt unter den Heimkehrern zunächst nicht auf, nur seiner Frau erscheint er **wie ausgewechselt […], ganz fromm, ganz fleißig, ganz stumm.** (12) Die Leute aus dem Dorf rühren nicht an seiner Vergangenheit, erst ein undurchsichtiges Männchen namens Niemand/Freitag behelligt ihn damit. Die meisten haben anscheinend selbst viel zu verdrängen und betäuben ihr Gewissen mit Arbeit oder tauchen, wie Zillich, in der Anonymität der Aufbauhelfer unter, die von Baustelle zu Baustelle ziehen. Die Wahrscheinlichkeit, dass Leute wie er ungestraft davonkommen – so wird suggeriert –, ist nicht gering. Von Zillich, den viele noch in seiner SA-Uniform vor Augen haben müssten, meinen die, die ihn von früher kennen, bagatellisierend: [...] **der hat sich draußen die Hörner abgewetzt [...] Der hat jetzt gelernt, wie man anpackt.** Seine Frau wird beneidet: **Du kannst froh sein, daß du deinen Mann noch hast.** (13) Es sind nur wenige, die sich zur Auseinandersetzung mit der Vergangenheit bereit finden: **Man muß vor allen Dingen bei uns selbst anfangen. Am besten wäre es, ein jeder müßte vor unserer Belegschaft antreten; er müßte genau Auskunft geben, wo er die letzten zwölf Jahre verbracht hat. Er müßte all unsere Fragen beantworten,** verlangt ein alter Arbeiter. Ein Pfarrer prophezeit in einer Kirchenruine: **Gott aber, der in die Herzen sieht [...], wüßte ganz genau, wo sich noch ein Schurke versteckt halte.** (30) In seiner Predigt fordert er die Mörder und diejenigen, die sich durch ihr Schweigen schuldig gemacht haben, zu Besinnung und Reue auf.

Doch was ist mit den Opfern? Der den kirchlichen Widerstand repräsentierende Pfarrer Seitz – auch er ist aus dem *SIEBTEN KREUZ* bekannt – war selbst im KZ: **Er hat einmal eine Messe lesen lassen für die Jungens aus unserer Stadt, die von den Nazis erschlagen wurden.** (35) Sein christliches Ethos versagt ihm irdische Rache, er überantwortet die Täter dem Gericht Gottes, das die Uneinsichtigen bestrafen und denen, die zur Einsicht über ihr Tun gelangen, vergeben wird. Der ehemalige Häftling Kurt Volpert kann und will jedoch nicht vergessen. Er, der als Ingenieur in den rheinhessischen Dörfern unterwegs ist, um Maschinenteile für den Wiederaufbau der zerstörten Eisenbahnstrecken zu organisieren, ist zutiefst verstört durch die Konfrontation mit der Vergangenheit in Gestalt des Zillich, der ihm bewusst macht, wie stark seine Rachegefühle sind: **Er hatte sich das Wiedersehen in Tag- und Nachtträumen vorgestellt, im Lager selbst hatte ihn vielleicht nur die Hoffnung auf Rache lebendig erhalten.** (7)

So wird der Jäger Zillich zum Gejagten. Aber er muss nicht nur vor den einstigen Opfern, sondern auch vor den faschistischen Kameraden fliehen, denen er den **Spaß** nicht gönnt, ihn anzuzeigen und **zappeln zu lassen,** denn: **Ja, so was macht Spaß. Ich aber, ich werde ihm diesen Spaß nicht machen.** (65) Nicht Gewissensqualen und Reue, sondern ein absurder Trotz treibt ihn in den Selbstmord, er entzieht sich damit seiner Verantwortung als Mörder. In der Begegnung mit einem jungen, völlig verzweifelten Mann, der als Wehrmachtssoldat an der Exekutierung von Frauen, Kindern und Greisen im ukrainischen Dorf Sakoje beteiligt war und nicht weiß, wie er mit der Last seiner Schuld weiter leben soll, wird deutlich, dass Zillich weder über Einsichten noch Schuldbewusstsein verfügt. Er verweist den Verzweifelten auf den Befehlsnotstand im Krieg und begreift nicht, was jener mit dem höheren Befehl und der inneren Stimme meint, auf die er sich damals hätte besinnen sollen.

Die Fluchtgeschichte des Faschisten Zillich weist von der äußeren Gestaltung her zahlreiche Parallelen zu der des Antifaschisten Georg Heisler auf. Beide bewegen sich in der gleichen herbstlichen Landschaft, verstecken sich in einer Kirche, werden auf ihrer Flucht von einem LKW mitgenommen, überqueren den Fluss mit einer Fähre; beide werden in die Irre geführt von einem Männchen (Hechtschwänzchen, Niemand/Freitag), das sie schließlich denunziert. Durch diese offenbar beabsichtigte Parallelität treten die Unterschiede um so krasser hervor und es wird deutlich, dass das Sujet der Flucht allein nicht in der Lage ist, die Leser/innen für den Protagonisten einzunehmen (vgl. Kapitel 3.3.2). Georg findet auf seinem Weg immer wieder Menschen, die ihm weiterhelfen, die Begegnung mit ihm löst bei vielen, die sich resigniert, gleichgültig oder abwartend zurückgezogen hatten, Bewusstseins- und Läuterungsprozesse aus, bringt sie zu sich selber, lässt sie über sich hinauswachsen (vgl. die Ehepaare Kreß, Röder und Fiedler, Fritz Helwig). Zillich, der sich nicht nur von den Besatzungsbehörden verfolgt fühlt, sondern vor allem von seinen Opfern und ehemaligen Kriegskameraden, kann keine Solidarität erwarten, er hat zu viel Schuld auf sich geladen, er ist erpressbar. Deshalb wird er nicht aufgefangen, sondern weggestoßen, auch von der eigenen Familie, die er gepeinigt hat. Zillichs ältester Sohn reagiert zur Bestürzung seines Lehrers Degreif mit Erleichterung, ja sogar Freude auf die Nachricht vom Tode seines Vaters. Degreif, ein Überlebender des KZ Sachsenhausen, wird künftig die Vaterrolle bei Zillichs Sohn übernehmen. Dieser Erzählschluss legt nahe, wie sich die Autorin ein Leben nach der Barbarei wünscht: Bestrafung der Täter, aber nicht Sippenhaft für deren Angehörige, sondern die Chance zum Neuanfang für die Generation der Nachgeborenen, die im Geiste des Antifaschismus erzogen werden soll.

### 5.1.2 »Die Saboteure« (1946) – Sabotage in der Munitionsfabrik bei Griesheim

Der erste Satz der Erzählung nennt Ort und Zeit der Handlung, die im Frühjahr 1943, also fünfeinhalb Jahre nach dem Geschehen des Romans DAS SIEBTE KREUZ, einsetzt. Durch Rückblenden wird die Geschichte seit Kriegsausbruch analytisch aufgerollt und schließlich bis in die Nachkriegszeit fortgesetzt. In der auf drei Zeitebenen verlaufenden Handlung wird, ähnlich wie im Roman, das Ergebnis – die Entdeckung der Sabotage und die Hinrichtung einer der Saboteure – vorweggenommen und die Aufmerksamkeit der Leser/innen vom Ausgang auf den Gang der Handlung gerichtet. Fokussiert werden die Ereignisse um die Jahre 1939 und 1945.

Erster Handlungsort ist das bereits in der Erzählung DAS ENDE erwähnte ukrainische Dorf Sakoje, in dem bei einem Angriff der deutschen Wehrmacht manipulierte Handgranaten, die entweder vorzeitig explodieren oder gänzlich versagen, die Deutschen zum Rückzug zwingen. Die Gestapo vermutet einen Sabotageakt und verfolgt die Spur der Waffen zurück bis in die Werkstatt einer Munitionsfabrik bei Griesheim – ein Ort, der aus dem Roman DAS SIEBTE KREUZ ebenso bekannt ist wie die Namen der ermittelten Saboteure: Hermann Schulz, Franz Marnet und Paul Bohland, genannt das Zwetschenkernchen. In einem an das Pathos der Homerischen ILIAS erinnernden Erzählerkommentar wird die Fähigkeit der Menschen beschworen ihr Schicksal selbst zu bestimmen: **Denn nicht von dem Himmel, nicht von den flockigen, luftigen Wolken, die an dem Himmel segeln über der endlosen ukrainischen Ebene, noch von dem Panzerauto des Stabes geht die Entscheidung aus, die unwidersetzbare, sondern aus der geheimnisvollen Tiefe, dem Willen der Völker, o Lenker der Schlachten!"** (67)[207]

Auf der Haupthandlungsebene wird erzählt, wie Arbeiter einer deutschen Munitionsfabrik am 22. Juni 1941, dem Tag des Überfalls auf die Sowjetunion, spontan beschließen, die für die Ostfront bestimmte Tagesproduktion an Handgranaten durch fehlerhafte Zuarbeit zu manipulieren. In der Hoffnung auf weitere solcher Aktionen in anderen Rüstungsbetrieben wollen sie damit gegen den Überfall der deutschen Wehrmacht auf die Sowjetunion protestieren und zur Abkürzung des Krieges beitragen. Während es aus den Lautsprechern des Werksgeländes dröhnt: **Von jetzt ab ist jede Fabrik eine Waffenschmiede des deutschen Volkes. Sie muß unaufhörlich glühen** (87), raunen die Arbeiter auf dem Weg in die Fabrik einander knappe Anweisungen zu:

> Kürzt den Schlagstift, daß er nicht bis ans Zündhütchen rankommt. / Dem Bentsch gib mit für die Gießerei: er muß einen schwachen Punkt in die Kapsel machen, dann zersplittert sie nicht, dann springt sie nur in zwei Teile. / Die Feder vom Schlagstift verbrennen lassen. Ganz langsam abkühlen. Dann kommt keine Kraft in die Feder. Das soll er dem Doerr und dem Moser und seinem Bruder durchsagen, keinem anderen. / Einen Fehler im Zeitmechanismus / Das Rohr an einer Stelle durchbohren, damit die Zündflamme schneller ans Pulver kommt. (80, 81)

An der Realität gemessen ist die geschilderte Wirkung dieses Sabotageaktes wohl eher unwahrscheinlich. Auch stellt sich heraus, dass nicht einmal alle in die Aktion Eingeweihten den Mut hatten, sich zu beteiligen. Auf die russischen Fremdarbeiter anspielend, rechtfertigt sich der alte Bentsch: **Die Gefangenen tun ja selbst nichts dagegen. Die drehen ja selbst Granaten gegen ihr eigenes Land. [...] wenn ein paar etwas tun, dann legt man sie um und stellt ein paar Neue an ihre Stelle. Wir sind zu wenige.** (94)

Am Beispiel der aus dem SIEBTEN KREUZ bekannten Figuren, deren Lebensgeschichte fortgesetzt wird, zeigt sich, wie schwierig die Situation der Hitlergegner zum damaligen Zeitpunkt ist. Sie können nicht offen reden, müssen gegen ihre Resignation ankämpfen, ihre Gedanken selbst im intimen Kreis der Familie verbergen und sie fühlen sich oft sehr allein mit ihren Ängsten. Freunde geben sich als Feinde aus um unauffälliger miteinander konspirieren zu können, Ehemänner verkaufen ihre Frauen für dumm um sie nicht in Gefahr zu bringen, jene spielen das Spiel mit um ihre Männer nicht zu beunruhigen. Die Arbeiter Hermann Schulz, Paul Bohland und Franz Marnet sowie der Ingenieur Dr. Kreß, die anlässlich der Flucht von Georg Heisler zum aktiven Widerstand zurückgefunden hatten, müssen sich erneut prüfen und einander ihrer Vertrauenswürdigkeit und Zuverlässigkeit versichern, denn Tarnung und Konspiration sind inzwischen so perfekt, dass selten mehr als zwei Leute über einander Bescheid wissen: **Bei Kreß ist die letzte Kontrolle. Wie wird er sich aufführen? Man weiß nichts mehr über ihn [...] Sein Gesicht war bis zur Nasenspitze eingefroren in Hochmut und in Gleichgültigkeit. Es gab keinen Widerschein auf dieser Kruste von irgendeiner äußeren Welt, auch keine Ritze, die jemand erlaubte, nach innen hineinzuspähen.** (82, 93)

Kreß hingegen erinnert sich an das nächtliche Gespräch mit Hermann über die geglückte Flucht von Georg Heisler (77) und er versucht das Vertrauen Hermanns wiederzugewinnen (106). Doch auch der Kommunist Hermann fühlt sich zuweilen ohnmächtig und antriebslos und zweifelt an dem Sinn der verordneten Taktik: **Sich still verhalten, sich für das Wichtigste aufzusparen. War denn das unaufhaltsam weggleitende Leben überhaupt aufzusparen. Woran? Für was? Von Zeit zu Zeit überwältigte ihn das Gefühl, das Wichtigste sei längst eingetreten, er aber habe sich aufgespart.** (73)

Deutlich wird auch die Verunsicherung der Antifaschisten angesichts der politischen Situation, die den Anhängern des Hitler-Regimes Recht zu geben scheint. In Dialogfetzen wird auf den undurchsichtigen Nichtangriffsvertrag zwischen Hitler und Stalin und auf die stalinistischen Säuberungen angespielt: **Also dann war der Pakt für die Katz – man hat doch gestern noch über den Pakt geschrieben, als sei er so echt wie Gold.** (81) **Unser Führer wird es ihnen schon zeigen. – Die haben erst kürzlich selbst ihre Generäle abgemurkst.** (83) Im Gegensatz zum eher symbolisch anmutenden Sabotageakt entspricht die Gestaltung der Schicksale der zentralen

Figuren einem repräsentativen Querschnitt: Hermann Schulz wird verhaftet und hingerichtet, Paul Bohland fällt an der Ostfront, Franz Marnet wird zunächst vermisst und für tot gehalten, hat jedoch im sowjetischen Kriegsgefangenenlager überlebt und wird zurückkehren. Kreß kann sich auf seine antifaschistische Vergangenheit berufen und sich mit den Besatzungsbehörden arrangieren. Eine hoffnungsvolle Perspektive wird vor allem an die weiblichen Figuren geknüpft. Die verwitwete Marie Schulz hat die politische Arbeit ihres Mannes, aus der er sie aus konspirativen Gründen heraushalten wollte, jahrelang mitgetragen, ohne ihn durch ihre Mitwisserschaft zu beunruhigen. Sie wird Hermanns Vermächtnis ebenso fortsetzen wie Lotte das des 1933 erschlagenen Herbert Seidler, von dem auch im Roman DAS SIEBTE KREUZ schon die Rede war. Paradigmatische Bedeutung kommt auch der Tochter von Lotte und Herbert zu, auf die im Sinne des von ANNA SEGHERS häufig angewandten Stafettenprinzips wiederholt im Text verwiesen wird: **Hermann sagte: ›Dein Kind wird so schön wie du warst, Lotte. Wie waren wir damals stolz auf dich! Für uns hast du damals genauso ausgesehen, wie wir uns vorstellten, daß unsere Jugend aussehen soll.‹ Die Frau sagte still: ›Es tröstet einen wahrhaftig, sie anzusehen.‹** (96)

### 5.1.3 *»Vierzig Jahre der Margarete Wolf« (1958) –*
*Wallaus Schwester erinnert sich*

Die Erzählung entstand parallel zum Roman DIE ENTSCHEIDUNG und wurde bei ihrem Erscheinen 1958 als Beitrag zum 40. Jahrestag der Oktoberrevolution verstanden. In der Tat zieht sich der Bezug zur Sowjetunion leitmotivisch durch den gesamten Text, der den Zeitraum von der Russischen Revolution 1917 bis zum Start des ersten Sputniks 1957 umfasst. In einem fiktiven Dialog mit einer Ich-Erzählerin, die unverkennbar Züge der Autorin trägt, erzählt die etwa sechzigjährige Margarete Wolf die Geschichte der kommunistischen Bewegung als ein Stück politisch ambitionierter Familiengeschichte. Margarete Wolf, die als Wirtschaftsleiterin in einem volkseigenen Betrieb in Thüringen arbeitet, ist die Schwester von Ernst Wallau, der mit ihrem Mann Gustav Wolf eng befreundet war und von den Faschisten ermordet wurde. Neben diesen beiden Genossen wird auch Hilde Wallau, die schon im SIEBTEN KREUZ als eine couragierte Frau charakterisiert wurde, gewürdigt:

> Aber wie war sie tapfer! Damals und immer. So weiß und so still und so tapfer! An ihr hat es nicht gelegen, daß in unserer Fabrik der Streik abgewürgt wurde; denn sie ist auf den Tisch gesprungen, das zarte Dingelchen, und sie hat geschrien: ›Wir müssen es machen wie drüben in Rußland! Wir brauchen genauso Brot und Frieden wie drüben‹ – Dann hat man sie gepackt und heruntergerissen und abgeführt. (209)[208]

Wie die Erzählerin, die anlässlich einer Feierstunde zum Jahrestag der Oktoberrevolution in der thüringischen Maschinenfabrik weilt, hat es auch Margarete Wolf nach dem Krieg vom Rheinland in die DDR verschlagen. Die Söhne Wallaus – im Roman erfährt man, dass sie nach der Ermordung des Vaters und der Verhaftung der Mutter in nationalsozialistische Erziehungsheime gesteckt wurden –, waren im Spanischen Bürgerkrieg (Karl) und an der Ostfront (Hans) und sind nach dem Krieg in Westdeutschland geblieben: **Man braucht sie dort. Manchmal sieht es dort so aus, als ob alles wieder von vorn anfängt [...] Karl ist jetzt im Gefängnis wegen Arbeit für die verbotene Partei.** (218 f.) Das im nächsten Satz folgende Bekenntnis zur DDR und der insgesamt eher schwarz-weiß (bzw. braun-rot) gehaltene Tenor des Textes machen deutlich, dass die Erzählung im Kontext des Kalten Krieges gesehen werden muss. Vom Verbot der DKP und der Verhaftung ihrer Mitglieder in der BRD ist die Rede, nicht aber von den Schauprozessen gegen Intellektuelle in der DDR, nicht von den Volksaufständen 1953 in der DDR und 1956 in Ungarn und nicht von den Verbrechen des bis zu seinem Tode vergötterten Stalin, die auf dem XX. Parteitag der KPdSU 1956 enthüllt worden sind.

Die starke Vereinfachung und Verklärung der Lage ist lediglich im Hinblick auf die eingeschränkte Figurenperspektive verständlich. Margarete Wolf hat sich nach bestem Wissen und Gewissen für eine gerechte und humane Welt eingesetzt und ihren privaten Glücksanspruch dem Kampf um den gesellschaftlichen Fortschritt untergeordnet. Die Krisenerscheinungen des sozialistischen Lagers will sie nicht wahr haben, das würde den Sinn ihres entbehrungsreichen Lebens, ihre ganze Identität ins Wanken bringen. Die kommunistische Veteranin denkt nach wie vor in den gewohnten Polarisierungen, aber die Fronten sind nicht mehr so klar wie einst, sie verlaufen nicht mehr zwischen Faschisten und Antifaschisten, kapitalistischem und sozialistischem Weltsystem, sondern auch innerhalb der eigenen Reihen zwischen den Anhängern der kommunistischen Idee und den Machtpolitikern, die die Idee missbrauchen. Diesen Widerspruch thematisieren weder Margarete Wolf noch die Erzählerin, die das nächtliche Gespräch fast kommentarlos protokolliert.

Dass jedoch ANNA SEGHERS selbst sich mit diesen quälenden Fragen auseinander setzte, auf die sie jedoch damals keine Antworten wusste, ist durch einen Text belegbar, der vermutlich im gleichen Jahr begonnen und mehrfach überarbeitet, aber nicht fertiggestellt und veröffentlicht worden ist. Erst 1989 fand sich im Nachlass das Novellenfragment DER GERECHTE RICHTER, in dem einige der von Margarete Wolf ausgesparten Probleme und Zweifel zur Sprache gebracht werden.

Erzählt wird im GERECHTEN RICHTER die Geschichte des jungen Untersuchungsrichters Jan Belak, der sich weigert, bei der Verurteilung des der Spionage angeklagten, aber offensichtlich unschuldigen Viktor Gasko mitzuwirken und der deshalb selbst mit Berufsverbot und Zuchthaus bestraft wird. Der junge Richter gerät in den Konflikt zwischen staatlich definiertem Recht und eigenem Gerechtigkeitsempfinden. Die gleichen Leute, denen er aufgrund ihrer kommunistischen Gesinnung und antifaschistischen Vergangenheit bisher mit Achtung, Vertrauen und Dankbarkeit gegenüberstand, verlangen von ihm, in blinder Loyalität und Parteidisziplin, das Recht zu beugen. Inzwischen scheinen einige der alten Genossen, die ihre antifaschistische Vergangenheit wie ein Schild vor sich her tragen, ihre Wurzeln vergessen und ihre Ideale verraten zu haben und nur noch darauf bedacht zu sein, ihre Macht mit allen Mitteln zu erhalten. **Mit ihren Herrschaftsmethoden geraten sie in verhängnisvolle Nähe zum Faschismus.**[209] Die Art, wie Menschen mit falschen Anschuldigungen fertiggemacht und als Konterrevolutionäre, Nestbeschmutzer und naive Parteigänger des Klassenfeindes stigmatisiert werden, führt die noch immer in Anspruch genommene Überlegenheit der kommunistischen Weltanschauung ad absurdum. Demokratie, Gerechtigkeit und Humanismus sind aufs Höchste gefährdet. Dennoch begegnen wir Gasko und Belak im Straflager nicht als gebrochenen Persönlichkeiten, die am Gesellschaftssystem oder gar an der kommunistischen Utopie zweifeln, denn sie führen ihr Verhängnis nicht auf systemimmanente Widersprüche zurück, sondern auf Fehlleistungen einiger machtbesessener Dogmatiker: **In einem einzelnen Mann hab ich mich bös geirrt. Ich tät ihm einen Gefallen, wenn ich deshalb verzweifeln würde**[210], sagt Jan nach seiner Haftentlassung, deren Hergang in der Erzählung nicht geschildert wird. Am Ende der Geschichte hat sich gemäß dem Wunschdenken der Autorin Gerechtigkeit wieder hergestellt.

Das Manuskript trug den handschriftlichen Vermerk **Wichtig! Durcharbeiten! Die Brüchigkeit** dieses **im Entwurf steckengeblieben(en) Textes offenbart einen tiefen, nicht mehr zu einer überzeugenden künstlerischen Lösung führenden Zwiespalt,** meint Friedrich Albrecht und weist auf **die fatale Idyllik des Schlusses und Ungereimtheiten in Handlungsführung wie Figurenzeichnung**[211] hin. **Der Bruch, der durch den Text geht, ist ein Bruch, der durch die Zeit ging […] Für die Erzählerin Seghers zerbrach ihr Weltbild, also hat sie Zerbrochenes abgebildet.**[212] Es liegt nahe, den Text als Schlüsselerzählung zu lesen, als unmittelbaren Reflex auf den 1957 geführten Prozess gegen den Leiter des Aufbau-Verlages Walter Janka. ANNA SEGHERS, die als Vorsitzende des Schriftstellerverbands an diesem Schauprozess teilnehmen musste, hat der Verurteilung Jankas schweigend beigewohnt, was er ihr in seinen 1990 veröffentlichten Memoiren vorwarf.[213] Name und Biografie des Angeklagten Viktor Gasko verweisen auf

Walter Janka, der Name Jan Belak ruft Assoziationen zu Brechts salomonischem Richter Azdak aus dem KAUKASISCHEN KREIDEKREIS wach und im Namen des (ungerechten) Richters Kalam finden sich konsonantische Anklänge an den Namen Mielke.[214] Jan, der gerechte Richter, gehört zu den ehrlichen Genossen, auf die ANNA SEGHERS setzt. Sie glauben an die Reformierbarkeit des Systems und haben an der kommunistischen Idee keine grundsätzlichen Zweifel, es ist **die beste, die jemals sich Menschen ausgedacht haben**, sagt Jan und fügt nach seiner Haftentlassung lediglich hinzu: **Damals habe ich noch nicht geahnt, es könnte so schwer sein, sie hochzuhalten.** Von einem Häftling im Lager gefragt, ob er, wenn er die Wahl hätte, diesen Staat noch einmal wählen würde, antwortet Jan – und hätte vermutlich auch ANNA SEGHERS geantwortet – **Dann würd ich ihn wiederwählen [...] und diesen Staat so gut wie möglich machen!**[215]

DER GERECHTE RICHTER weist eine Reihe interessanter Ähnlichkeiten zum SIEBTEN KREUZ auf.[216] Wie im Roman wird im Erzählfragment suggeriert, dass der Humanität und der Gerechtigkeit zumindest eine moralische Überlegenheit über die Barbarei des Faschismus bzw. Stalinismus gebührt. In beiden Texten erweist sich die menschliche Größe einer Figur an ihrer Bewährung oder ihrem Versagen in einer existenziellen Entscheidungssituation, wobei für den Protagonisten der Novelle die Unterscheidung von Freund und Feind weitaus schwieriger und konfliktbeladener ist. In beiden Texten werden Antifaschismus und Menschlichkeit zunächst gleich gesetzt, im GERECHTEN RICHTER tritt aber insofern eine neue Situation ein, dass eine Diskrepanz zwischen der Rechtsauffassung des *sozialistischen* Staates und dem Gerechtigkeitsempfinden eines *sozialistischen* Richters eintritt. Wie in vielen anderen Texten wird sowohl im SIEBTEN KREUZ als auch im GERECHTEN RICHTER eine Figurenkonstellation gewählt, in der das Lehrer-Schüler-Verhältnis strukturbestimmend ist. Interessant ist, dass im Exilroman die Weitergabe von Erfahrungen zwischen dem Lehrenden und dem Lernenden (z. B. Wallau und Heisler) noch funktioniert, während es in der Nachkriegsnovelle in Frage gestellt wird, da der junge Richter Jan Belak erkennen muss, dass sein Vertrauen in den zunächst bewunderten väterlichen Freund Kalam missbraucht und enttäuscht wird.

Die in der Novelle DER GERECHTE RICHTER gestaltete bittere Erfahrung ist bis in die poetologische Konzeption der Autorin spürbar. Bei ihrer Rückkehr aus dem Exil hatte ANNA SEGHERS mehrfach betont sie wolle den Entwicklungsprozess des sozialistischen deutschen Staates schreibend begleiten. Ein Blick auf das Schaffen zeigt jedoch, dass die schlimmen Erfahrungen der 50er-Jahre offensichtlich dazu geführt haben, dieses Vorhaben aufzugeben. Die literarische Darstellung unmittelbarer DDR-Gegenwart brach mit dem Jahr 1953 bis auf wenige Andeutungen in der Erzählung DIE ÜBERFAHRT ab.

# Unterrichtshilfen

## 1  Didaktische Aspekte

Der Roman *Das siebte Kreuz* hat sich seit Jahren als Schullektüre bewährt. Er könnte am Ende der Sekundarstufe I in der Jahrgangsstufe 10, aber auch in Grund- und Leistungskursen der gymnasialen Oberstufe gelesen werden. Die folgende Unterrichtsreihe bezieht sich auf die Sek. II, hält aber auch (Klausur-)Vorschläge für die Sek. I bereit. Schwierigkeiten bei seiner unterrichtlichen Behandlung, bedingt durch den Umfang des Textes, die Komplexität und Vielschichtigkeit des Dargestellten und die nicht unkomplizierte Textstruktur (Montagetechnik, Simultaneitätsprinzip, Größe des Figurenensembles, Häufigkeit der Schauplatzwechsel, authentische Zeit- und Lokalbezüge), sind dabei nicht auszuschließen, können aber auch als Chance gesehen werden, aus der Fülle des Möglichen auswählen zu können. Auf eine Gesamtinterpretation kann (oder muss) in der Schule zugunsten der Behandlung einiger, vom Leseinteresse der Schüler/innen mitbestimmter Aspekte verzichtet werden. Empfehlenswert ist deshalb ein offenes Unterrichtsmodell, in dem nach der ungelenkten häuslichen Lektüre des Romans zunächst die Lesarten, also die ersten subjektiven Lektüreeindrücke, eingeholt und möglicherweise schriftlich festgehalten und allen Schülern zugänglich gemacht werden sollten. Neben der Verbalisierung der Lesarten kann auch die Möglichkeit erwogen werden die Leseeindrücke in einem Bild/einer Collage Gestalt werden zu lassen. Die sich aus dem anschließenden Gespräch ergebenden thematischen Schwerpunkte, Problem- und Fragestellungen sowie Irritationen im Textverständnis sollten nun in die Planung des Unterrichtsverlaufs einfließen oder ihn sogar maßgeblich bestimmen. Eine solche Schülerorientierung, die die Analyse der Lernausgangslage und die Antizipation der absehbaren Schwerpunktsetzungen und Verstehensschwierigkeiten einbezieht, kann die Motivation zu selbstständiger und aktiver Mitarbeit wesentlich befördern. Auch die Gewichtung produktions- oder rezeptionsorientierter Verfahren ist durch diese Vorgehensweise leichter zu treffen.

Angesichts der Komplexität des Textes bietet es sich an, in einem Unterrichtsprojekt einzelne, sowohl produktions- und handlungsorientierte als auch rezeptionsorientierte Themenkomplexe in Gruppenarbeit erarbeiten zu lassen und am Ende zusammenzuführen. Die Gruppen sollten wählen können zwischen Aufgabenstellungen, die inhaltliche Aspekte des Romans, historische Kontexte und aktuelle Bezüge betreffen. Dazu sollte die/der Lehrende einen Katalog von Arbeitsaufgaben einschließlich entsprechender Literaturhinweise unterbreiten, an dem sich die jeweils 3–5 Mitglieder der Arbeitsgruppe orientieren können. Die Gruppen sollten dazu angeregt werden, ihre Arbeitsergebnisse variantenreich aufzubereiten und in anschaulicher Weise (Folien, Arbeitsblätter, szenische Gestaltungen, Illustrationen, Objekte, Büchertische, kleine Ausstellungen usw.) darzubieten. Es ist aber auch eine durchgehend gemeinsame Erarbeitung des Romans vorstellbar, in der nur Teilbereiche in Gruppen- oder Partnerarbeit bzw. durch Referate erschlossen werden.

Nicht nur der weltliterarische Rang des Romans, sondern auch das zugleich repräsentativ und einzigartig anmutende deutsche Schicksal der Autorin rechtfertigt die Beschäftigung mit dem Gegenstand (vgl. Kap. 1.2). Die zeitgeschichtlichen und literaturhistorischen Bezüge, in denen der Roman steht, sind geeignet, über den Text hinausweisende Kontexte einzuholen, Probleme zu diskutieren und aktuelle Fragestellungen anzuknüpfen: Alltag im faschistischen Deutschland (vgl. Kap. 2.2 u. 2.3), Leben und Schreiben im Exil (vgl. Kap. 1.1 u. 1.1.1), Umgang mit Exilautoren und Exilliteratur, speziell mit ANNA SEGHERS und ihrem Werk in Ost- und Westdeutschland, Kalter Krieg, Wiedervereinigung, Neofaschismus – das sind einige der Problemfelder, aus denen sich andere ableiten lassen. So etwa der im Roman thematisierte Zusammenhang vom **persönlichen Glück** eines **gewöhnlichen Lebens** und der Notwendigkeit, sich für den gesellschaftlichen Fortschritt einzusetzen oder gar aufzuopfern. Von aktuellem Interesse könnte auch die Diskussion über Verhaltensmuster in totalitären und demokratischen Systemen sein: Anpassung, Passivität, Rückzug ins Private, vorauseilender Gehorsam versus Hilfsbereitschaft, Zivilcourage, aktives Engagement, Widerstand oder das Nachdenken über Ideale, Klischees und Manipulationsmechanismen am Beispiel solcher Begriffe wie Vaterland, Patriotismus und Heldentum(vgl. Kapitel 3.5.2).

Auch formale Aspekte der Romangestaltung, etwa die von Zeitgenossen als modern empfundene Montagetechnik (vgl. Kapitel 3.3.1) oder die realistisch-fantastische Erzählweise (vgl. Kapitel 3.4.1 u. 3.4.2) sind dazu geeignet, die Lektürekompetenz der Schüler/innen zu erweitern und literaturhistorisches Wissen zu vermitteln bzw. zu erweitern und zu festigen. Thema und historischer Kontext des Romans werfen die Frage nach dem Verhältnis von Dichtung und Wahrheit bzw. Fiktion und Wirklichkeitsdarstellung auf und bieten vielfältige Möglichkeiten für fächerübergreifende Projekte mit Geschichte, Sozialkunde und Ethik: Recherchen über die politische Situation und den Alltag im nationalsozialistischen Deutschland ermöglichen den Transfer zu eigenen Erfahrungen mit Neofaschismus, Ausgrenzung von Minderheiten, Ausländer- und Asylproblematik. Die literarische Montagetechnik verweist auf Gegenstandsbereiche des Kunstunterrichts (die Fotomontage von John Heartfield und die Bildcollage von George Grosz, vgl. Kapitel 3.3.1) und die sich auf DAS SIEBTE KREUZ beziehende, 1997 uraufgeführte Sinfonie Nr. 9 von Hans-Werner Henze ermöglicht Verbindungen zum Musikunterricht.

Die Einbeziehung des 1944 in Hollywood gedrehten Films THE SEVENTH CROSS in den Unterricht kann zu einer genaueren Lektüre des Romans führen und darüber hinaus auch ein erster Schritt zur Aneignung filmanalytischer Kompetenz sein (vgl. Kap. 4.2). Die Beschäftigung mit den Dramen- und Hörspielfassungen des Romans kann Erkenntnisse über Möglichkeiten und Grenzen der verschiedenen Gattungen bzw. Medien befördern, aber auch zum eigenen produktiven Umgang mit dem Text anregen (vgl. Kap. 4.3). Sensibilität für intertextuelle Bezüge und Anregungen zum produktiven Umgang mit dem Roman können auch von den Erzählungen der Autorin ausgehen, die sie in deutlicher Bezugnahme auf Figuren aus dem Roman DAS SIEBTE KREUZ nach dem Krieg geschrieben hat (vgl. Kap. 5).

Die Tatsache, dass dieser Exilroman ein Stück Geschichte und einen trotz intensiver Forschungen bis heute unabgeschlossenen Bereich der Literaturgeschichte repräsentiert, rechtfertigt rezeptionsorientierte Fragestellungen. Die Entstehungs- und Rezeptionsgeschichte dieses im Pariser Exil geschriebenen, dann beinahe verloren gegangenen und zunächst in englischer Sprache, als Comic und als Feldpostausgabe für amerikanische Soldaten veröffentlichten RO-MANS AUS HITLERDEUTSCHLAND ist vielleicht ebenso spannend, unterhaltsam und lehrreich wie der Roman selbst.

Wenn es sich anbietet, sollte bei der Durchführung eines Projekts zum SIEBTEN KREUZ eine Exkursion zum authentischen Ort Osthofen bei Worms in Erwägung gezogen werden, in der sich eine Dauerausstellung über die Zeit des Nationalsozialismus in Rheinland-Pfalz befindet.

(Vgl. Hans Berkessel: Rheinland-Pfalz: Die Zeit des Nationalsozialismus in unserem Land. Zur Einführung in die Ausstellung in der Gedenkstätte des ehemaligen KZ Osthofen. In: Argonautenschiff. Jahrbuch der Anna-Seghers-Gesellschaft Berlin und Mainz, 6/1997, S. 371–377)

## 2  Sekundärliteratur für den Unterricht

Die zum Roman erschienene Sekundärliteratur einschließlich der im Anhang chronologisch aufgelisteten didaktisch-methodischen Literatur ist sehr umfangreich. Seit Ende der 60er-Jahre sind in den einschlägigen Fachzeitschriften und literaturdidaktischen Reihen (*Deutschunterricht, Der Deutschunterichct, Diskussion Deutsch,* Unterrichtshilfen usw.) aber auch in weniger verbreiteten Publikationsorganen *(Mainzer Geschichtsblätter, Seghers-Jahrbücher)* immer wieder Unterrichtsmodelle, Stundenentwürfe und Erfahrungsberichte von Lehrenden erschienen. Darüber hinaus war der Roman Gegenstand vergleichender Betrachtungen in Abhandlungen über die Literatur des Exils. Als Handreichungen für Schule und Studium wurden seit Anfang der 80er-Jahre Materialzusammenstellungen zum Roman und seinem historischen und biografischen Umfeld veröffentlicht, die wesentliche Dokumente und Textauszüge bereitstellen (Naumann 1981; Hilzinger, 1990). Umfassende Einzelinterpretationen, allerdings ohne Unterrichtsvorschläge, liegen seit Anfang der 90er-Jahre vor (Spies, 1993; Pasche, 1993; Zimmer, 1995; Stephan, 1997). Besonders empfehlenswert ist die materialreiche und solide recherchierte Monografie zu WELT UND WIRKUNG DES ROMANS von Alexander Stephan, die sich auf weitgehend unbekannte Aktenbestände zum KZ Osthofen, Personalakten der SS, FBI-Dossiers und Dokumente aus amerikanischen Verlags- und Filmarchiven stützt und eine ausführliche aktuelle Bibliografie enthält. Mehrere, in den 90er-Jahren erschienene Seghers-Biografien ermöglichen einen den aktuellen Forschungsstand gut repräsentierenden Zugang zur Autorin (Brandes, 1992; Zehl Romero, 1993, Schrade, 1993, Wagner/Emmerich/Radványi, 1994). Nach wie vor empfehlenswert und als Zeitdokumente eine Bereicherung sind auch die zu Seghers' Lebzeiten in der DDR entstandene Biografie von Kurt Batt (1973) sowie die Monografie von Frank Wagner (1975). Den aktuellen Forschungsstand repräsentieren die seit 1992 von der Anna-Seghers-Gesellschaft Berlin und Mainz herausgegebenen Jahrbücher, in denen sich auch aktuelle Beiträge zum Roman DAS SIEBTE KREUZ finden (Fischer, 1993; Stephan, 1993; Hilzinger, 1993; Bilke, 1995; Kant, 1995; Röttig, 1995; Brothers Shore/Stephan, 1996). Zum Themenkreis Exil liegen ebenfalls Arbeitsmaterialien und Anthologien vor, die den Zugang zu Seghers' Roman erleichtern (Imgenberg/Seifert, 1993; Staiger/Schwarzmann/Kern, 1994).

Die im Folgenden vorgenommene Literaturauswahl zu einzelnen Themenkreisen soll dazu dienen, sich an der Fülle des Materials zu orientieren:

a) Zur Entstehungs- und Manuskriptgeschichte des Romans

- Pierre Radvanyi: Einige Erinnerungen. In: Argonautenschiff 1994/3, S. 185–192.
- Sonja Hilzinger: ›Jetzt sind wir hier. Was jetzt geschieht, geschieht uns.‹ Anna Seghers' Roman DAS SIEBTE KREUZ. In: DAS SIEBTE KREUZ von Anna Seghers. Texte, Daten, Bilder (TDB). Hg. v. S. Hilzinger, Frankfurt/M.: Luchterhand 1990, S. 7–33.
- Anna Seghers: ›Arbeiten, schreiben, gegen die Nazis kämpfen.‹ Ein Gespräch nach der Ankunft in Mexiko. In: TDB, S. 68–74.
- Anna Seghers: Sechs Tage, sechs Jahre. Tagebuchseiten. In: TDB, S. 55–67.
- Anna Seghers. Wieland Herzfelde. Gewöhnliches und gefährliches Leben. Ein Briefwechsel aus der Zeit des Exils 1939–1946. Hg. v. Ursula Emmerich und Erika Pick. Berlin: Aufbau 1985/Darmstadt und Neuwied: Luchterhand 1986.
- Alexander Stephan: Anna Seghers. DAS SIEBTE KREUZ. Welt und Wirkung eines Romans. Berlin: Aufbau 1996.

b) Rezeptionsbeispiele zum Roman »Das siebte Kreuz«

- Christa Wolf: Das siebte Kreuz. In: TDB, S. 139–153.
- Maria Wolczacka: Die Wahrheit über deutsche Menschen. (1975). In: TDB, S. 133–136.
- Sigrid Bock: Anna Seghers ›besiegte‹ Thomas Mann. (1980). In: TDB, S. 128–133.
- Marcel Reich-Ranicki: Nicht gedacht soll ihrer werden? In: Romane von gestern – heute gelesen. Bd. 3: 1933–1945. Frankfurt/M.: Fischer 1990, S. 277–287.
- Hermann Kant: Merkwürdige Verstrickung meines Schreibens mit dem Leben der Anna Seghers. In: Argonautenschiff 1995/4, S. 80–84.
- Jörg Bernhard Bilke: Zwiespältiges Gedenken. In: Argonautenschiff 1995/4, S. 45–56.
- Alexander Stephan: Anna Seghers. DAS SIEBTE KREUZ. Welt und Wirkung eines Romans. Berlin: Aufbau 1996 (= AtV 5199), S. 208–296.
- Hans-Werner Henze: Sinfonie Nr. 9, Uraufführung bei den Berliner Fest-

wochen im September 1997 (Rezensionen in: SDZ vom 13.9.1997, S. 8; Freitag Nr. 39 vom 19.9.1997).

c) Realistische Darstellung mit Mitteln des Fantastischen

- Anna Seghers: DIE REISEBEGEGNUNG, Erzählung (1972).
- Martin Straub: Kafka-Rezeption und Realismusauffassung in DIE REISEBEGEGNUNG. In: Argonautenschiff 1993/2, S. 64–78.
- Erika Haas: Ideologie und Mythos. Studien zur Erzählstruktur und Sprache im Werk von Anna Seghers. Stuttgart 1975.
- Gudrun Fischer: ›Ach, essen von sieben Tellerchen‹ – Märchen- und Sagenmotive im Roman DAS SIEBTE KREUZ. In: Argonautenschiff 1993/2, S. 132–147.

d) Verfilmung des Romans

- Knut Hickethier: Begriffe der Film- und Fernsehanalyse. In: Praxis Deutsch. Themenheft: Verfilmte Literatur – Literarischer Film. 10 (1983) 57, S. 20–23.
- Alexander Stephan: Anna Seghers THE SEVENTH CROSS. Ein Exilroman über Nazi-Deutschland als Hollywoodfilm. In: Exilforschung, Bd. 6/1988, S. 214–229.
- Ders.: ›... eine Art Zivilcourage, die ich sehr bewundere.‹ F. Zinnemann über seinen Film THE SEVENTH CROSS. Ein Gespräch mit A. Stephan. In: Argonautenschiff 1993/2, S. 211–217.
- Alexander Abusch: Der Film DAS SIEBTE KREUZ. (1944). In: TDB, S. 196–197.
- Martin Loiperdinger: Fred Zinnemanns THE SEVENTH CROSS. Antifaschistischer Anspruch und amerikanische Wirklichkeit 1944. (1986). In: TDB, S. 197–202.
- Alexander Stephan: Anna Seghers. DAS SIEBTE KREUZ. Welt und Wirkung eines Romans. Berlin: Aufbau 1996 (= AtV 5199), S. 226–244.

e) Seghers-Rezeption in Ost- und Westdeutschland

- Andreas W. Mytze: Von der negativen Faszination. Das westdeutsche Seghers-Bild. In: Anna Seghers. Text + Kritik 1973, H. 38, S. 20–30.
- Valentin Merkelbach: Fehlstart Seghers-Rezeption. Vom Kalten Krieg gegen die Autorin in der Bundesrepublik. In: Anna Seghers. Materialienbuch. Hg. v. P. Roos/F. J. Hassauer-Roos. Darmstadt u. Neuwied: Luchterhand 1977, S. 9–25.
- Bernhard Spies: Anna Seghers – Lektüre jenseits von Denunziation und Legitimation. In: Argonautenschiff 1993/2, S. 101–113.
- Ursula Elsner: Anna Seghers – Die Frau mit dem ›männlichen Blick‹? In: Argonautenschiff 1996/5, S. 171–183.
- Christa Wolf: Gesichter der Anna Seghers. In: Anna Seghers. Eine Biographie in Bildern. Hg. v. F. Wagner/U. Emmerich/R. Radvanyi. Berlin: Aufbau 1994, S. 6–9.
- Luise Rinser: Hoffnung und Glaube der Anna Seghers. In: ndl 1998/2, S. 131–143.

## 3 Unterrichtsreihen

### a) Exilliteratur

Es liegt nahe, DAS SIEBTE KREUZ innerhalb einer Reihe zur Exilliteratur zu behandeln.
Dazu können z. B folgende, thematisch vergleichbare Werke zur Lektüre empfohlen werden:
Lion Feuchtwanger: DIE GESCHWISTER OPPERMANN, 1933; EXIL, 1940; Klaus Mann: MEPHISTO, 1936; DER VULKAN, 1939; Irmgard Keun: NACH MITTERNACHT, 1937; Arnold Zweig: DAS BEIL VON WANDSBEK, 1943.

### b) Erzählungen von Anna Seghers

Um weitere Einblicke in das Schaffen der Autorin zu ermöglichen, können andere Exilwerke der Autorin, insbesondere epische Kurzformen, die sich zur Lektüre in der Schule eignen und den Schaffenskontext des Romans verdeutlichen, herangezogen werden:
DAS VIERECK, 1934; DIE SCHÖNSTEN SAGEN VOM RÄUBER WOYNOK, 1936; SAGEN VON ARTEMIS, 1937; REISE INS ELFTE REICH, 1939; DIE DREI BÄUME (DER BAUM DES JESAJAS/DER BAUM DES RITTERS/DER BAUM DES ODYSSEUS), 1940; DAS OBDACH, 1941; EIN MENSCH WIRD NAZI, 1942/43; POST INS GELOBTE LAND, 1943/44; DER AUSFLUG DER TOTEN MÄDCHEN, 1943/44.

### c) Intertextualität

Für die Herausarbeitung intertextueller Bezüge eignen sich insbesondere die Texte von Anna Seghers, in denen Romanfiguren aus dem SIEBTEN KREUZ vorbereitet bzw. weitergeführt werden:
DER KOPFLOHN, 1933; DAS ENDE, 1945; DIE SABOTEURE, 1946; VIERZIG JAHRE DER MARGARETE WOLF, 1958.

### d) Kreatives Schreiben

Sowohl autobiografische Bezüge als auch epische Verweise auf die Domszene im SIEBTEN KREUZ lassen sich in einer 1965 entstandenen Miniatur entdecken. Auf die Potenzen einer intensiven Textarbeit einerseits und Möglichkeiten des produktiven Umgangs mit dieser Geschichte verweist Jochen Vogt in: Der Deutschunterricht 49 (1997) 4, S. 20–27.
Anna Seghers: ZWEI DENKMÄLER, 1965

### e) Literarische Vorbilder des Seghers-Romans

In Bezug auf die Romanstruktur verweist Anna Seghers selbst auf literarische Vorbilder, die interessante Querverbindungen zur Weltliteratur ermöglichen:
Allessandro Manzoni: DIE VERLOBTEN. EINE MAILÄNDISCHE GESCHICHTE AUS DEM 17. JH., 1821
John Dos Passos: MANHATTAN TRANSFER, 1925

f) Adaptionen des Romans

Die Einbeziehung der Verfilmung und/oder der Hörspielbearbeitungen kann zu einer genaueren Lektüre des Romans führen, sie kann aber auch ein erster Schritt zur Aneigung film- bzw. dramenanalytischer Kompetenz sein und Möglichkeiten und Grenzen der verschiedenen Medien bewusst machen. Darüber hinaus können die Adaptionen zum eigenen kreativen Umgang mit dem Roman anregen:

Fred Zinnemann: *The Seventh Cross.* Film. Drehbuch: Helen Deutsch. Regie: Fred Zinnemann. Hollywood 1944.

Hedda Zinner: *Das siebte Kreuz.* Hörspiel von Hedda Zinner. Regie: Hedda Zinner. Erstsendung: Berliner Rundfunk, 2.2.1955. Deutsches Rundfunkarchiv Berlin, Schallarchive, ANR 3000222X00 (= 1955).

Kristina Handke: *Die Jacke.* Hörspiel nach einer Begebenheit aus dem Roman *Das siebte Kreuz* von Anna Seghers. Funkbearbeitung von Kristina Handke. Regie: Jochen Staritz. Erstsendung: Berliner Rundfunk, 17.11.1985. Deutsches Rundfunkarchiv Berlin, Schallarchive; KH 2914.

| Stunden | Thema | Didaktische Aspekte (Inhalte/Ziele) |
|---|---|---|
| 1./2. GK/ LK | Einführung: Geschichtsverständnis und Weltanschauung der Autorin (Vgl. Kap. 3.2) | Erste Verständigung über den historischen Kontext des Romans<br>1. Zusammenwirken von Landschaftsbeschreibung und Geschichtsbetrachtung, Hinführung zu genauer Textarbeit<br>2. Gewinnen von Einsichten über die Intention der Autorin, das Verhältnis von Veränderung und Dauer im Geschichtsprozess |

(Die Anna-Seghers-Gedenkstätte in 12489 Berlin, A.-Seghers-Str. 81, bietet Überspielungsmöglichkeiten von Video- und Tonkassetten. Vgl. ›Nutzungsangebote der Anna-Seghers-Gedenkstätte in Berlin-Adlershof‹. In: Argonautenschiff. Jahrbuch der Anna-Seghers-Gesellschaft Berlin und Mainz 5/1995, S. 308–310;
Die Hörspielmanuskripte befinden sich im Hedda-Zinner-Nachlass im Archiv der Akademie der Künste, 10115 Berlin, Robert-Koch-Platz 10 bzw. im Deutschen Rundfunkarchiv Frankfurt am Main–Berlin, Standort Berlin: 12489 Berlin, Rudower Chaussee 3)

## 4 Unterrichtssequenzen

Verwendete Abkürzungen:

| A | = Alternative | SV | = Schülervortrag |
| GK | = Grundkurs | LV | = Lehrervortrag |
| LK | = Leistungskurs | GA | = Gruppenarbeit |
| HA | = Hausaufgabe | PA | = Partnerarbeit |
| Ref | = Referat | StA | = Stillarbeit |
| KRef | = Kurzreferat | TA | = Tafelanschrieb |
| UG | = Unterrichtsgespräch | PRO | = Produktionsorientierte Aufgabenstellung |

| Methodische Realisierung/ Verlauf | Hausaufgabe |
|---|---|
| SV: Lautes Lesen von Kap. I/I<br><br>1. UG: Welche Stimmung vermittelt dieser Romananfang? Welches Verhältnis der Erzählerin zur Landschaft/Heimat wird deutlich?<br>2. StA: Nochmalige intensive Lektüre von Kap. I/I: Welche hist. Ereignisse werden angedeutet?<br><br>3. UG: Welchen Stellenwert hat das **Tausendjährige Reich** in den dargestellten Relationen?<br>Wie deuten Sie das Verhältnis von Ausweglosigkeit und Hoffnung, Ausgeliefertsein und Selbstbestimmung in diesem Textabschnitt? | 1. Lektüre des Romans, schriftliche Fixierung der Leseeindrücke (Lesetagebuch)<br>2. Arbeitsteiliges Informieren<br>a) über historische Zusammenhänge und Begriffe zum NS-Staat (Lehrbuch Geschichte, 10./11. Klasse)<br>b) zum KZ Osthofen<br>(vgl. Kap. 2.3 u. Mat. 1 u. 2) |

| Stunden | Thema | Didaktische Aspekte (Inhalte/Ziele) |
|---|---|---|
| 3./4. GK/ LK | Politische Situation und Alltag im nationalsozialistischen Deutschland (vgl. Kap. 2.2 u. 2.3) | 1. Rekonstruktion wesentlicher historischer Zusammenhänge anhand von Daten, Fakten und Zeitzeugnissen<br><br>2. Das Jahr 1937 (Handlungszeit des Romans) – 4 Jahre nach der Machtergreifung, 2 Jahre vor Kriegsausbruch<br>3. Ermessen der Relation zwischen Fiktion und Authentizität im Roman |
| 5./6. GK/ LK | Gesichter der Anna Seghers (Vgl. Kap. 1.1.1 u. 6) | 1. Rekonstruktion von Leben und Werk der Autorin (Herkunft, Ausbildung, schriftstellerischer Werdegang, Weltanschauung)<br>2. Begreifen von Flucht und Exil als Gefahr für die Familie und als Ausnahmezustand/Herausforderung für die schriftstellerische Existenz<br>3. Übung mit Exilliteratur und Exilautor/inn/en, insbesondere mit Anna Seghers, in Deutschland nach 1945 |
| 7./8. GK/ LK | ›Literarisches Quartett‹ und darüber hinaus (vgl. Kap. 3.1–3.3.1) | 1. Einstieg in die Analyse und Interpretation des Romans<br><br>2. Erkennen rezeptionssteuernder Elemente und kompositorischer Besonderheiten des Romans<br><br>3. Exemplarisches Erschließen von Aufbau und Struktur des Romans |

| Methodische Realisierung/ Verlauf | Hausaufgabe |
|---|---|
| 1. SV: Anschauliche Präsentation der HA (Folien, paper usw.) Impulse: <br> – Wie kam es zur Machtergreifung Hitlers/der NSDAP in Deutschland? <br> – Wie war die ›Volksgemeinschaft‹ organisiert? <br> – Welche Gründe führten zur Ausgrenzung und Verhaftung von Menschen? <br> 2. TA 1 (S. 149): Die Diktatur des NS als Bedrohung und Einschränkung des alltäglichen Lebens <br> 3a) Ref: Das KZ in Osthofen, (Vorstellen des Materials und szenisches Lesen von Zeitzeugenberichten) <br> 3b) UG: Vergleich des realen KZ Osthofen mit dem fiktiven Westhofen | 1. Lektüre des Romans, schriftliche Fixierung der ersten Leseeindrücke <br> 2. Informieren über Seghers' Biografie (vgl. Zeittafel 1, S. 185, u. Mat. 7) <br> 3. KRef zu Seghers' Leben und Schaffen im Exil (vgl. Kap. 1.1) <br> 4. KRef zur Entstehungs- u. Publikationsgeschichte des Romans (vgl. Kap. 2 u. 4.1) |
| 1. UG: Informationen zur Lebensgeschichte und zum literarischen Schaffen der Autorin (evtl. ergänzt durch Fotos, s. auch S. 7 und Videoausschnitte) <br> 2a) KRef 1: 14 Jahre Leben und Schreiben im Exil <br> 2b) KRef 2: Entstehungs- und Publikationsgeschichte des Romans DAS SIEBTE KREUZ. <br> 3. LV: Probleme der Exilforschung und der Seghersrezeption in Ost- und Westdeutschland (vgl. Kap. 1.1) | 1. Lektüre des Romans, Fertigstellung der schriftl. fixierten Lesarten <br> 2. Vorschläge für Schwerpunktsetzungen im Unterricht: Interessierendes/Irritierendes <br> 3. Überlegungen/ grafische Entwürfe zur Erzählstruktur des 1. Kapitels |
| 1. SV: Austausch von individuellen Leseerfahrungen (Eindrücke, Assoziationen, Auffälligkeiten, Irritationen, markante Textstellen usw.) <br> 2a) UG: Gemeinsame Erarbeitung struktureller Auffälligkeiten (7 Kapitel, 7 Tage, 7 Flüchtlinge, 7 Kreuze; Personenfülle, häufiger Schauplatzwechsel, verschiedene Handlungsstränge, wechselnde Erzählperspektiven, Rahmen) <br> 2b) TA: Spontanes, systematisierendes Protokollieren wesentlicher Lektüreeindrücke und Arbeitsergebnisse <br> 3a) PA: Zusammentragen der Ergebnisse der HA zur Struktur des 1. Kapitels | 1. Arbeitsteiliges Erarbeiten von Inhaltsübersichten zu den Kapiteln 2–7 nach dem Muster des 1. Kapitels (vgl. Mat. 3) <br> 2. KRef: Skizzieren und kommentieren Sie den Flucht- |

| Stunden | Thema | Didaktische Aspekte (Inhalte/Ziele) |
|---|---|---|
| 9./ 10. GK/ LK | Die Flucht/die Wege der sieben Flüchtlinge (vgl. Kap. 3.3.2) | 1. Verschaffen eines Überblicks über den anspruchsvoll komponierten Roman<br>2. Erkennen des Verhältnisses von Fiktion und Authentizität im Geografischen<br>3. Herausarbeiten der Flucht als strukturbestimmendes Element: Fabel des Romans<br>4. Erkennen der differenzierten Figuren- und Milieugestaltung in Bezug auf die unterschiedlichen Flüchtlingsfiguren |
| 11./ 12. GK/ LK | Georg Heisler – ein Held? (vgl. Kap. 3.5.2) | 1. Herausarbeiten der Hauptfigur/des Protagonisten des Romans<br><br>2. Problematisierung des Heldenbegriffs<br><br>3. Erschließen der Autorenintention in Bezug auf die Heldenwahl sowie auf das Grundanliegen des Romans |

| Methodische Realisierung/ Verlauf | Hausaufgabe |
|---|---|
| 3b) TA 2 (S. 150 f.): Schematische Darstellung der Montagetechnik und Simultaneität im 1. Kapitel | weg von Georg Heisler. (Vgl. Mat. 4) 3. Arbeitsteiliges Erstellen von Kurzcharakteristiken der sieben Flüchtlinge und ihrer Schicksale |
| 1. SV: Präsentation der für alle vervielfältigten Kapitelübersichten
2. TA: Entwerfen einer kommentierten Fluchtskizze (vgl. Mat. 4)
3. KRef: Die Flucht Georg Heislers aus einem deutschen KZ ins holländische Exil
4. UG: Funktion der 7 Flüchtlinge:
a) repräsentativ für viele im Roman angedeutete Häftlingsschicksale;
b) sozialer und charakterlicher Querschnitt;
c) das Scheitern von 6 Fluchtversuchen entspricht der politischen Situation von 1937
(ungeschönte Wirklichkeitsdarstellung, vgl. Kap. 3.5.3) | 1. Herausarbeiten der Hauptfigur d. Romans: Georg Heisler; Sammeln von Textbelegen als Grundlage einer Figurencharakteristik
2. Überlegungen und Recherchen zum Begriff Held (vgl. Kap. 3.5.2); s. auch PRO in der folgenden Doppelstunde |
| 1. UG: Gemeinsames Erarbeiten der zentralen Romanfigur
Impuls: Wann, wie und aus wessen Perspektive wird Heisler im Roman präsentiert?
2a) UG: Entspricht dieser Protagonist Ihren Vorstellungen eines Helden?
2b) PRO: Bereiten Sie eine kurze szenische Präsentation eines typischen männl. oder weibl. Helden aus Literatur, Geschichte, Alltag, Medien vor, um Ihre Auffassung zu veranschaulichen.
3. Welche Absicht verbindet Seghers mit ihrer Heldenwahl?
(**die Struktur des Volkes aufrollen; die Kraft der Schwachen**) | Beschreibung einer selbst gewählten Figur, die durch die direkte oder indirekte Begegnung mit Heisler in eine Entscheidungssituation gerät (Abstimmung der Figurenwahl, um Überschneidungen zu vermeiden, vgl. Kap. 3.5.1) |

| Stunden | Thema | Didaktische Aspekte (Inhalte/Ziele) |
|---|---|---|
| 13./ 14. GK/ LK | Das Figurenensemble/ Figurenverhalten in Bezug zur Hauptfigur (vgl. Kap. 3.1, 5.3 und 5.3.1) | 1. Selbstständige Erarbeitung einer Figur anhand wesentlicher Textbelege<br><br>2. Kreatives Weiterschreiben angedeuteter Episoden auf der Grundlage einfühlenden Textverstehens<br><br>3. Herausarbeiten der Figurenkonstellation<br><br>4. Problematisierung der Bezeichnung »Antifaschist« unter Einbeziehung der Widmung des Romans (vgl. Kap. 3.1)<br>5. Hinweis auf Seghers Versuch die Idee der ›Volksfront‹ literarisch umzusetzen |
| 15./ 16. GK/ LK | Die Anhänger des Nationalsozialismus (vgl. Kap. 3.5.4) | 1. Erfassen der verschiedenen Ausprägungen nationalsozialistischer Gesinnung<br><br>2. Ergründen der Intention der Autorin in Bezug auf die differenzierte Gestaltung der negativen Figuren |
| 17./ 18. GK/ LK | Jugend im nationalsozialistischen Deutschland (vgl. Kap. 3.5.1 u. 4.3.3) | 1. Versuch der identifikatorischen Erschließung eines Teilbereichs<br>2. Methoden und Ziele nationalsozialistischer Erziehung<br><br>3. Kennenlernen einer Lesart des Romans, Möglichkeiten und Grenzen des Mediums Hörspiel<br>4. Das Beispiel Fritz Helwig:<br>**Ein Mensch wird *nicht* Nazi** |

| Methodische Realisierung/ Verlauf | Hausaufgabe |
|---|---|
| 1. SV: Interpretierendes Beschreiben einer selbst gewählten Figur, die durch die direkte oder indirekte Begegnung mit Georg zu einer Entscheidung/Verhaltensweise herausgefordert wird<br>2. PRO/PA: Entwerfen Sie eine Fortsetzungsgeschichte, in der die Motivation/Befindlichkeit einer Figur deutlich wird, z. B.:<br>– fiktives Interview mit Frau Röder, Kreß oder Fiedler nach dem Krieg<br>– Gespräch Dr. Löwensteins mit seiner Frau am Abend nach Georgs Behandlung<br>– fiktive Begegnung zwischen Georg und Ernst, dem Schäfer<br>3. UG/TA: Versuch einer lokalen, sozialen und weltanschaulichen Systematisierung der Figuren (Häftlinge, Nazis, Helfer, Mitläufer, Oppositionelle)<br>4. Impuls: Sind alle Helfer des KZ-Flüchtlings Antifaschisten?<br><br>5. UG: Zusammenfassung der Motive der Helfer: Mitleid, menschliche Anständigkeit, christliche Nächstenliebe, ärztliches Ethos, politische Überzeugung usw. | 1. Stellen Sie einen Repräsentanten des NS-Regimes anhand charakteristischer Textbelege vor.<br>2. KRef: Vorstellung von Anna Seghers' Erzählung: *Ein Mensch wird Nazi* (1943/44) |
| 1. SV: Präsentation der HA<br>TA: Systematisierendes Erfassen der verschiedenen Gruppierungen: KZ-Aufseher, Polizeikommissare, Wachpersonal, SA-Posten, SS-Mitglieder, Hauswarte, Denunzianten, Spitzel, Mitläufer<br>2. UG: Analyse der psychosozialen Anlage ausgewählter Figuren:<br>a) Herkunft, charakterliche Dispositionen und Defizite bei Zillich, Fahrenberg, Bunsen;<br>b) Unterschiede zwischen Fahrenberg und Sommerfeld;<br>c) Anpassung aus Karrierestreben/Geltungssucht/Abenteuerdrang/Verblendung: Wurz, Brüder Messer, Heini Heisler, Lehrer der Knabenklasse<br>d) Loyalitäts- und Pflichtbewusstsein bei Fischer und Overkamp<br>3. KRef: Vorstellen der Erzählung *Ein Mensch wird Nazi* (1942/43) | 1. Wie werden die Jugendlichen im Roman dargestellt? (Helwig, der kleine Otto, Wallaus Söhne, Pimpfe in Buchenau)<br>2. Evtl. KRef: Informieren Sie sich über Kinder- und Jugendorganisationen im nationalsozialistischen Deutschland (vgl. Lehrbuch Geschichte, 10./11. Klasse) |
| 1. SV: Vorstellen der HA mithilfe aussagekräftiger Textstellen<br>2. KRef oder UG: Referieren oder Zusammentragen historischer Kontexte: Zwangsmitgliedschaft in nationalsozialistischen Massenorganisationen, Ausgrenzung und Bedrohung Andersdenker<br>3. (A): Anhören des Hörspiels *Die Jacke*<br>4. UG: Die Wandlung des Gärtnerlehrlings Fritz Helwig: Zweifel am System, Mut zur Verweigerung | Beschäftigung mit Grundbegriffen der Filmanalyse (Lit.: Knut Hickethier: Begriffe der Film- und Fernsehanalyse. In: Praxis Deutsch Nr. 57/1983, S. 20–23). |

# LK-Additum

| Stunden | Thema | Didaktische Aspekte (Inhalte/Ziele) |
|---|---|---|
| 19./ 20./ 21. LK | Der Film zum Buch: THE SEVENTH CROSS (1944) (vgl. Kap. 4.2) | 1. Verständigung über cineastische Wirkungsstrategien und Grundbegriffe der Filmanalyse<br>2. Kennenlernen einer zeitgenössischen Lesart des Romans, die mit der eigenen in Beziehung gesetzt werden soll<br><br>3. Anwendung der Grundbegriffe der Filmanalyse, vom passiven Zuschauer zum kritischen Betrachter |
| 22./ 23. LK | Kritikerwettbewerb | 1. Mitteilung von/Austausch über individuelle Beobachtungen und Eindrücke<br>2. Berücksichtigung von Publikationsorgan und Adressatenkreis beim Verfassen einer Rezension<br>3. Problemdiskussion über das Dilemma von Literaturverfilmungen |
| 24./ 25. LK | Eine Fortsetzungsgeschichte (vgl. Kap. 5.1.1) | 1. Selbstständiges Erkennen und Werten von intertextuellen Bezügen zwischen Roman und Erzählung |
| 26./ 27. LK | Gestalten einer eigenen Fortsetzung zum Roman | Übung zum kreativen Schreiben |
| 28./ 29. LK | Vom Roman über das Gedicht zur sinfonischen Dichtung | Fächerverbindende Betrachtung eines Kunstwerks, das ein neues, hochartifizielles Kunstwerk gebiert |
| 30. LK | Evaluation des Unterrichtsverlaufs | Bilanzieren der Erfahrung und Erkenntnis, der Arbeitsweise, Materialien usw. |

| Methodische Realisierung/ Verlauf | Hausaufgabe |
|---|---|
| 1. UG: Zusammentragen der Ergebnisse der HA<br>2. TA/Folien:<br>Veranschaulichung wichtiger cineastischer Mittel und Wirkungen: Weit, Totale, Halbtotale, Halbnah, Nah, Groß, Detail, Normalsicht, Vogel- und Froschperspektive, Kameraführung, Licht- und Raumeffekte, Musik, Geräusche usw.<br>3. Aufgabenstellungen zum aufmerksamen Betrachten des Films, Anfertigen von Notizen zu: Filmanfang, und -ende, Auffälligkeiten, Abweichungen von der Romanvorlage, Besetzung der Rollen, Kulisse, Requisiten, Dialoge, nonverbale Filmsprache, Musik, Lichtregie, Kameraführung (s. o.) usw. | Anfertigen einer Filmkritik zu *The Seventh Cross*. Bereitstellen einiger Daten u. Fakten zum Film: Regisseur, Hauptdarsteller (vgl. Mat. 5 u. Kap.: Sekundärliteratur zum Unterricht, 2d) |
| 1. SV: Vortragen von Filmreszensionen für verschiedene Publikationsorgane: Rundfunk, TV-Kultursendung, Tagespresse, Fachzeitschrift für Lehrer/innen, Veranstaltungskalender usw.<br>2. UG: Diskussion zu den in den Kritiken akzentuierten Schwerpunkten: evtl. Verhältnis Buch und Film, Erwartungshaltung des kundigen/kompetenten Zuschauers | Lektüre der Erzählung *Das Ende* (1945), schriftliche Fixierung der Leseeindrücke |
| 1. SV: Vortragen von Lesarten zur Erzählung<br>2. GA: Zusammentragen wesentlicher Bezüge/Parallelen zwischen den beiden Texten<br>3. UG: Nachdenken über Intention und Wirkungsabsicht der Autorin nach 1945 | PRO: Erfinden Sie, anknüpfend an eine Figur/Episode des Romans, eine eigene Fortsetzungsgeschichte. |
| SV/UG: Vorträge von selbst geschriebenen Texten und Gespräch darüber | 1. Lektüre der Dichtung von Hans-Ulrich Treichel zum *Siebten Kreuz* (vgl. Mat. 5) |
| 1. UG: Austausch von Lektüreeindrücken zur Verdichtung des Romans durch den lyrischen Text von Hans-Ulrich Treichel<br>2. Anhören von Ausschnitten aus der 9. Sinfonie von Hans Werner Henze, evtl. kommentiert durch ein Referat, das in GA zu Hause vorbereitet wurde | Überlegungen zu einer Schlussbetrachtung des Unterrichtsprojektes, evtl. gelenkt durch einen Fragebogen |
| UG: Abschlussgespräch | |

Neben den ausgeführten Unterrichtssequenzen bieten sich zahlreiche Alternativen an:

**Einstiegsmöglichkeiten in den Roman**

a) Einstieg über Identifikation, Einfühlung und den Transfer zu eigenen Erfahrungen

Um sich in die Situation des Flüchtlings Georg Heisler und die mit seiner Flucht konfrontierten Menschen hineinversetzen zu können, wäre ein Gespräch über eigene Erfahrungen denkbar, das durch folgende Fragestellungen vorbereitet werden kann:

– Können Sie sich an eine schwierige Situation erinnern, in der Sie auf die Hilfe anderer dringend angewiesen waren?

– Gibt es in Ihrem Umkreis Menschen, denen Sie voll und ganz vertrauen können?

– Wie schätzen Sie selbst Ihre Vertrauenswürdigkeit und Hilfsbereitschaft ein?

– In welcher Situation haben Sie aus Angst, Bequemlichkeit, Feigheit, Gleichgültigkeit jemandem Ihre Hilfe versagt bzw. selbstlos geholfen?

b) Die Einbeziehung von Textstellen aus verschiedenen Exilromanen bietet die Möglichkeit, den Alltag im faschistischen Deutschland aus verschiedenen Perspektiven zu veranschaulichen und Neugier auf den Roman zu wecken:

> Er mußte auch auf die Gäste Rücksicht nehmen, und darum hat er das Bild des Führers über das Sofa gehängt statt der eingerahmten Kritik vom Algin. Und es ärgerte meinen Vater, daß der Algin verbotene Bücher geschrieben hat, nachdem er ihn für teures Geld soviel hatte lernen lassen. Schließlich meinte der Vater, daß man den Führer hochachten müsse und auch die Hoheitszeichen und daß der Gastwirt Segebrecht es sich selbst zuzuschreiben habe, wenn er ins Konzentrationslager gekommen sei. Dieser Segebrecht kann ungeheuer viel vertragen, aber er säuft noch mehr. Und da hat er im besoffenen Zustand mal auf den Boden von seinem Klosett ein Hakenkreuz gemalt [...] ›Dat die Arschlöcher sehn, wat sie jewählt haben.‹ So was kann natürlich nicht gutgehen.

(Irmgard Keun: Nach Mitternacht. Roman mit Materialien, ausgewählt und eingeleitet von Dietrich Steinbach. Stuttgart: Klett 1995, S. 14)

> Selbstverständlich war das Theater garantiert ›judenrein‹, von den Bühnenarbeitern, Inspizienten und Portiers bis hinauf zu den Stars. Selbstverständlich durfte die Annahme eines Stückes nicht erwogen werden, wenn die Ahnentafel des Verfassers nicht bis ins vierte und fünfte Glied nachweisbar tadellos war. Stücke, in denen sich eine Gesinnung vermuten ließ, die das Regime als anstößig empfinden konnte, kamen ohnedies nicht in Frage. Es war nicht ganz leicht, unter solchen Umständen ein Repertoire zusammenzustellen; denn auch auf die Klassiker konnte man sich nicht verlassen. In Hamburg hatte es bei einer Aufführung des DON CARLOS demonstrativen und fast aufrührerischen Beifall gegeben, als Marquis Posa

vom König Philipp ›Gedankenfreiheit‹ forderte; in München war eine Neuinszenierung der RÄUBER so lange ausverkauft gewesen, bis die Regierung sie verbot [...].
(Klaus Mann: Mephisto. Berlin: Aufbau 1983, S. 273 f.)

c) Einstieg in den Roman über einen Film- oder Hörspielauszug. Statt der Verfilmung des Romans (vgl. 19./20./21. Stunde) kann auch das Hörspiel von Hedda Zinner in den Unterricht einbezogen werden, das gegenüber dem Roman ähnliche Streichungen, aber ganz andere Akzentsetzungen vornimmt (vgl. Kap. 4.3.1).

d) In leistungsstarken Kursen kann verstärkt auf die Erzählweise der Autorin, insbesondere auf ihren Umgang mit fantastischen Elementen (Mythos, Märchen, Sage, Legende usw.) eingegangen werden (vgl. Kap. 3.4.2). In diesem Kontext kann auch auf die Figur des Schäfers Ernst als Teil der Landschaftsmetaphorik Berücksichtigung finden (vgl. Kap. 3.5.1).

**Produktionsorientierte Arbeitsvorschläge**

a) Umschreiben eines Textauschnitts/Übersetzung in ein anderes Medium: Die Episode um Fritz Helwig, dem die Jacke gestohlen wird, könnte szenisch umgeschrieben werden, sodass ein kleines Theaterstück oder ein Hörspiel entsteht (vgl. K. Handke: DIE JACKE, Kap. 4.3.3). Dabei müsste der Sinneswandel Helwigs vom Hitlerjungen zum indirekten Fluchthelfer in Dialogen und Monologen herausgearbeitet werden, wobei Textstellen aus dem Roman wörtlich zitiert werden dürfen.

b) In einem Zeitungsinterview könnte Paul Röder nach seinem Leben befragt werden (Tenor: es ging ihm und seiner Familie noch nie so gut wie unter Hitler), ein zweites Interview, nach der Begegnung mit seinem alten Freund Heisler, würde vermutlich anders aussehen.

c) Weiterschreiben von angedeuteten Episoden
Hier bieten sich aufgrund der Episodenfülle und Montagetechnik des Romans viele Möglichkeiten an, z. B. könnten die Gedanken, Ängste und Gefühle von Dr. Löwenstein umgeschrieben werden:
– in einen inneren Monolog
– in einen Dialog mit einem zu erfindenden Gesprächspartner (Ehefrau, Kollege)

d) Szenisches Gestalten fiktiver Begegnungen:
– eine Begegnung des Schäfers Ernst mit dem Flüchtling Georg
– ein Zusammentreffen Georgs mit seinem jüngeren Bruder Heini, der in die SS eingetreten ist

e) Schreiben einer Rezension
In einer Rezension könnten Buch und Film miteinander verglichen werden.

f) Entwerfen eines Flugblatts auf der Grundlage des Romangeschehens, in dem Gegner des Nationalsozialismus die Bevölkerung über die Zustände im KZ aufklären (vgl. Mat. 2)

g) Entwerfen eines Tagebuchs, in dem Georg die Erlebnisse, Gedanken und Gefühle seiner Haft und/oder seiner Flucht aufzeichnet
h) Schreiben eines Leserbriefes zur Gefangennahme Pelzers von der Dorfbevölkerung von Buchenau

## 5  Klausurvorschläge

*Sekundarstufe I*

a) Kommentieren Sie am Beispiel ausgewählter Figuren aus dem Roman das Verhalten der Menschen, die mit Georg Heisler in Berührung kommen. Beziehen Sie sich auf aussagekräftige Textbelege und beziehen Sie in Ihre Überlegungen Stichworte wie Angst, Gleichgültigkeit, Opportunismus, Solidarität, Nächstenliebe, Selbstlosigkeit, Freundschaft, Menschlichkeit sowie Überlegungen über Ihr eigenes Verhalten in einer ähnlichen Situation ein.
b) Vergleichen Sie die im Roman dargestellten Flüchtlingsschicksale (Verhaftungsgrund, Fluchtmotiv, Verhalten während der Flucht, Fluchtausgang usw.). Beziehen Sie sich in Ihrer Argumentation auf ausgewählte Textstellen.
c) Charakterisieren Sie den Protagonisten des Romans Georg Heisler. Entspricht er Ihren Vorstellungen eines Helden?

*Sekundarstufe II*

a) Setzen Sie die Meinung Jürgen Rühles in Beziehung zu Ihrer eigenen Lesart und zur Intention der Autorin. Rühle:

> Der Leser nimmt zwar Partei für den Kommunisten Heisler – aber nicht, weil er Kommunist ist, sondern weil er verfolgt wird, es könnte genauso gut ein Zeuge Jehovas, ein Bekenntnispfarrer oder ein Offizier vom 20. Juli sein. Der Terror der Nazis wird angeprangert – aber es könnte genauso gut irgendein anderer Terror zu irgendeiner anderen Zeit an irgendeinem anderen Ort sein.

(Vgl. Jürgen Rühle: Gefährten am Kreuzweg. In: Literatur und Revolution. Köln und Berlin: Kiepenheuer & Witsch 1960, S. 243–255)
Seghers:

> **Dieses Buch ist den toten und lebenden Antifaschisten Deutschlands gewidmet**

(Motto des Romans *DAS SIEBTE KREUZ*, 1942)

b) Wie werden in Anna Seghers' Roman die Anhänger des Nationalsozialismus' dargestellt?
Vergleichen und kommentieren Sie die dargestellten Charaktere.
Beziehen Sie in Ihre Argumentation das folgende Untersuchungsergebnis von Eugen Kogon ein:

> Eine Untersuchung der Herkunft der SS-Angehörigen ergibt in fast jedem einzelnen Fall, daß es sich bei ihnen um Tiefunzufriedene, Nichterfolgreiche, durch irgendwelche Umstände Zurückgesetzte, um Minderbegabte aller Art und häufig genug um sozial gescheiterte Existenzen handelt.

(Eugen Kogon: Der SS-Staat. Das System der deutschen Konzentrationslager. München 1974, S. 346)

# 6 Tafelbilder

## TA 1: Politische Situation und Alltag im nationalsozialistischen Deutschland

**Die Diktatur des Nationalsozialismus als Bedrohung und Einschränkung des alltäglichen Lebens**

| Politik der Gleichschaltung | Spitzel- und Denunziantentum | Willkür der Justiz Terror | Organisation und Kontrolle der ›Volksgemeinschaft‹ |
|---|---|---|---|
| Ausgrenzung v. Juden u. politisch Andersdenkenden Parteiverbote | Haus- u. Blockwarte Nachbarn Familienmitglieder Kollegen | Verhöre, KZ-Schutzhaft Deportation Ermordung | Reichsarbeitsdienst, HJ, BDM, NS-Frauenschaft, Führerkult, Gefolgschaft Volksempfänger |

**Alltag der Menschen im nationalsozialistischen Deutschland**

| Befürwortung Anpassung Mitläufertum | Angst Ohnmacht | Rückzug ins Private Resignation | Vorsicht Misstrauen | Passiver Widerstand Zivilcourage Menschlichkeit |
|---|---|---|---|---|

Organisierter antifaschistischer Widerstand fast unmöglich, politisch engagierte Gegner des Nationalsozialismus stark dezimiert bzw. ausgeschaltet:
Exil / Verhaftung / Ermordung / Illegalität / Rückzug

TA 2/Folie: Die Kompositionsstruktur des Romans, dargestellt am 1. Kapitel

Personen

| | | | | | | |
|---|---|---|---|---|---|---|
| Franz<br>Ernst<br>Sophie<br>Anton<br>Lotte<br>Holzklötzch.<br>Hermann | | I.<br>Marnets Hof<br>II.<br>Chaussee<br>Fabrik<br>Höchst<br>Gerücht von der Flucht | | | | Fabrik<br>Höchst<br>Holzklötzchen verhaftet<br>Mangolds Hof<br>Ernst und Sophie |
| Fritz<br>Helwig<br>Gärtner<br>Gülscher | | ↑<br><br>↓ | | | | ↑ |
| Georg<br>(Wallau)<br>KZ-Posten<br>Zimthütchen<br>Schublädchen<br>Fam. Alwin<br>LKW-Fahrer | | | III.<br>Sumpf bei Westhofen<br><br>Beginn der Flucht | | V.<br>innere Zwiesprache mit Wallau<br>Dorf Westh.<br>Schublädchen<br><br>Darré-Schule | |
| KZ-Personal<br>Sommerfeld<br>Fahrenberg<br>Häftlinge<br>Beutler<br>Pelzer | Prolog<br>KZ Westhofen<br><br>Vorwegnahme der gelungenen Flucht | | → | IV.<br>KZ Westhofen<br><br>Beginn der Verfolgung<br><br>Einlieferung Beutlers | ↑ | |

Montagetechnik: Vier Handlungsebenen werden miteinander verbunden
Simultaneität: Zeitlich parallel zum Haupthandlungsstrang (Georgs Flucht) wird das Geschehen an anderen Orten dargestellt

|   |   |   |   |   |   |   |
|---|---|---|---|---|---|---|
|   |   |   |   | Rheinebene<br><br>Marnets<br>Küche<br><br>Franz fährt<br>zu Hermann | VIII.<br>Franz<br>erinnert<br>sich<br><br>Georgs Vor-<br>geschichte | PARADIES/<br>ALLTAG |
| Darré-Schule<br><br>Diebstahl<br>der Jacke<br>bemerkt |   |   |   |   |   | ALLTAG |
|   | VI.<br>Buchenau<br>Versteck<br>Holzstapel<br><br>Pelzer<br>gefangen |   | VII.<br>Ackerfurche<br>Brauerei –<br>LKW<br><br>Mainz<br>Dom |   |   | HAUPT-<br>HAND-<br>LUNG |
|   |   | KZ West-<br>hofen<br><br>Verhör<br>Pelzers |   |   |   | HÖLLE |

## 7 Materialien

**Material 1**

Das KZ OSTHOFEN

Abteilung V: Von Schutzhaft und Umerziehung zur Vernichtung:
Das System der nationalsozialistischen Konzentrationslager
Die nationalsozialistischen Konzentrationslager waren eines der wichtigsten Terrorinstrumente des nationalsozialistischen Staates. Ihre Existenz war in weiten Kreisen der Bevölkerung zwar bekannt, nicht jedoch konkrete Einzelheiten über das, was in den Lagern geschah. […]
Zweck dieser Lager war zunächst die Ausschaltung der politischen Gegnerschaft, die Diskriminierung, Demütigung und Mißhandlung von Menschen und später auch die Ausnutzung ihrer Arbeitskraft bis hin zur physischen Vernichtung. Im Krieg kam es zu einer enormen Ausweitung des KZ-Systems. In den besetzten Gebieten Osteuropas wurden zusätzliche Lager geschaffen, die einzig und allein der Ermordung von Menschen in unvorstellbarem Ausmaß dienten.
Die Geschichte der Konzentrationslager kann nach den Abschnitten in der Entwicklung des nationalsozialistischen Herrschaftssystems in drei Perioden gegliedert werden:
1933–1936
Die ersten Jahre nach der ›Machtergreifung‹ dienten dem Aufbau und der Festigung der entscheidenden Machtinstitutionen von Partei und Staat und der Beseitigung der demokratischen Verfassung der Weimarer Republik. In die frühen, zunächst ›wilden‹, bald aber zentral geleiteten und verwalteten Lager wurden vornehmlich politisch Oppositionelle verschiedenster Gruppierungen eingeliefert: Kommunisten, Sozialdemokraten, Gewerkschafter, Christdemokraten des Zentrums u.v.a.m.
1936–1941
Am Beginn dieser Periode stehen die Aufstellung des Vierjahresplans und die Zusammenfassung aller polizeilichen Kompetenzen in der Hand Himmlers. Von Ende 1937 an wurden verstärkt weitere verfolgte Personengruppen in die KZs gebracht: Juden, Sinti und Roma, oppositionelle Geistliche, Homosexuelle u.a.m.
Im Zusammenhang mit den Kriegsvorbereitungen und schon seit den ersten Kriegsjahren wurden immer mehr Menschen als zivile und militärische Zwangsarbeiter rekrutiert, in der heimischen Industrie und Landwirtschaft eingesetzt und z.T. in besonderen Lagern eingesperrt.
1942–1945
Die Zusammenfassung aller Rüstungsmaßnahmen für die Kriegsführung sowie die Schaffung eines Bevollmächtigten für den Arbeitseinsatz führten durch Umstellungen im System der Konzentrationslager zum rücksichtslosesten Einsatz der Inhaftierten und zu ihrer planmäßigen physischen Vernichtung.
In jeder der drei Perioden entstanden besondere Lagertypen. Auf dem Gebiet des heutigen Rheinland-Pfalz stehen das KZ Osthofen als Beispiel für die erste, das SS-Sonderlager/KZ Hinzert für die zweite und dritte Periode.

Abteilung Va: Das Konzentrationslager Osthofen 1933/1934
In einer leerstehenden Papierfabrik im rheinhessischen Osthofen errichteten die örtlichen Nationalsozialisten mit Billigung des hessischen Polizeipräsidiums Anfang März 1933 das erste Konzentrationslager im damaligen Volksstaat Hessen. Ohne

richterliche Verfügung verhafteten Hilfspolizisten, rekrutiert aus den Reihen der SS, SA, Stahlhelm und Angehörige der regulären Polizei – häufig in geplanten örtlichen Aktionen – ›mißliebige‹ Personen und aus der Weimarer Republik bekannte politische Gegner. Diese wurden dann auf Polizeiwachen, in Schuppen und in ›Braunen Häusern‹ verhört, mißhandelt und dann in größeren Transporten zu Fuß oder auf LKWs nach Osthofen gebracht. Mindestens 3000 Häftlinge waren insgesamt im Lager. Die Aufenthaltsdauer betrug in der Regel vier bis sechs Wochen, im Einzelfall bis zu einem Jahr.
Ziel dieser frühen ›wilden‹ Konzentrationslager war die Ausschaltung und ›Umerziehung‹ Oppositioneller und die Einschüchterung der Bevölkerung, die durch umfangreiche Presseberichte unterstützt wurde. [...]
Das Konzentrationslager Osthofen wurde, wie die meisten kleinen Lager, im Juli 1934 wieder aufgelöst. Die Mehrzahl der Häftlinge wurde zunächst entlassen, einige wurden in die größeren KZs wie Dachau, Lichtenburg oder Oranienburg verlegt. Aber auch für die entlassenen Häftlinge war der Terror noch nicht beendet. Sie mußten sich regelmäßig auf den Polizeiämtern melden. Viele wurden im Verlauf der zwölfjährigen NS-Herrschaft mehrmals verhaftet und in Konzentrationslager oder in Strafkompanien gebracht.
Am 1. Mai 1933 gab der zum Sonderkommissar für die hessische Polizei bestellte Mainzer Jurist Dr. Werner Best in einem Rundschreiben an die hessischen Kreisämter, an die staatlichen Polizeiämter und an die Zentralpolizeistelle die Errichtung des Konzentrationslagers Osthofen bekannt. Das Lager bestand jedoch schon seit den ersten Märztagen als ›wildes‹ KZ, wie aus Häftlingsberichten und Pressemeldungen hervorgeht. In diesem ›Schutzhaftlager‹ wurden von den Nationalsozialisten Kommunisten, Sozialdemokraten, Zentrumsangehörige, Juden, Sinti, Zeugen Jehovas und andere eingesperrt. Die Errichtung des Lagers und die ersten Verhaftungen wurden mit der Verordnung des Reichspräsidenten ›Zum Schutz von Volk und Staat‹ vom 28. Februar 1933 begründet.

Die Häftlinge
Zahlreiche Artikel in lokalen Blättern belegen, daß ständig über Osthofen berichtet wurde. Die Absichten der Nationalsozialisten liegen auf der Hand: Erstens sollte Abschreckung erreicht und zweitens der Nachweis geführt werden, daß alles nicht so schlimm sei. Zynisch wurde in der NS-Presse das KZ Osthofen als ›Umerziehungslager für verwilderte Marxisten‹ bezeichnet, mit einer Verköstigung ›besser als bei Muttern‹.

Lageralltag
Am meisten litten die Häftlinge unter der primitiven Unterbringung in den naßkalten Fabrikhallen. In den ersten Wochen waren weder Betten noch Tische und Bänke vorhanden. Etwas Stroh auf dem harten, kalten Beton mußte als Lagerstätte genügen. Auch die hygienischen Verhältnisse waren katastrophal. Aus dem Holz der stillgelegten »Alten Mühle« in der Schwerdstraße schreinerten sich die Häftlinge Pritschen, Tische und Bänke. Das Gebäude der Mühle selbst diente zeitweise als Lager II, einem Lager für verschärften Arrest. Staatskommissar Dr. Best behielt sich die Anordnung des verschärften Arrestes höchstpersönlich vor. Auch im Amtsgerichtsgefängnis in Osthofen wurde verschärfter Arrest vollzogen. Häftlinge, die ins Lager II kamen, waren systematischem Terror ausgesetzt. Entweder saßen sie in Dunkelhaft, oder aber es brannte Tag und Nacht elektrisches Licht, um sie am Schlafen zu hindern. Von der

Unterrichtshilfen 153

Außenwelt und ihren Mithäftlingen im Lager I isoliert, wurden sie mißhandelt und gedemütigt. Das Essen bestand aus dünner salzloser Brühe und etwas Brot. [...]

Flucht und Solidarität
Wie die zahlreichen Pressemeldungen zweifelsfrei belegen, erfolgten die Errichtung des Konzentrationslagers Osthofen und die Verhaftung der Gegner der Nationalsozialisten vor den Augen der Bevölkerung, die den Maßnahmen der neuen Machthaber weitgehend zustimmte oder sie doch zumindest unwidersprochen duldete. Es sind aber auch Fälle bekannt, die zeigen, daß manche Menschen die Unrechtstaten nicht billigten. Die Unterstützung der Verhafteten und Verfolgten reichte von geäußerter Anteilnahme an deren Schicksal, heimlichen Zuwendungen von Lebensmitteln bis hin zur aktiven Beteiligung bei Fluchten.
Der jüdische Mainzer Rechtsanwalt Max Tschornicki, Jungsozialist und Angehöriger des Reichsbanners Schwarz-Rot-Gold, war in Rheinhessen als Verteidiger von Sozialdemokraten bekannt, die in den 20er und 30er Jahren wegen „politischer Vergehen" angeklagt waren. Am 7. März kurzfristig in Schutzhaft genommen und beruflich diskriminiert, zählte er zu den ersten Häftlingen des KZ Osthofen. Dank der Hilfe seiner Verlobten, einiger Mithäftlinge und Osthofener Bürger gelang ihm die Flucht in das Saargebiet. Max Tschornicki konnte sich bis in das Jahr 1942 in Frankreich vor der Gestapo verbergen. Nach Augenzeugenberichten soll er am 14. Juni 1942 in Marseille von der Gestapo aufgegriffen und schwer mißhandelt worden sein. Er wurde nach Dachau gebracht und starb dort am 20. April 1945 an den Folgen der KZ-Haft.

Die Täter
Die Wachmannschaft setzte sich in den ersten Monaten aus SS- und SA-Männern und Hilfspolizisten aus Osthofen, Worms und Umgebung zusammen. Sie wohnten bei freier Kost und Unterbringung im Lager und erhielten 5 Mark pro Tag Entschädigung für ihren Dienst. Da mehrere von ihnen vor der Machtübernahme arbeitslos gewesen waren, stellte die Entlohnung durchaus einen Anreiz für diese Tätigkeit dar. Ehemalige Häftlinge weisen übereinstimmend darauf hin, daß einzelne Wachleute besonders gefürchtete Schläger waren. Im Herbst 1933 wurden die SA-Männer vom Wachdienst abgezogen. Die Wachmannschaft wurde mit SS-Männern aus den Sonder- und Wachkommandos von Darmstadt und Offenbach aufgefüllt. Diese waren im Lager besonders gefürchtet.

(aus: H. Berkessel/A. Arenz-Morch/U. Bader u. a. [Hg.]: Begleitheft zur Ausstellung ›ehemaliges KZ Osthofen‹. Landeszentrale für politische Bildung Rheinland-Pfalz, Mainz, 1996)

**Material 2** Erinnerungen ehemaliger Häftlinge

Johann Beckenbach, Jahrgang 1897, aus Framersheim. Häftling zu Beginn des Jahres 1933 in Osthofen
»Kratz zeigte auf den Schweinestall und rief: ›Dort hinein mit dem Lump! Auf ihn!‹ Ich drehte mich um, sah den SA-Leuten, von denen schon einige die Gummiknüppel hochgehoben hatten, ins Gesicht, bückte mich und ging durch die niedrige Tür des Schweinestalls, ohne einen Schlag erhalten zu haben.
Bei dem Führer der Demokraten von Framersheim, Edmund Scheuer, der nachfolgend in den zweiten Schweinestall neben mir eingeliefert wurde, ging es nicht so glatt ab, wie man an den blauen Flecken an Kopf, Händen und Gesicht des E. Scheuer feststellen konnte. Er verlangte ein Messer von mir, um sich die Pulsadern zu durch-

schneiden, wovon ich ihn aber abbrachte. ›Wenn die uns liquidieren wollen, dann müssen sie es selber tun, wir tun denen den Gefallen nicht!‹ sagte ich zu ihm.
Am nächsten Tage wurden wir – ca. 20 Mann, auch Lang und Köhler von Alzey – in das neuerrichtete Lager nach Osthofen transportiert.
Wir waren die ersten Insassen und wurden in einen dunklen, schmutzigen Fabrikationsraum dieser stillgelegten alten Papierfabrik untergebracht, in dessen Mitte nur ein Haufen Stroh lag, was ja auch für uns ›verwilderte Marxisten‹ komfortabel genug war.«

Ernst P. Katz, Jahrgang 1907, Jude aus Hungen und ab Oktober 1933 in Osthofen
»Am nächsten Tag wurden wir auf einen Lastwagen verladen und, von SS bewacht, ins KZ Osthofen gebracht. Dies war am 5. Oktober 1933, meinem Geburtstag, an Yom Kippur, dem höchsten jüdischen Feier- und Festtag. Der erste, den ich am Eingangstor zum KZ traf, war Wilhelm Klaus aus Hungen, der bis vor kurzem noch Pferdeknecht bei uns gewesen war. Er empfing mich mit den Worten: ›Ich wußte, daß Du der erste von den Hungener Juden sein würdest, der hierher kommt.‹ Er ging mit mir und sagte der SS-Wache, daß ich aus seiner Heimat komme und immer ein anständiger ›Jud‹ gewesen sei. Man wußte dort von der Schlägerei in Laubach und befahl mir, das Mannschaftslokal auszufegen. Klaus ging auch dorthin und sagte mir, daß er verhindern wolle, daß ich eine ›Abreibung‹ bekomme. Aber das half nicht.
Al ich wenig später das Mittagessen verweigerte, fragte mich die Wache nach dem Warum. Ich antwortete, daß heute (am 5.10.1933) ein jüdischer Feiertag sei, an dem gefastet werde. Man befahl mir, aufzustehen und mitzukommen. Mein Wächter führte mich ins Wachlokal und schlug dort mit dem Gummiknüppel auf mich ein. Als ich mich wehrte, kamen die dort herumstehenden SS-Leute hinzu und schlugen solange auf mich ein, bis ich bewußtlos am Boden lag. Man brachte mich wieder zurück zum Mittagessen. In meiner Verwirrung begann ich zu essen. Ich aß das erste Schweinefleisch in meinem Leben.« […]

Bericht von Paul Baumann, Jahrgang 1905. Über seine Einlieferung ins
KZ Osthofen
»In Osthofen mußten wir uns in einer Reihe aufstellen. Der Kommandant las vor, daß wir wegen kommunistischer Umtriebe hierhergekommen seien. Dann bekam jeder einen Strohsack, und es wurde uns gesagt, unter dem Dach sei noch Platz. Die bereits dort Inhaftierten nahmen uns freundschaftlich auf. Ein Nackenheimer Jude wurde eines Nachts fürchterlich geschlagen. In der Nacht vorher hatte er der SS – die Wachmannschaft bestand nur aus SS – noch 50 Mark geben können, daß sie abzogen, jetzt hatte er kein Geld mehr. Er sagte: ›Was habe ich alles für die Nackenheimer Vereine getan, und so geht es mir jetzt, keiner macht einen Finger für mich krumm!‹«

Bernhard Steinbach, Sinto aus Worms, über Osthofen und seine Leiden in Auschwitz
»Schon 1933 wurden zwei meiner Onkel in Osthofen inhaftiert, ohne Begründung, nur weil sie Sinti waren. Ich selbst war in Auschwitz.
Jeden Morgen war Appell, und die Toten wurden gezählt. Ich war von Anfang an Schreiber im Lager, und jeden Morgen mußte ich die Nummern der Toten aufschreiben. Zu Beginn starben jeden Tag mindestens 40, 50 Personen. Später, als das Lager überfüllt war, wurden es immer mehr, Krankheiten und Seuchen wie Flecktyphus, Bauchtyphus, Kopftyphus, Malaria entwickelten sich, und es starben immer mehr

Menschen. Jeden Morgen wurden die noch Arbeitsfähigen gezählt, diese mußten außerhalb beim Straßenbau, Bauarbeiten und dergleichen arbeiten. Von Anfang an war uns klar, daß Auschwitz ein Vernichtungslager war. Ständig kamen Transporte. Den Rauch von den Krematorien konnte man ständig sehen. Dort wurden die älteren Menschen, Kinder und Frauen sofort vergast, die Schornsteine haben Tag und Nacht geraucht. An einem Abend wurde die Blocksperre angeordnet, und zwei Tage zuvor war ein Transport mit Sinti aus Polen angekommen, die sofort vergast wurden. An diesem Abend dachten wir, nun würden auch wir umgebracht.

Meine Tante, mein Schwager, seine elf Kinder – alles junge Mädchen und Frauen –: Sie wollten die Mutter nicht alleine lasse, sie wurden mit ihr umgebracht. Sie haben genau gewußt, daß sie sterben müssen. Das haben wir alle gewußt. Ich habe 45 Verwandte in Auschwitz verloren.«

(aus: Sondersitzung des Landtages Rheinland-Pfalz zum Gedenken an die Opfer des Nationalsozialismus. Schriftenreihe des Landtages Rheinland-Pfalz. Mainz 1998, S. 37–43.)

## Material 3  Orientierungshilfe im Roman

Romanstruktur

7 Kapitel / 42 Abschnitte, Prolog und Epilog / 144 Episoden
(Szenenwechsel innerhalb der Episoden nur z. T. berücksichtigt)
In den Kapiteln auftretende (und erwähnte) Personen:

I. Kapitel / Prolog, 8 Abschnitte / 12 Episoden
Prolog: Sommerfeld, Fahrenberg, Häftlinge: Hans, Erwin, Erich, SA-Posten

I/I: Franz Marnet, (Franz' Onkel, der alte Marnet), Sophie Mangold, Schäfer Ernst

I/II: Franz, Anton Greiner, Heinrich u. Friedrich Messer, ein Mädchen = Lotte, Weigand, Holzklötzchen, (Georg, Hermann), Felix (= Messers Freund)

I/III: Georg (Wallau, Füllgrabe, Belloni, Aldinger, Pelzer), Mannsfeld, Beutler, Ist, Meißner

I/IV: Fahrenberg, Bunsen, Zillich, (Dietrich), Braunewell, Meiling, Willich, Beutler, Overkamp, Fischer

I/V: Georg, (Wallau), Zimthütchen, Schublädchen mit Kind, (Lohgerber) / Franz, Sophie / Helwig, Gültscher

I/VI: Georg, Frau Alwin, Schwiegertochter Anna, Sohn Albrecht (SA), Enkel Fritz (Pimpf), Pelzer

I/VII: Georg, (Leni), Meißner, Dieterling, Brauereifahrer, Streife, Mädchen / Georg, Küster, Putzfrauen (Dom) / Ernst, Franz, Familie Marnet: Herr u. Frau Marnet, Sohn u. Schwiegertochter Auguste, Hänschen u. Gustavchen

I/VIII: Franz (Georg, Elli, Hermann)

II. Kapitel / 7 Abschnitte / 22 Episoden

II/I: Georg, (Leni), Küster u. Putzfrauen, (Wallau, Belloni, Aldinger, Füllgrabe)

II/II: Ernst, Auguste / Helwig u. Freundin, (Schiffer aus Liebach, weinende Frau), Helwins Mutter, Alwin (Zillich)

II/III: Alfons Mettenheimer (Tochter Lisbeth, Ellis Sohn Alfons), Vernehmer, (Schwiegersohn zu Mettenheimers ältester Tochter – Sturmbannführer)

II/IV: Georg, Küster, 2 alte Fräuleins, (Elli), Dr. Löwenstein, Patienten, u. a. Binder / Franz, Pfeffernüßchen / Belloni, Menschenauflauf

II/V: Küstersfrau, Küster, Pfarrer Seitz / Georg, 2 Schiffer, Hechtschwänzchen, Polizist, Frau Binder

II/VI: Mettenheimer, Lehrbube, Elli, Spitze / Mettenheimer, Elli, Ellis Kind, Frau Mettenheimer/ Franz / Elli / Kübler, Gestapo

II/VII: Georg / (Wallau), Hilde Wallau u. 2 Söhne / Herr u. Frau Bachmann / Georg, Liebespaar – der andere Georg.

III. Kapitel / 5 Abschnitte / 34 Episoden

III/I: Kübler, Fahrenberg, Zillich, Overkamp, Fischer / Helwig u. Freundin, (Gültscher) / Franz, Ernst, Familie Marnet / Franz u. Arbeitskollegen / Binder

III/II: Georg, Schulbuben / Overkamp / Georg, Schulbuben, Lehrer / Hechtschwänzchen / Helwig / Gültscher / Georg, Schulbuben / Fischer, Helwig / Georg / Overkamp, Fischer (Wallau)

III/III: Mettenheimer, Schulz, Stimbart / Franz und Kollegen / Georg, der Fremde-Amerikaner / Verhör: Kübler, Zimthütchen, Binder, Löwenstein, Schiffer, Hechtschwänzchen / Elli u. Wirtin, Frau Merkler / Georg / Elli, Frau Merkler, Mettenheimer / Herr u. Frau Mettenheimer, Ellis jüngere Schwester Liesbeth u. Sohn Alfons / Georg, Leni (Kröte)

III/IV: Overkamp, Fischer / Overkamp, Wallau / Georg, Frau Marelli / Familie Marnet, Sophie / Franz, Elli

III/V: Georg, Frau und Herr Boland / Fischer, Overkamp / Georg, Dirne, Goebbelschen

IV. Kapitel / 6 Abschnitte / 18 Episoden

IV/I: Bauer Wurz, (Aldinger)

IV/II: Frau Marelli, Gestapo / Overkamp, Fahrenberg, (Helwig) / Georg, Fritz u. Kollege

IV/III: Elli, Franz / Franz, Elli, Spitzelin / Füllgrabe, Georg (Mutter, Brüder, Elli, Werner, Pfarrer Seitz, Franz, Röder)

IV/IV: Ernst, Eugenie / Franz / Georg

IV/V: Georg, Paul u. Liesel Röder

IV/VI: Elli, Ellis ältere Schwester (Otto Reiners, ihr Mann, Kinder), Franz / Bunsen, Overkamp, (Füllgrabe) / Hermann, Else / Franz (Elli, Georg)

V. Kapitel / 3 Abschnitte / 22 Episoden

V/I: Frau Heisler u. Söhne: Fritz, Ernst, Heini

V/II: Helwig u. Freundin / Helwig, Gültscher (u. Söhne)

V/III: Füllgrabe, Overkamp / Röders Hauswartsfrau, Paul / Paul, (Schenk), Schenks Nachbarn u. Hauswartsfrau / Katharina Grabber / Sauer / Röder, Fiedler / Liesel, Georg / Ernst, Eugenie / Hermann / Aldinger / Wurz / Fahrenberg, Overkamp, Fischer / Paul und Liesel, Georg / Paul, Georg, Katharina Grabber / Liesel, Franz / Franz, Hermann / Liesel u. Paul / Georg

VI. Kapitel / 9 Abschnitte / 17 Episoden

VI/I: Fahrenberg, 8 Neuzugänge im KZ – Arbeiter von Opel, u. a. Schenk, Zillich, Bunsen, Uhlenhaut

VI/II: Franz, Anton, Lotte, Holzklötzchen

VI/III: Elli, Overkamp

VI/IV: Georg

VI/V: Paul (Arbeitskollegen: Heidrich, Emmerich, Fritz Woltermann, Werner, Fiedler)

**Material 3**

| | | |
|---|---|---|
| | VI/VI: | Franz, Eugenie / Hermann (Lersch, der kleine Otto, Sauer) |
| | VI/VII: | Zillich, Helwig u. HJ-Gruppe / Zillich, Bunsen / Uhlenhaut, Zillich, Fahrenberg (Heisler) |
| | VI/VIII: | Fritz Schulz, Mettenheimer, Elli |
| | VI/IX: | Paul, Fiedler / Katharina Grabber, Georg / Paul im Opel / Herr u. Frau Fiedler / Grete Fiedler u. Liesel Röder / Kreß, Frau Fiedler |

VII. Kapitel / 6 Abschnitte, Epilog / 19 Episoden

| | | |
|---|---|---|
| | VII/I: | die alte und die junge Sophie (Ernsts Mutter, Freundin) / Ehepaar Kreß, Georg |
| | VII/II: | Fiedler, Reinhard (Hermann) / weinende Liesel u. Kinder |
| | VII/III: | Mettenheimer, ein Männchen (= Spitzel?), Schulz / Ehepaar Kreß, Georg, Frau Fiedler / Liesel u. Paul / Hermann u. Else bei Familie Marnet, Tante Anastasia (Dora Katzenstein), Messers Sohn, Ernst, Sophie |
| | VII/IV: | Hermann, Franz, Lotte u. Kind (Herbert = Lottes ermordeter Mann) |
| | VII/V: | Fahrenberg, Uhlenhaut (statt Zillich), Hattendorf (statt Bunsen), Häftling Schenk / Bunsen u. Braut / Ehepaar Kreß |
| | VII/VI: | Georg, Kellnerin / Fahrenberg / Georg, Kellnerin / Georg |

Epilog: der neue Kommandant (= Sommerfeld), (Fahrenberg), Häftlinge, Posten

Der Fluchtweg Georg Heislers                                    Material 4

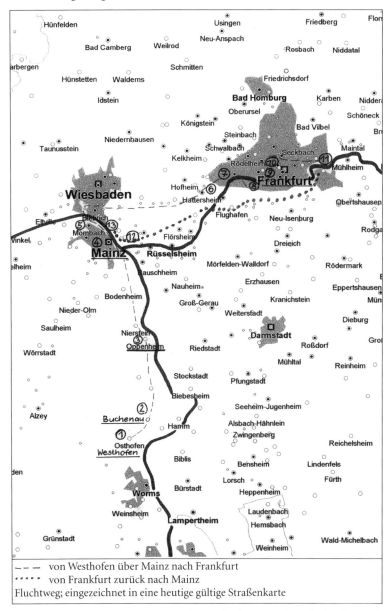

– – –   von Westhofen über Mainz nach Frankfurt
•••••   von Frankfurt zurück nach Mainz
Fluchtweg; eingezeichnet in eine heutige gültige Straßenkarte

(aus: Shell Atlas Routenplaner, CAS Software AG)

Unterrichtshilfen   159

**Material 4** Der Fluchtweg Georg Heislers (Kommentar zur Fluchtwegskizze)

1. 1. Tag: KZ *Westhofen:* Beginn der Flucht (Sumpf, Nebel, Abflussrohr der Essigfabrik, Georg begleitet Schublädchen und kleines Mädchen, springt über scherbenbewehrte Mauer in die Darré-Schule, Handverletzung, stiehlt Heldwigs Jacke)
2. *Buchenau:* Georg versteckt sich auf Alwins Hof, erlebt Pelzers Gefangennahme
3. *Oppenheimer Chaussee:* Georg fährt mit einem Brauereiwagen und wird nach einer SS-Kontrolle vom misstrauischen Fahrer vor Mainz abgesetzt
4. *Mainz:* – Übernachtung im Dom
   2. Tag: Behandlung der verletzten Hand bei Dr. Löwenstein
   Georg tauscht die Jacke gegen den blauen Pullover eines holländischen Schiffers
   Hechtschwänzchen führt Georg auf eine Halbinsel (Sackgasse), Georg entgeht nur knapp einer Polizeistreife
   Georg fährt bis kurz nach Mombach mit dem Marktwagen einer Frau Binder
   Georg übernachtet in einem Schuppen am Rhein, wo sich ein Liebespaar trifft (der ›andere‹ Georg; Heinrich Kübler, der ›falsche‹ Georg wird verhaftet)
   3. Tag: Georg setzt mit einer Jungenklasse über den Rhein
5. Ausländischer Tourist lädt Georg auf der Landstraße Eltville-Wiesbaden in sein Auto
6. Georg steigt zwei km vor Hoechst aus dem Auto
7. *Höchst,* Georg nimmt die Straßenbahn nach Frankfurt
8. *Frankfurt*-Niederrad: Leni weist Georg ab
9. Frankfurt/Roßmarkt, Schillerstr.: Georg bekommt Kleidung und Geld von Frau Marelli
   Georg will Boland aufsuchen, weiß nicht, ob er ihm trauen kann
   Frankfurt/Antonsplatz, Baldwinsgäßchen, Unterschlupf bei einer Prostituierten, panische Flucht durch nächtliche Straßen in eine Uferanlage am Main
10. 4. Tag: Frankfurt, Georg wird im Büfett von zwei Männern erkannt, aber nicht verraten
    Georg wird von Füllgrabe erkannt, der sich stellen will
    Frankfurt-Bockenheim, Brunnengasse 12: Georg übernachtet bei Röders
    Paul Röder sucht vergeblich Schenk (Moselgasse 12) und Architekt Sauer (Taunusstraße 24) auf
    5. Tag: Paul bringt Georg bei seiner Tante, der Garagenbesitzerin Katharina Grabber unter (Metzergasse)
11. 6. Tag: Frankfurt-Reiderwaldsiedlung: Asyl im Haus des Chemikers Dr. Kreß, Frau Fiedler bringt Papiere
12. 7. Tag: *Kostheim* bei Mainz: Ehepaar Kreß setzt Georg ab; Georg übernachtet in der Wirtschaft »Zum Engel« bei einer Kellnerin
13. Morgen des 8. Tages: *Mainz/Kasteler Brücke,* Anlegestelle des holländischen Schiffes, Flucht ins Ausland

Hans Werner Henze: Sinfonie Nr. 9

Dichtung: Hans-Ulrich Treichel auf Anna Seghers' Roman *Das siebte Kreuz*

1. Die Flucht

Nur weiter ... Luft ... keine Luft – ich habe Angst ...
mein Herz ... geht ... zu schnell ... schneller ...
weiter ... atmen ... immer nur ... atmen ... immer nur ...
weiter ... Erde ... Steine ... ein Graben ... ein Loch ...
eine Falle ... in der Erde ... ein Stein ... vor meinen ...
Augen ... Erde ... der Stein ... meine Stirn ... Nein ...
Nichts mehr ... Nein!

Ich habe kalte Erde im Mund, eisigen Boden.
Sand und Blut auf der Zunge.
Der Himmel ist finster und naß.
Der Himmel ist schwarz von Gewürm.
Der Stein zerreißt mir die Schläfe.
Ein Blatt macht mich blind.

Musik! Ich höre Musik.
Sie spielen im Wirtshaus Musik.
Gestern noch bin ich bei ihnen gesessen.
Gestern habe ich mit ihnen gesungen.
Gestern war es der Himmel.

Ein Lichtstrahl!
Sie schlagen mich tot,
wenn sie mich finden.
Meine Hand! Ich verblute!
Nebel über den Gräben,
das Schiff am Uferrand des Flusses.
Meine Füße werden zu Wurzeln im Schlamm.
Aus meinen Händen sprießt Laub.
Mein Haar raschelt im Wind.
Ich träume die Träume des Baums.

Das Rascheln verrät mich.
Ich höre das Hecheln der Hunde.
Ich höre Kommandos und Pfiffe.
Sie rennen und suchen.
Nein! Ich träume nicht mehr.
Ich ersticke. Mein Herz schlägt
wie eine Trommel so laut.
[...]

(Der vollständige Text ist abgedruckt in: Argonautenschiff. Jahrbuch der Anna-Seghers-Gesellschaft Berlin und Mainz. Berlin: Aufbau-Verlag 1997/98, S. 15–20.)

**Material 6**    Essayistische Äußerungen von Anna Seghers

[…] es starb Kleist 1811 durch Selbstmord, es starb Lenz 1792 im Wahnsinn, Hölderlin starb 1843, seit 1804 in Wahnsinn, es starb Bürger 1794 geisteskrank, es starb die Günderode durch Selbstmord usw. usw. Auf der anderen Seite: Goethe wurde alt, uralt, er vollendete sein Werk, ebendieses Werk, das von seinem Volk angestaunt wurde und wird, unheimlich für dieses Volk und fast unerklärlich durch seine Tiefe und Breite, durch seine Kompaktheit und durch seine Totalität, eben ein Werk, das den Menschen zeigt in all seinen Menschen-Möglichkeiten.

Subjektiv aber war dieses Werk erkauft durch eine starke Anlehnung seines Schöpfers an die bestehende Gesellschaft, eine Auflehnung hätte vermutlich dieses Werk gefährdet.

> (aus: Anna Seghers, Brief an Georg Lukács vom 28. Juni 1938. In: Glauben an Irdisches. Essays aus vier Jahrzehnten. Hg. v. Christa Wolf, Reclam: Leipzig 1974, S. 176)

Die Zwiespältigkeit, die jedes Leben gefährdet, das auf zwei Gleisen geführt wird anstatt in einer unmißverständlichen Einheit, wird bei den Künstlern am klarsten. Ihr Leben ist ohnedies gespalten in ein gelebtes und ein gestaltetes, in ein inneres und ein äußeres Reich […] Die Einheitlichkeit eines großen Kunstwerks, das seinen Leser oder Betrachter packt und rüttelt, ist noch kein Beweis für die Einheitlichkeit des Künstlers als Menschen. Als Staatsbeamter hat Goethe Todesurteile unterschrieben. Balzac war aristokratisch und reaktionär, aber sein Werk gibt ein ungeschminktes Bild der bürgerlichen unaristokratischen Welt. Der Zwiespalt zwischen dem gelebten und dem gestalteten Leben gibt keinem der beiden Teile des Lebens eine Entschuldigung oder Rechtfertigung; läßt nur die Forderung stehen, daß er überwunden werden muß. ›Indessen, die neue Zeit wird auch eine neue Kunst gebären, die mit ihr selbst in begeistertem Einklang sein wird.‹ (Heine) Aus diesem Einklang kommt die Macht und die Anziehungskraft von Werken, bei denen man fühlt: ihr Schöpfer ist zu der unangreifbaren, klaren Einheit von Sein und Dasein gelangt.

> (aus: Anna Seghers, Inneres und äußeres Reich, 1946. In: Dies.: Aufsätze, Ansprachen, Essays 1927–1953. 2. Aufl., Berlin: Aufbau 1984, S. 196 ff.)

**Material 7**    Stimmen zu Anna Seghers

Wie auch immer die Geschichte, die die ihre gewesen war, falsch verlaufen und elend ausgegangen ist – selbst als Unbeteiligter wäre ich in sie verwickelt gewesen. Anna Seghers wußte über solche Zusammenhänge Bescheid; sie hat sie erzählt. […] Woran litt sie in ihren letzten Jahrzehnten? Und warum schwieg sie so laut? Inzwischen ist die Erzählung vom Richter bekannt. Ich lese sie wie Teile eines Palimpsests.* Da schlägt durch, was sie *wußte,* was sie erfahren hatte: Sobald Widerstand sich parteiisch macht, verliert er, wo die Partei ihn beansprucht, nicht nur seine Kraft, sondern auch seine Legitimität. Um nicht falsch verstanden zu werden: parteiisch für den Menschen allemal, parteiisch für eine Idee vielleicht, parteiisch für eine Ideologie auf keinen Fall.

Ich habe […] ihre Bücher wiedergelesen: *Transit, Das siebte Kreuz, Der Ausflug der toten Mädchen.* Ihre Parteiischkeit ist die meine. Sie läßt es nicht zu, daß wir uns aus *unserer* Geschichte stehlen. Daß sie sich teilte, war das falsche Kapi-

---

* Palimpsest: abgeschabtes und wieder beschriebenes Pergament, d. h. überschriebener Text bzw. Text, unter dem man einen anderen vermutet.

tel. Doch ein Kapitel unserer Geschichte. So lese ich sie wieder, diese drei Bücher, aufgewühlt, aufgebracht, trauernd, zornig, und nicht zu Ende mit dem, was weiter erzählt werden muß.

(aus: Peter Härtling, Unsere Geschichte. In: Argonautenschiff.
Jahrbuch der Anna-Seghers-Gesellschaft Berlin und Mainz, 1/1992, S. 19)

Liebe sehr verehrte Anna Seghers, seit ich, nach ihrer Erzählung DAS LICHT AUF DEM GALGEN, das Theaterstück DER AUFTRAG geschrieben habe, wälze ich diesen Brief vor mir her wie eine schwere Last. Ich habe so viel von Ihnen genommen, und es ist nicht das erstemal: auch das Stück, das jetzt unter dem Titel DIE BAUERN gespielt wird, wäre ohne Ihre Geschichte DIE UMSIEDLERIN nicht geschrieben worden. Heute, an Ihrem 80. Geburtstag, erlebe ich das schreckliche Gefühl, daß ich nach allem, was ich mir herausgenommen habe, Ihnen nichts geben kann als diesen gestammelten Ausdruck meines Dankes und meiner Bewunderung für ihr großes episches Werk, das länger dauern wird als das Gewölk der Phrasen und das Geschrei der Märkte.

(aus: Heiner Müller, Brief vom 19. 11. 1980 an Anna Seghers. In: Argonautenschiff.
Jahrbuch der Anna-Seghers-Gesellschaft Berlin und Mainz, 5/1996, S. 11)

Das Werk der Anna Seghers veranlaßt zu erheblichen Prüfungen – die des Prüfenden selber eingeschlossen –, die wohl ein Beitrag sein müssen zur Prüfung des Projekts Sozialismus.

(aus: Ursula Püschel, Anna Seghers. Demontage
einer Legende? In: Sonntag, 1990/18, S. 3)

Es gab keinen dritten Weg, schon gar nicht für Anna Seghers. Die Flucht in eine westliche Öffentlichkeit hätte den Bruch mit ihrer Vergangenheit, ihrer Partei, ihrer Philosophie, ihrer Erfahrung und all ihren Freunden, mit ihren Büchern und – immer noch – Hoffnungen bedeutet. Sie war nicht blind und taub über die stalinistischen Hexenprozesse hinweggegangen, sie litt im Zwiespalt wie alle ihre Gefährten. Der Hitler-Stalin-Pakt hat Spalten in ihr Lebensbild geschlagen, aber zum Bersten war es nicht gekommen.

(aus: Erich Loest, Plädoyer für eine Tote. In: Argonautenschiff.
Jahrbuch der Anna-Seghers-Gesellschaft Berlin und Mainz, 1/1992, S. 4)

Anna Seghers: Deutsche, Jüdin, Kommunistin, Schriftstellerin, Frau, Mutter. Jedem dieser Worte denke man nach. So viele einander widersprechende, scheinbar einander ausschließende Identitäten, so viele tiefe, schmerzliche Bindungen, so viele Angriffsflächen, so viele Herausforderungen und Bewährungszwänge, so viele Möglichkeiten, verletzt zu werden, ausgesetzt zu sein, bedroht bis zur Todesgefahr. Ein Mensch wie sie, ihre Überzeugungen, ihr Engagement mußten in diesem Jahrhundert zum Kampffeld scheinbar oder wirklich entgegengesetzter Kräfte werden, die ihr öfter gleich stark vorgekommen sein mögen, so daß jede Wahl eine bittere Entscheidung wurde und ein Stück ihrer selbst mit ausschloß.

(aus: Christa Wolf, Gesichter der Anna Seghers. In: Anna Seghers.
Eine Biographie in Bildern. Hg. v. Frank Wagner, Ursula Emmerich, Ruth Radványi.
Mit einem Essay v. Christa Wolf. Berlin: Aufbau 1994, S. 7)

# Anhang

## Anmerkungen

[1] Hans-Albert Walter: Das Bild Deutschlands im Exilroman. In: Neue Rundschau 3, 1966, S. 448.
[2] Carl Zuckmayer: Grußwort. In: Walter Heist (Hg.): Anna Seghers aus Mainz. Mainz 1973, S. 11.
[3] Marcel Reich-Ranicki: Nicht gedacht soll ihrer werden? In: Ders. (Hg.): Romane von gestern – heute gelesen. Bd. 3. 1933–1945. Frankfurt/M.: Fischer 1990, S. 287.
[4] Jochen Vogt: Kinder und Holocaust. Zu diesem Heft. In: DU, Stuttgart, 49 (1997) 4, S. 4.
[5] Demnach waren **Beschränkungen der persönlichen Freiheit, des Rechts der freien Meinungsäußerung einschließlich der Pressefreiheit, des Vereins- und Versammlungsrechts, Eingriffe in das Brief-, Post-, Telegraphen- und Fernsprechgeheimnis, Anordnungen von Hausdurchsuchungen und Beschlagnahmen sowie Beschränkungen des Eigentums auch außerhalb der sonst hierfür bestimmten gesetzlichen Grenzen** zulässig. Vgl.: Verordnung des Reichspräsidenten zum Schutze von Volk und Staat. Zit. n.: Waldemar Schütz (Hg.): Chronologie Deutsche Geschichte im 20. Jahrhundert. Rosenheim: Kultur- und Zeitgeschichte 1990, S. 152.
[6] Bertolt Brecht: Die Bücherverbrennung. In: Deutsche Literatur im Exil 1933–1945. Texte und Dokumente. Hg. v. Michael Winkler. Stuttgart. Reclam 1990, S. 216.
[7] Vgl. Barbara Vormeier: Die Lager der deutschen Flüchtlinge in Frankreich. September 1939–Juli 1942. In: Zone der Ungewißheit. Hg. v. J. Grandjonc/Th. Grundtner. Reinbek b. Hamburg: Rowohlt 1993, S. 212. Vormeier unterteilt in Straflager für die Unerwünschten (z. B. Le Vernet, wo Lázló Radványi von Januar 1940 bis März 1941 festgehalten wurde), Halbstraflager für die zu überwachenden Personen (z. B. das Frauenlager Gurs, wo Martha Feuchtwanger eine von etwa 10 000 Gefangenen war) und Sammellager für die ›ruhigen Elemente‹ (z. B. Les Milles, wo u. a. Lion Feuchtwanger, Golo Mann und Alfred Kantorowicz einsaßen).
[8] Lion Feuchtwanger: Der Teufel in Frankreich. Ein Erlebnisbericht. M. e. Nachwort von Martha Feuchtwanger. Frankfurt/M.: Fischer 1987, S. 150 ff.
[9] Klaus Mann: Der Wendepunkt. Ein Lebensbericht. Berlin: Aufbau 1979, S. 368.
[10] Frank Thiess: Die innere Emigration. In: Münchner Zeitung v. 18. 8. 1945.
[11] Bertolt Brecht: Über die deutschen Emigranten, S. 39 (s. Anm. 6)
[12] Heinrich Mann: Aufgaben der Emigration. In: Ders.: Verteidigung der Kultur. Antifaschistische Streitschriften und Essays. 2. Aufl. Berlin und Weimar: Aufbau 1973, S. 11.
[13] Ernst Toller: Rede auf dem Penklub-Kongreß. In: Ders.: Gesammelte Werke. Bd. 1. Kritische Schriften, Reden und Reportagen, Hg. v. John M. Spalek und Wolfgang Frühwald. München: Hanser 1978, S. 169.
[14] Klaus Mann: Wendepunkt, S. 375 (s. Anm. 9)
[15] Anna Seghers im Gespräch mit Wilhelm Girnus. In: Anna Seghers: Glauben an Irdisches. Essays aus vier Jahrzehnten. Hg. v. Christa Wolf. Leipzig: Reclam 1974, S. 368.
[16] Anna Seghers: Vaterlandsliebe (1935). In: Dies.: Aufsätze, Ansprachen, Essays 1927–1953. Berlin: Aufbau, 2. Aufl. 1984, S. 33 ff.
[17] Anna Seghers: Deutschland und wir (1941). In: ebd., S. 94 ff.
[18] Zu den bekanntesten Zeitschriften gehörten *Die Neue Weltbühne* (1933–39), *Das Neue Tagebuch* (1933–40), *Neue Deutsche Blätter* (1933–35), *Die Sammlung* (1933–35), *Pariser Tageblatt* (1933–36), *Pariser Tageszeitung* (1936–40), *Aufbau* (1934–45), *Das Wort* (1936–39), *Maß und Wert* (1937–40), *Das Andere Deutschland* (1938–45), *Freies Deutschland* (1941–45) und *Deutsche Blätter/Internationale Literatur* (1943–45).
[19] Jürgen Serke. Die verbrannten Dichter. Lebensgeschichten und Dokumente. Weinheim u. Basel: Beltz & Gelberg, erw. Ausgabe 1992, S. 397.
[20] Ebd., S. 396.
[21] Anna Seghers: Ansprache in Weimar. In: Dies.: Aufsätze, Ansprachen, Essays 1954–1979. Berlin und Weimar: Aufbau 1980, S. 304.
[22] Anna Seghers: Sechs Tage, sechs Jahre. Tagebuchseiten. In: ND 32 (1984) 9, S. 5.
[23] Vgl. Frank Wagner: Deportation nach Piaski. Letzte Station der Passion von Hedwig Reiling. In: Argonautenschiff. Jahrbuch der Anna-Seghers-Gesellschaft Berlin und Mainz e. V., Berlin: Aufbau 1994/3, S. 117–126.
[24] Anna Seghers: Brief an F. C. Weiskopf vom 30. 9. 1940. In: NDL 33 (1985) 11, S. 17.

25 Anna Seghers, 1951, zit. n.: Anna Seghers. Eine Biographie in Bildern. Mit einem Essay von Christa Wolf. Hg. v. Frank Wagner, Ursula Emmerich, Ruth Radvanyi. Berlin und Weimar: Aufbau 1994, S. 108.
26 Anna Seghers: Brief an Georg Lukács vom Februar 1939. In: Anna Seghers: Glauben an Irdisches. Essays aus vier Jahrzehnten. Hg. v. Christa Wolf. Leipzig: Reclam 1974, S. 187.
27 Anna Seghers: Frauen und Kinder in der Emigration. In: Anna Seghers–Wieland Herzfelde. Ein Briefwechsel 1939–1946. Hg. v. U. Emmerich/E. Pick. Darmstadt und Neuwied: Luchterhand 1986, S. 130.
28 Anna Seghers, Brief an Iwan I. Anissimow vom 23. 9. 1938. In: Über Kunstwerk und Wirklichkeit. Hg. v. Sigrid Bock. Berlin: Akademie 1970, Bd. 2, S. 16.
29 Vgl. Friedrich Albrecht: Gespräch mit Pierre Radvanyi. In: Sinn und Form 42 (1990) 3, S. 518.
30 Alexander Stephan: Anna Seghers: Das siebte Kreuz. Welt und Wirkung eines Romans. Berlin: Aufbau 1996 (= AtV 5199), S. 25 f.
31 Anna Seghers, Brief an Weiland Herzfelde vom 9. 5. 1940. In: Anna Seghers, Wieland Herzfelde. Gewöhnliches und gefährliches Leben. Ein Briefwechsel aus der Zeit des Exils 1939–1946. Hg. v. Ursula Emmerich und Erika Pick. Darmstadt: Luchterhand 1986, S. 42.
32 Lore Wolf, in: Gespräch über Anna Seghers. In: NDL 9/1984, S. 445.
33 Alexander Abusch: Begegnungen und Gedanken 1933–1940. In: Ders.: Literatur im Zeitalter des Sozialismus. Berlin und Weimar: Aufbau 1967 (= Schriften, 2), S. 220.
34 Anna Seghers, Brief an Lore Wolf vom 30. 9. 1946. In: Argonautenschiff. Jahrbuch der Anna-Seghers-Gesellschft Berlin und Mainz e. V, Berlin: Aufbau 1993/2, S. 340.
35 Pierre Radvanyi berichtet, dass die Übersetzung des Manuskripts durch diesen Deutschlehrer am Lycée du Vesinet in Paris der Französischen Buchausgabe bei Gallimard nach dem Krieg zugrundelag. Vgl. Friedrich Albrecht: Gespräch mit Pierre Radvanyi. In: Sinn und Form 42 (1990) 3, S. 518.
36 Anna Seghers in Berlin. In: Sonntag vom 27. 4. 1947.
37 Anna Seghers im Gespräch mit Wilhelm Girnus. In: Anna Seghers: Glauben an Irdisches. Essays aus vier Jahrzehnten. Hg. v. Christa Wolf. Leipzig: Reclam 1974, S. 366.
38 Friedrich Albrecht: Gespräch mit Pierre Radványi. In: Sinn und Form 42 (1990) 3, S. 519.
39 Stephan Hermlin: Das Werk der Anna Seghers. Berlin 1947, S. 165.
40 *Mord im Lager Hohenstein* erschien 1933 unter dem Pseudonym Peter Conrad im gleichnamigen Sammelband mit dem Untertitel *Berichte aus dem dritten Reich* in Moskau; *Das Vaterunser* wurde unter gleichem Pseudonym in der Zeitschrift *Internationale Literatur*, 1933/4 und im o. g. Sammelband veröffentlicht; Nachdruck in: S. Hilzinger (Hg.): *Das siebte Kreuz* von Anna Seghers. Texte, Daten, Bilder. Frankfurt/M: Luchterhand 1990, S. 37–40.
41 *Ein ›Führer‹ und ein Führer* erschien in dem vom Bund proletarisch-revolutionärer Schriftsteller herausgegebenen Sammelband *Ein Mann in Moabit* (Paris 1934); Nachdruck in: *Das siebte Kreuz* von Anna Seghers. Texte, Daten, Bilder. Hg. v. Sonja Hilzinger. Frankfurt/M.: Luchterhand 1990, S. 40–49.
42 *Hans Beimler. Ein Nachruf* erschien in: Der deutsche Schriftsteller. Zeitschrift des Schutzverbandes deutscher Schriftsteller (Paris), Sonderheft Spanien, Juli 1937; Nachdruck in: *Das siebte Kreuz* von Anna Seghers. Texte, Daten, Bilder. Hg. v. Sonja Hilzinger. Frankfurt/M.: Luchterhand 1990, S. 53–55.
43 Deutsche Volkszeitung vom 5. 7. 1934, S. 8.
44 Anna Seghers: Hans Beimler. In: *Das siebte Kreuz* von Anna Seghers. Texte, Daten, Bilder. Hg. v. Sonja Hilzinger. Frankfurt/M.: Luchterhand 1990, S. 54.
45 Hans Beimler: Four weeks in the hands of Hitler's hell hounds. The Nazi murder camp of Dachau. London 1933.
46 Gerhard Seger: Oranienburg. Erster authentischer Bericht eines aus dem Konzentrationslager Geflohenen. Mit einem Geleitwort von Heinrich Mann. Karlsbad 1934.
47 Eva Maria Kohl: *Besuche*. In: NDL 10/1983, S. 38; Lore Wolf war 1933/34 Mitglied der illegalen Bezirksleitung der Roten Hilfe in Hessen und arbeitete danach für die Flüchtlingshilfe in Frankreich und in der Schweiz.
48 Alexander Abusch: Brief zum 60. Geburtstag von Anna Seghers. In: Anna Seghers. Briefe ihrer Freunde. Berlin und Weimar: Aufbau 1960, S. 5.
49 Anna Seghers im Gespräch mit Wilhelm Girnus. In: Anna Seghers: Glauben an Irdisches. Essays aus vier Jahrzehnten. Hg. v. Christa Wolf. Leipzig: Reclam 1974, S. 367.
50 Die Rundfunkjournalistin Lore Walb, 1919 in Alzey/Rheinhessen geboren, versuchte 1997 durch die Konfrontation mit ihren Tagebüchern aus den Jahren 1933–1945 ihrem **Jugend-Ich,** ihrem **Denken und Fühlen in der Zeit des Nationalsozialismus** auf die Spur zu kommen.
51 Lore Walb: Ich, die Alte – ich, die Junge. Konfrontation mit meinen Tagebüchern 1933–1945. Berlin: Aufbau 1997, S. 13 f.

52 Alexander Stephan: Anna Seghers: Das siebte Kreuz. Welt und Wirkung eines Romans. Berlin: Aufbau 1996 = AtV 5199), S. 123.
53 Vgl. W. Wagner. Der Volksgerichtshof im nationalsozialistischen Staat. Stuttgart 1974, S. 799 f.
54 Vgl. Alexander Stephan: Anna Seghers: Das siebte Kreuz. Welt und Wirkung eines Romans. Berlin: Aufbau 1996 (= AtV 5199), S. 132 f.
55 Chronik deutscher Zeitgeschichte. Bd. 2/1 Düsseldorf: Droste 1982, S. 392; Die Lageberichte der Geheimen Staatspolizei über die Provinz Hessen-Nassau 1933–36. Hg. v. Thomas Klein. Köln: Böhlau 1986, Teil 1, S. 506, 578 u. 580; zit. n. Alexander Stephan: Anna Seghers: Das siebte Kreuz. Welt und Wirkung eines Romans. Berlin: Aufbau 1996 (= AtV 5199), S. 133.
56 In meinen Ausführungen stütze ich mich sowohl auf die Recherchen von Alexander Stephan als auch auf die Ergebnisse einer wissenschaftlichen Arbeitsgruppe unter der Leitung von Hans Berkessel, die für die Erarbeitung der Ausstellung in Osthofen verantwortlich zeichnet: Vgl. Alexander Stephan: Anna Seghers: Das siebte Kreuz. Welt und Wirkung eines Romans. Berlin: Aufbau 1996; Hans Berkessel: Rheinland-Pfalz: Die Zeit des Nationalsozialismus in unserem Land. Dauerausstellung des Landes in der Gedenkstätte ›ehemaliges KZ Osthofen‹ bei Worms. In: GedenkstättenRundbrief 12/1997. Hg. v. der Stiftung Topographie des Terrors. Berlin 1997; H. Berkessel/A. Arenz-Morch/Z. Bader u. a.: Begleitheft zur Ausstellung. Hg. v. der Landeszentrale für politische Bildung Rheinland-Pfalz, Mainz 1996.
57 Peter Frey: Auf der Suche nach einem Nazi-KZ in Rheinhessen. In: *Das siebte Kreuz* von Anna Seghers. Texte, Daten, Bilder. Hg. v. Sonja Hilzinger. Frankfurt: Luchterhand 1990, S. 154.
58 Peter Frey: Auf der Suche nach einem Nazi-KZ in Rheinhessen. In: *Das siebte Kreuz* von Anna Seghers. Texte, Daten, Bilder. Hg. v. Sonja Hilzinger. Frankfurt: Luchterhand 1990, S. 164.
59 ›Heinz Ritzheimer zum Beispiel, geboren 1900 in Worms, Volksschulbildung, in der SS seit November 1930 und in der NSDAP seit April 1931, Vater von drei Kindern seit 1933 Führer des 4. Sturmes im Sturmbann II der 33. Standarte (Rheinhessen-Bergstraße), begann am 31. März 1933 im KZ Westhofen als Lagerverwalter. Bis zum Kriegsausbruch taucht sein Name in ähnlichen Funktionen im Zusammenhang mit den KZ Lichtenburg, Dachau, Ettersberg (Buchenwald) und Flossbürg auf. Mitte 1941 läßt sich Ritzheimer vom KZ Auschwitz, wo er als Kompaniechef des **SS-T.Stuba** tätig war, zu einer Kur in Wiesbaden beurlauben. Im Dezember 1944 wird er […] ein letztes Mal auf dem Stellenbesetzungsplan des SS-Hauptamtes als Mitglied der Ersatzinspektion Ostland erwähnt. Danach verliert sich seine Spur.‹ Vgl. Alexander Stephan: Anna Seghers: Das siebte Kreuz. Welt und Wirkung eines Romans. Berlin: Aufbau 1996 (= AtV 5199), S. 183.
60 Vgl. Angelika Arens-Morch: Das Konzentrationslager Osthofen im Spiegel neuerer historischer Forschungen. In: Argonautenschiff. Jahrbuch der Anna-Seghers-Gesellschaft Berlin und Mainz, 1993/2, S. 174–194 und Hans Berkessel: Rheinland Pfalz: Die Zeit des Nationalsozialismus in unserem Land. Dauerausstellung des Landes in der Gedenkstätte ›ehemaliges KZ Osthofen‹ bei Worms. In: GedenkstättenRundbrief 12/1997, S. 3–17.
61 *Frankfurter Volksblatt* vom 22./23. 4. 1933; zit. n.: Angelika Arens-Morch. Das Konzentrationslager Osthofen im Spiegel neuerer historischer Forschungen. In: Argonautenschiff. Jahrbuch der Anna-Seghers-Gesellschaft Berlin und Mainz e. V., Berlin: Aufbau 1993/2, S. 192.
62 Angelika Arens-Morch: Das Konzentrationslager Osthofen im Spiegel neuerer historischer Forschungen. In: Argonautenschiff. Jahrbuch der Anna-Seghers-Gesellschaft Berlin und Mainz e. V., Berlin: Aufbau 1993/2, S. 185.
63 Peter Frey: Auf der Suche nach einem Nazi-KZ in Rheinhessen. In: *Das siebte Kreuz* von Anna Seghers. Texte, Daten, Bilder. Hg. v. Sonja Hilzinger. Frankfurt: Luchterhand 1990, S. 154.
64 Martin Broszat: Nationalsozialistische Konzentrationslager 1933–1945. In: Anatomie des SS-Staates. Olten/Freiburg 1965, S. 159.
65 Kurt Batt: Anna Seghers. Versuch über Entwicklung und Werke. Leipzig: Reclam 1973, S. 148.
66 Ebd.
67 Greta Kuckhoff: Die künstlerische Gestaltung der illegalen Arbeit in Deutschland. In: Aufbau 1946/H. 2, S. 1162.
68 Inge Diersen: Anna Seghers: Das siebte Kreuz. In: Weimarer Beiträge 1972/H. 12, S. 117.
69 Lexikon Deutsche Geschichte im 20. Jahrhundert. Hg. v. Waldemar Schütz. Rosenheim: Kultur- und Zeitgeschichte-Archiv der Zeit 1990, S. 19.
70 Wörterbuch der Geschichte. A-K. Hg. v. e. Autorenkollektiv. Berlin: Dietz 1983, S. 41.
71 Karl-Joseph Kuschel: Jesus in der deutschsprachigen Gegenwartsliteratur. Zürich: Benziger 1978, S. 137.
72 Klaus Gotto/Hans Günter Hockerts/Konrad Repgen (Hg.): Nationalsozialistische He-

⁷³ rausforderung und kirchliche Antwort. Eine Bilanz. In: Kirche, Katholiken und Nationalsozialismus. Mainz: Matthias Grünewald 1980, S. 102.
⁷³ Paul Rilla: Die Erzählerin Anna Seghers (1950). In: Aufsätze über Anna Seghers und ihr Werk. Berlin 1960, S. 30 f.
⁷⁴ Erika Haas: Ideologie und Mythos. Studien zur Erzählstruktur und Sprache im Werk von Anna Seghers. Stuttgart 1975, S. 36 ff.
⁷⁵ Inge Diersen: Anna Seghers: Das siebte Kreuz. In: Weimarer Beiträge 1972/H. 12, S. 96.
⁷⁶ In verschiedenen Interpretationen werden unterschiedliche quantitative Angaben gemacht, meist werden 127 Episoden gezählt (G. Haas, M. Ackermann), A. Stephan spricht von **über 100** Geschehnisfacetten.
⁷⁷ Anna Seghers: Zwei Briefe an Georg Lukács. In: Dies.: Glauben an Irdisches. Essays aus vier Jahrzehnten. Hg. v. Christa Wolf, Leipzig: Reclam 1974, S. 183.
⁷⁸ Gerhard Haas: Veränderung und Dauer. Anna Seghers: Das siebte Kreuz. In: Der Deutschunterricht 1981/1, S. 73.
⁷⁹ Alexander Stephan: Anna Seghers: Das siebte Kreuz. Welt und Wirkung eines Romans. Berlin: Aufbau 1996 (= AtV 5199), S. 80.
⁸⁰ Vgl. Dieter Schlenstedt: Beispiel einer Rezeptionsvorgabe: Anna Seghers' Roman *Das siebte Kreuz*. In: Manfred Naumann u. a.: Gesellschaft, Literatur, Lesen. Literaturrezeption in theoretischer Sicht. Berlin und Weimar: Aufbau 1973, S. 381 ff. und Michael Ackermann: Schreiben über Deutschland im Exil. Irmgard Keun: Nach Mitternacht. Anna Seghers: Das siebte Kreuz. Stuttgart: Klett 1986.
⁸¹ Vgl. Michael Ackermann: Schreiben über Deutschland im Exil. Irmgard Keun: Nach Mitternacht. Anna Seghers: Das siebte Kreuz. Stuttgart; Klett 1986, S. 12.
⁸² Gerhard Haas: Veränderung und Dauer. Anna Seghers: Das siebte Kreuz. In: Der Deutschunterricht 1968/H. 1, S. 70.
⁸³ Erwin Rothermund: Soziales Engagement und Dichtung der ›Unmittelbarkeit‹. In: Anna Seghers, Mainzer Weltliteratur. Mainz 1981, S. 66.
⁸⁴ Vgl. Alexander Stephan: Anna Seghers: Das siebte Kreuz. Welt und Wirkung eines Romans. Berlin: Aufbau 1996 (= AtV 5199), S. 85.
⁸⁵ Bernhard Spies: Anna Seghers: Das siebte Kreuz. Frankfurt/M.: Diesterweg 1993, S. 28.
⁸⁶ Vgl. Kapitel 5.1.1 der Interpretation.
⁸⁷ Inge Diersen: Anna Seghers: Das siebte Kreuz. In: Weimarer Beiträge 1972/H. 12, S. 108.
⁸⁸ Philip K. Scheuer: Suspense Filmed in New Way. In: Los Angeles Times v. 9. 9. 1944, zit.

n.: Alexander Stephan: Anna Seghers. Das siebte Kreuz. Welt und Wirkung eines Romans. Berlin: Aufbau 1997, S. 238.
⁸⁹ Neil Rau: Suspense in *Seventh Cross* Thrills. In: Los Angeles Examiner v. 29. 9. 1944, zit. n.: Alexander Stephan: Anna Seghers. Das siebte Kreuz. Welt und Wirkung eines Romans. Berlin: Aufbau 1997, S. 238.
⁹⁰ Jürgen Rühle: Gefährten am Kreuzweg. In: Literatur und Revolution. Köln u. Berlin: Kiepenheuer & Witsch 1960, S. 243–255.
⁹¹ Anna Seghers im Gespräch mit Wilhelm Girnus. In: Anna Seghers: Glauben an Irdisches. Essay aus vier Jahrzehnten. Hg. v. Christa Wolf. Leipzig: Reclam 1974, S. 367.
⁹² Diester Schlenstedt: Beispiel einer Rezeptionsvorgabe [ . . . ], a.a.O., S. 387 ff.
⁹³ Anna Seghers: Transit. Kapitel I/4. Berlin und Weimar: Berlin 1951, S. 24.
⁹⁴ Paul Mayer: Das siebte Kreuz. In: Freies Deutschland, 2. Jahrgang, Nr. 1, November-Dezember 1942. In: Wolfgang Kießling, Alemania Libre in Mexiko, Berlin 1974, Bd. 2, S. 265.
⁹⁵ Bernhard Spies: Anna Seghers: Das siebte Kreuz. Frankfurt/M.: Diesterweg 1993, S. 55.
⁹⁶ Motyljowa weist auf die Nähe zu Dostojewskis Romangestaltung hin. Vgl. Tamara Motyljowa: unangreifbar und unverletzbar. In: Weimarer Beiträge 1971/H. 9, S. 155.
⁹⁷ Bernhard Spies: Anna Seghers: Das siebte Kreuz. Frankfurt/M.: Diesterweg 1993, S. 55.
⁹⁸ Dieter Schlenstedt: Beispiel einer Rezeptionsvorgabe [ . . . ], a.a.O., S. 403 f.
⁹⁹ Friedrike J. Hassauer-Roos/Peter Roos: Die Flucht als Angriff. Zur Gestaltung des Personals in *Das siebte Kreuz*. In: Dies. (Hg.): Anna Seghers. Materialienbuch. Darmstadt & Neuwied: Luchterhand 1977, S. 90.
¹⁰⁰ Ebd.
¹⁰¹ Dieter Schlenstedt: Beispiel einer Rezeptionsvorgabe [ . . . ], a.a.O., S. 405.
¹⁰² Anna Seghers, zit. n. Urban, 1968.
¹⁰³ Anna Seghers: Brief an Brigitte Reimann vom 6. 8. 1952. In: Argonautenschiff. Jahrbuch der Anna-Seghers-Gesellschaft Berlin und Mainz e. V., Berlin: Aufbau 1993/2, S. 344.
¹⁰⁴ Anna Seghers, zit. n. Christa Wolf: Nachwort. In: Anna Seghers: Glauben an Irdisches. Essays aus vier Jahrzehnten. Hg. v. Christa Wolf. Leipzig: Reclam 1974, S. 372, Chr. Wolf stützt sich vermutlich auf ein durch Tamara Motyljowa sinngemäß wiedergegebenes Zitat von A. Seghers.
¹⁰⁵ Die Toten von der Insel Djal. Eine *Sage* aus dem Holländischen (1924), Die Schönsten *Sagen* vom Räuber Woynok (1936), *Sagen* von Artemis (1937), *Sagen* von Unirdischen (1970).
¹⁰⁶ Anna Seghers: Brief an Tamara Motyljowa.

**Anhang**   167

107 Der Satz Kein Zweifel, an Gogol kommt keiner ran. Von uns *dreien* kann keiner schreiben wie er [...] verweist auf die Anwesenheit der am Gespräch beteiligte Erzählerin. Vgl. Anna Seghers: Die Reisebegegnung. In: Dies.: Sonderbare Begegnungen. Berlin: Aufbau 1973, S. 44.
108 Anna Seghers: Die Reisebegegnung. In: Dies.: Sonderbare Begegnungen. Berlin: Aufbau 1973, S. 118 ff.
109 Ebd., S. 120.
110 Erika Haas: Ideologie und Mythos. Studien zur Erzählstruktur und Sprache im Werk von Anna Seghers, Stuttgart 1975.
111 In ihrem Brief vom 28. Juni 1938 an Lukács schrieb sie: [...] es starb Kleist 1811 durch Selbstmord, es starb Lenz 1972 im Wahnsinn, Hölderlin starb 1843, seit 1804 in Wahnsinn, es starb Bürger 1794 geisteskrank, es starb die Günderode durch Selbstmord usw. usw. Auf der anderen Seite: Goethe wurde alt, uralt, er vollendete sein Werk, ebendieses Werk, das von seinem Volk angestaunt wurde und wird [...] Subjektiv aber war dieses Werk verkauft, durch eine starke Anlehnung seines Schöpfers an die bestehende Gesellschaft, eine Auflehnung hätte vermutlich dieses Werk gefährdet. In: Anna Seghers: Glauben an Irdisches. Essays. Hg. v. Christa Wolf. Leipzig: Reclam 1974, S. 174.
112 Ebd., S. 183.
113 Anna Seghers: Brief an Georg Lukács vom 28.6.1938. In: Anna Seghers: Glauben an Irdisches. Essay aus vier Jahrzehnten. Hg. v. Christa Wolf. Leipzig: Reclam 1974, S. 176.
114 Anna Seghers: Transit. Berlin und Weimar: Berlin 1951, S. 24.
115 Anna Seghers: Die Reisebegegnung. In: Dies.: Sonderbare Begegnungen. Berlin: Aufbau 1973, S. 128.
116 Anna Seghers: Transit. Berlin und Weimar: Berlin 1951, S. 25.
117 Gudrun Fischer: ›Ach, essen von sieben Tellerchen‹. Märchen- und Sagenmotive in Anna Seghers' Roman DAS SIEBTE KREUZ. In: Argonautenschiff. Jahrbuch der Anna-Seghers-Gesellschaft Berlin und Mainz e. V., Berlin: Aufbau 1993/2, S. 132.
118 Im Buch der Richter, Kap. 11, Vers 30 ff., heißt es: Und Jephthah gelobte dem Herrn ein Gelübde und sprach: Gibst du die Kinder Ammon in meine Hand, / Was zu meiner Haustür heraus mir entgegengeht, wenn ich mit Frieden wiederkomme von den Kindern Ammon, das soll des Herrn sein, und ich wills zum Brandopfer opfern [...] / Da nun Jephthah kam gen Mizpa zu seinem Hause, siehe, da geht seine Tochter heraus ihm entgegen [...] Und da er sie sah, zerriß er seine Kleider.
119 Vgl. Gudrun Fischer: ›Ach essen von sieben Tellerchen‹. Märchen- und Sagenmotive in Anna Seghers' Roman DAS SIEBTE KREUZ. In: Argonautenschiff. Jahrbuch der Anna-Seghers-Gesellschaft Berlin und Mainz e. V., Berlin: Aufbau 1993/2, S. 141.
120 Vgl. Franz Fühmann: zweiundzwanzig Tage oder Die Hälfte des Lebens. Rostock: Hinstorff 1973.
121 Die gekürzte Fassung der Sage findet sich bei Gudrun Fischer: ›Ach essen von sieben Tellerchen‹. Märchen- und Sagenmotive in Anna Seghers' Roman DAS SIEBTE KREUZ. In: Argonautenschiff. Jahrbuch der Anna-Seghers-Gesellschaft Berlin und Mainz e. V., Berlin: Aufbau 1993/2, S. 139.
122 Aglaja Hildenbrock: Das andere Ich. Künstlicher Mensch und Doppelgänger in der deutsch- und englischsprachigen Literatur. Tübingen: Stauffenburg 1986, S. 10.
123 Ebd., S. 17.
124 Karl-Josef Kuschel: Jesus in der deutschsprachigen Gegenwartsliteratur. Zürich: Benziger 1978, S. 138.
125 Vgl. dazu Ausführungen im Kapitel »Raum- und Zeitverhältnisse« in dieser Arbeit (Kap. 3.2).
126 Bernhard Spies: Anna Seghers: Das siebte Kreuz. Frankfurt/M.: Diesterweg 1993, S. 48.
127 Anna Seghers im Gespräch mit Wilhelm Girnus. In: Anna Seghers: Glauben an Irdisches. Essays aus vier Jahrzehnten. Hg. v. Christa Wolf. Leipzig; Reclam 1974, S. 367.
128 Bei dieser Figur griff Seghers vermutlich auf den jüdischen Pädagogen Dr. Kurt Löwenstein zurück, der Reichstagsabgeordneter und Stadtrat für Schulwesen in Berlin-Neukölln war und 1939 im Pariser Exil starb. Vgl. Weimarer Republik. Hg. v. Kunstamt Kreuzberg 1977, S. 545 ff.
129 Vgl. Schüleräußerungen: ›Allerdings kann ich mit einigen Personen, wie z. B. Ernst, dem Schäfer, wenig anfangen.‹, ›Ich hoffte während des ganzen Lesens immer wieder auf Textstellen oder Kapitel, in denen Georg Heisler auftrat. Wenn er kam, konnte ich mir etwas vorstellen, ja ich zitterte manchmal mit ihm. Aber wenn ich an Textstellen kam, wie z. B. die mit Ernst dem Schäfer, mußte ich meistens das Buch erst mal weglegen. Ich verstehe immer noch nicht, was er für eine Rolle in diesem Roman spielt‹, zit. n.: Hans Berkessel: DAS SIEBTE KREUZ – ... an einem Ereignis die ganze Struktur des Volkes aufrollen. Überlegungen zu einem Unterrichtsprojekt. In: Mainzer Geschichtsblätter. 1990/6, S. 60; Der Aufsatz ist die Kurzfassung eines umfassend dargestellten Unterrichtsprojekts zum

[130] Siebten Kreuz, vgl. Hans Berkessel: Anna Seghers: Das siebte Kreuz. Eine Unterrichtseinheit in der Jahrgangsstufe 11. Pädagogische Prüfungsarbeit im Fach Deutsch. Vorgelegt am Studienseminar für das Lehramt an Gymnasien. Darmstadt. Gustav-Heinemann-Schule Rüsselsheim 1986.
[130] Anna Seghers: Briefe an Leser. Berlin: Aufbau 1970, S. 31.
[131] Alexander Stephan: Anna Seghers. Das siebte Kreuz. Welt und Wirkung eines Romans. Berlin: Aufbau 1997, S. 35 ff.
[132] Anna Seghers im Gespräch mit Wilhelm Girnus. In: Anna Seghers: Glauben an Irdisches. Essays aus vier Jahrzehnten. Hg. v. Christa Wolf. Leipzig: Reclam 1974, S. 367.
[133] Anna Seghers: Aufstand der Fischer von St. Barbara. Berlin: Aufbau 1951, S. 16.
[134] Anna Seghers: Grubetsch. In: Dies.: Erzählungen 1926–1944. Berlin: Aufbau 1977, S. 6 f.
[135] Ebd., S. 29 ff.
[136] Ähnlichkeiten mit Georg finden sich bei folgenden Figuren aus früheren Werken Anna Seghers: der Pfarrer Jan Seghers aus Die Toten von der Insel Djal (1924); der Schiffer Grubetsch aus Grubetsch /1927); der Revolution Hull aus Der Aufstand der Fischer von St. Barbara (1928); der ältere Ziegler-Sohn aus Die Ziegler (1930); der österreichische Arbeiterführer Wallisch aus Der letzte Weg des Koloman Wallisch (1934); Woynok aus Die schönsten Sagen vom Räuber Woynok (1940).
[137] Anna Seghers: Aus dem Briefwechsel der Autorin. in: Weimarer Beiträge 1970/H. 11, S. 15 f.
[138] Ebd.: In einem Brief einer Schulklasse an Anna Seghers hieß es: **Uns kommt Georg Heisler ein bißchen zu sehr moralisch defekt vor, zumindest in seinen Anschauungen über Liebe und Ehe.**
[139] Vgl. z. B. Tamara Motyljowa: Unangreifbar und unverletzbar. In: Weimarer Beiträge 1971/H. 9, S. 153–168; Inge Diersen: Anna Seghers: Das siebte Kreuz. In: Weimarer Beiträge 1972/H. 12, S. 96–120; Wilfried Bütow (Hg.): Unterrichtshilfen. Deutsche Sprache und Literatur. Kl. 11/12. Teil 2. Berlin: Volk und Wissen 1981, S. 30–41.
[140] Anna Seghers, Interview mit John Stuart. In: New Masses. Bd. 46, 16. 2. 1943, S. 22 f., abgedruckt in: Exilforschung. Ein internationales Jahrbuch. Bd. 3, 1985, S. 253.
[141] Erwin Rothermund: Soziales Engagement und Dichtung der ›Unmittelbarkeit‹. In: Anna Seghers: Mainzer Weltliteratur. Beiträge aus Anlaß des achtzigsten Geburtstages. Mainz 1981, S. 63.
[142] Vgl. Hans Berkessel: Rheinland-Pfalz: Die Zeit des Nationalsozialismus in unserem Land. Dauerausstellung des Landes in der Gedenkstätte ›ehemaliges KZ Osthofen‹ bei Worms. In: GedenkstättenRundbrief 12/1997. Hg. v. der Stiftung Topographie des Terrors. Berlin 1997; vgl. auch: Begleitheft zur Ausstellung. Hg. v. der Landeszentrale für politische Bildung Rheinland-Pfalz, zu beziehen unter folgender Anschrift: Gedenkstätte ›ehemaliges KZ Osthofen‹, Ziegelhüttenweg 38, 67674 Osthofen.
[143] Irmgard Keun: Nach Mitternacht. Roman, mit Materialien. Ausgewählt und eingeleitet von Dietrich Steinbach. Stuttgart: Klett 1995, S. 88.
[144] Tamara Motyljowa: Unangreifbar und unverletzbar. Bemerkungen zu Anna Seghers' Roman Das siebte Kreuz. In: Weimarer Beiträge 1971/H. 9, S. 159.
[145] Ebd., S. 156.
[146] Christoph Türcke: Martyrium. In: Die Zeit, Nr. 14 vom 1. 4. 1994, S. 55.
[147] Ebd.
[148] Ebd.
[149] Michael Zimmer: Anna Seghers: Das siebte Kreuz. Erläuterungen, Interpretationen, Materialien, Hinweise zum Unterricht. Hollfeld: Beyer 1995, S. 27.
[150] Die Autorin bezog sich vermutlich auf das zwischen Hanau und Aschaffenburg gelegene Seligenstadt.
[151] Erika Haas: Ideologie und Mythos. Studien zur Erzählstruktur und Sprache im Werk von Anna Seghers. Stuttgart 1975, S. 36 ff.
[152] Sofsky weist darauf hin, dass die SS nach und nach von ihren Standards abgehen musste: **Schon 1938 begann man Brillenträger zu akzeptieren und senkte die Mindestgröße zuerst von 1,72 auf 1,65, dann auf 1,62 Meter. Als auch das letzte Reservoir ausgeschöpft war, warf man die Auslesebestimmungen ganz über Bord und zog ein, wessen man habhaft werden konnte.**, vgl. Wolfgang Sofsky: Die Ordnung des Terrors. Das Konzentrationslager. Frankfurt/M.: Fischer 1993, S. 128 f.
[153] Eugen Kogon: Der SS-Staat. Das System der deutschen Konzentrationslager. München: Kindler 1974, S. 346.
[154] Reich-Ranicki sieht in dieser Formel ein **primitives wie handfestes Rezept des totalitären Staates schlechthin**, das er sich auch aus dem Munde eines sowjetischen Funktionärs oder eines Offiziers der Staatssicherheit vorstellen kann. Vgl. Marcel Reich-Ranicki: Nicht gedacht soll ihrer werden? In: Ders. (Hg.): Romane von gestern – heute gelesen. Bd. 3. 1933–1945. Frankfurt/M.: Fischer 1990, S. 282.
[155] Anna Seghers. In: Richard Drews/Alfred Kantorowicz (Hg.): Verboten und verbannt. Deutsche Literatur – 12 Jahre unterdrückt. Berlin und München: Heinz Ullstein – Helmut Kindler Verlag 1947, S. 149 f.
[156] Helen Deutsch: The Seventh Cross. Dreh-

buch. MGM-Drehbuch-Archiv, z. n.: Alexander Stephan: Anna Seghers. Das siebte Kreuz. Welt und Wirkung eines Romans. Berlin: Aufbau 1997, S. 235.

[157] Ulrich Gregor/Enno Patalas: Geschichte des Films. München: Bertelsmann 1973, S. 411.

[158] Fred Zinnemann, geboren 1907 in Wien, gestorben 1997 in London. Seine bekannten Filme wie *High Noon* (*Zwölf Uhr Mittags*, 1952) und *A Man for All Seasons* (*Ein Mann zu jeder Jahreszeit*, 1966) ähneln dem Film *The Seventh Cross* in Sujet und Heldenauffassung.

[159] Alexander Stephan: Anna Seghers. Das siebte Kreuz. Welt und Wirkung eines Romans. Berlin: Aufbau 1996, S. 234.

[160] Berthold Viertel: *The Seventh Cross* als Film: In: Austro-American Tribune (New York), Nr. 3 (1944/45), S. 9 f., zit. n.: Alexander Stephan: Anna Seghers. Das siebte Kreuz. Welt und Wirkung eines Romans. Berlin: Aufbau 1996, S. 231.
In den Hauptrollen spielten Spencer Tracy als Georg Heisler, Ray Collins als Wallau, Hume Cronyn und Jessica Tandy als Paul und Liesel Röder, Agnes Moorehead als Frau Marelli, Katherin Locke und George MacReady als Ehepaar Sauer, Herbert Rudley als Franz Marnet, Paul Guilfoyle als Fiedler; eine Ausnahme bildet die Besetzung der weiblichen Hauptrolle mit der schwedischen Schauspielerin Signe Hasso.
In Nebenrollen traten auf: Helene Thimig als Frau Anders, Liesl Valetti als Sauers Dienstmädchen, Lotte Stein als Frau Schmitt, Lotte Palfi als Anna, Helene Weigel als Hauswartsfrau, Karin Verne als Leni, Alexander Granach als Zillich und der Pole Kurt Katch als Hermann.

[161] Michael Ackermann: Schreiben über Deutschland im Exil. Irmgard Keun: Nach Mitternacht. Anna Seghers: Das siebte Kreuz. Stuttgart: Klett 1986, S. 25 f.

[162] Tamara Motyljowa: Unangreifbar und unverletzbar. Bemerkungen zu Anna Seghers' Roman *Das siebte Kreuz*. in: Weimarer Beiträge 1971/H. 9, S. 157.

[163] Michael Ackermann: Schreiben über Deutschland im Exil. Irmgard Keun: Nach Mitternacht. Anna Seghers: Das siebte Kreuz. Stuttgart: Klett 1986, S. 26.

[164] Fred Zinnemann: ›... Eine Art Zivilcourage, die ich sehr bewundere.‹ Fred Zinnemann über seinen Film *The Seventh Cross*. Ein Gespräch mit Alexander Stephan. In: Argonautenschiff. 2/1993, S. 211.

[165] Helen Deutsch: The Seventh Cross. Drehbuch. MGM-Drehbuch-Archiv, z. n.: Alexander Stephan: Anna Seghers. Das Siebte Kreuz. Welt und Wirkung eines Romans. Berlin: Aufbau 1996, S. 232.

[166] Alexander Stephan: Anna Seghers. Das siebte Kreuz. Welt und Wirkung eines Romans. Berlin: Aufbau 1996, S. 2234.

[167] Fred Zinnemann: ›... Eine Art Zivilcourage, die ich sehr bewundere.‹ Fred Zinnemann über seinen Film *The Seventh Cross*. Ein Gespräch mit Alexander Stephan. In: Argonautenschiff. 2/1993, S. 216.

[168] Ebd.

[169] Neil Rau: Suspense in *Seventh Cross* Thrills. In: Los Angeles Examiner v. 29. 9. 1944, zit. n.: Alexander Stephan: Anna Seghers. Das siebte Kreuz. Welt und Wirkung eines Romans. Berlin: Aufbau 1996, S. 238.

[170] Michael Ackermann: Schreiben über Deutschland im Exil. Irmgard Keun: Nach Mitternacht. Anna Seghers: Das siebte Kreuz. Stuttgart: Klett 1986, S. 26.

[171] Philip K. Scheuer: Suspense Filmed in New Way. In: Los Angeles Times v. 9. 9. 1944, zit. n.: Alexander Stephan: Anna Seghers. Das siebte Kreuz. Welt und Wirkung eines Romans. Berlin: Aufbau 1996, S. 235.

[172] Man Hunt. M-G-M puts on an exciting stunt to promote *The Seventh Cross*. In: Live v. 16. 10. 1944, S. 133–117, zit. n.: Alexander Stephan: Anna Seghers. Das siebte Kreuz. Welt und Wirkung eines Romans. Berlin: Aufbau 1996, S. 235.

[173] Dietz to Strickling, Teletype Message from New York Office (MGM) v. 11. 8. 1944, zit. n.: Alexander Stephan: Anna Seghers. Das siebte Kreuz. Welt und Wirkung eines Romans. Berlin: Aufbau 1996, S. 237.

[174] Alexander Stephan: Anna Seghers. Das siebte Kreuz. Welt und Wirkung eines Romans. Berlin: Aufbau 1996, S. 238.

[175] Manfred George: Ein guter Film mit zweifelhafter Wirkung. In: Aufbau (New York) 40, v. 6. 10. 1944, S. 1, zit. n.: Alexander Stephan: Anna Seghers. Das siebte Kreuz. Welt und Wirkung eines Romans. Berlin: Aufbau 1996, S. 239.

[176] Alexander Abusch: Der Film *Das siebte Kreuz*. in: Freies Deutschland (Mexiko), Heft 5, 1944/45, zit. n. Sonja Hilzinger (Hg.): *Das siebte Kreuz* von Anna Seghers. Texte, Daten, Bilder. Frankfurt/M.: Luchterhand 1990, S. 197.

[177] Anna Seghers: Brief an Bertram Steinbach v. 10. 3. 1972, Anna-Seghers-Archiv.

[178] Gedächtnisprotokoll von Heinz Kamnitzer, zit. n.: Alfred Nehring: Dafür sind Kinos da. Anna Seghers und der Film. In: Argonautenschiff 2/1993, S. 223.

[179] Franz Fühmann: Die Literatur der Kesselrings. Ein Pamphlet. Berlin: Verlag der Nation 1954.
Generalfeldmarschall Albert Kesselring, von 1941–1945 Oberbefehlshaber Südwest, wegen Massenmordes an der italienischen

Zivilbevölkerung von einem britischen Militärgericht zum Tode verurteilt, wurde 1947 zu lebenslänglicher Haft begnadigt und 1952 freigelassen. Sein 1953 in Frankfurt erschienenes Erinnerungsbuch SOLDAT BIS ZUM LETZTEN TAG wertet Fühmann im Kontext anderer, Anfang der 50-er Jahre edierter Memoiren ehemaliger Wehrmachtsgenerale als alarmierendes Zeichen für den Übergang von der heimlichen zur offenen Remilitarisierung Westdeutschlands, vgl. ebd., S. 7.

180 Wenzel Renner: DAS SIEBTE KREUZ im Funk. In: Tägliche Rundschau vom 2. 2. 1955.
181 h.h.: DAS SIEBTE KREUZ als Hörspiel. In: Neues Deutschland vom 3. 2. 1955.
182 Wenzel Renner: DAS SIEBTE KREUZ im Funk. In: Tägliche Rundschau vom 2. 2. 1955.
183 Anne Braun: Kleine Geschichten, große Vorgänge. DAS SIEBTE KREUZ am Mecklenburgischen Staatstheater. In: Wochenpost Nr. 39/1981, S. 14.
184 Bärbel Jacksch/Christoph Schroth: Über Schweriner Erfahrungen mit Epik auf der Bühne. Auszüge aus einem Gespräch. In: Programmheft zur Inszenierung DAS SIEBTE KREUZ. EIN DEUTSCHES VOLKSSTÜCK. Mecklenburgisches Staatstheater Schwerin 1981, S. 15.
185 Programmheft zur Inszenierung DAS SIEBTE KREUZ. EIN DEUTSCHES VOLKSSTÜCK. Mecklenburgisches Staatstheater Schwerin 1981, S. 12.
186 Bärbel Jacksch/Heiner Maaß: Das siebte Kreuz. Ein Deutsches Volksstück. Berlin: Henschel 1981, S. 57.
187 Manfred Zelt: Bewegendes Zeugnis menschlicher Prüfung. In: Norddeutsche Zeitung vom 23. 4. 1981.
188 Christa Wolf: Brief an Anna Seghers vom 2. 4. 1981. Anna-Seghers-Gedenkstätte Berlin.
189 Anne Braun: Kleine Geschichten, große Vorgänge. DAS SIEBTE KREUZ am Mecklenburgischen Staatstheater. In: Wochenpost Nr. 39/1981, S. 14.
190 Martin Linzer: Entdeckungen an/mit Anna Seghers. In: Theater der Zeit 6/1981, S. 15.
191 Ingrid Seyfarth: Geschichts-Bilder. Zu zwei Schweriner Inszenierungen. In: Sonntag 18, vom 3. 5. 1981, S. 5.
192 Rainer Kerndl: Erregende Botschaft eines großen Romans ins Dramatische übersetzt. In: Neues Deutschland vom 20. 4. 1981.
193 Alexander Stephan: Anna Seghers: Das siebte Kreuz. Welt und Wirkung eines Romans. Berlin: Aufbau 1996 (= AtV 5199), S. 279.
194 Alexander Stephan: Nachrichten aus Laramie, Wyoming. Zu zwei verschollenen Theateraufassungen von Anna Seghers' Roman DAS SIEBTE KREUZ. In: Argonautenschiff. Jahrbuch der Anna-Seghers-Gesellschaft Berlin und Mainz e. V., Berlin: Aufbau 1996/5, S. 61–73.
195 Anna Seghers. Interview mit John Stuart. In: New Masses. Bd. 46, 16. 2. 1943, S. 22 f., abgedruckt in: Exilforschung. Ein internationales Jahrbuch. Bd. 3, 1985, S. 256.
196 Vgl. Alexander Stephan: Anna Seghers: Das siebte Kreuz. Welt und Wirkung eines Romans. Berlin: Aufbau 1996 (= AtV 5199), S. 256 ff.
197 Alexander Stephan: Anna Seghers: Das siebte Kreuz. Welt und Wirkung eines Romans. Berlin: Aufbau 1996 (= AtV 5199), S. 265.
198 Kristina Handke: Die Jacke. Hörspiel nach einer Begebenheit aus dem Roman DAS SIEBTE KREUZ von Anna Seghers. Sendemanuskript. Rundfunk der DDR, Abteilung Hörspiele für Kinder (Signatur: B 009-00-01/0979), S. 2; Das Manuskript befindet sich im Deutschen Rundfunkarchiv Frankfurt am Main–Berlin, Standort Berlin, Rudower Chaussee 3, 12489 Berlin.
Die Anna-Seghers-Gedenkstätte in 12489 Berlin, A.-Seghers-Str. 81, bietet Überspielungsmöglichkeiten von Video- und Tonkassetten. Vgl. ›Nutzungsangebote der Anna-Seghers-Gedenkstätte in Berlin-Adlershof‹. In: Argonautenschiff. Jahrbuch der Anna-Seghers-Gesellschaft Berlin und Mainz 5/1996, S. 308–310.)
199 Vgl. Hans Mayer: Anmerkungen zu einer Erzählung von Anna Seghers. In: Sinn u. Form 14 (1962) 1, S. 117.
200 Alexander Stephan: Anna Seghers: Das siebte Kreuz. Welt und Wirkung eines Romans. Berlin: Aufbau 1996 (= AtV 5199), S. 94.
201 Ebd.
202 Vgl. Sabine Röttig: Menschen auf der Flucht. Zu den beiden Flüchtlingsromanen DAS SIEBTE KREUZ und TRANSIT. In: Argonautenschiff. Jahrbuch der Anna-Seghers-Gesellschaft Berlin und Mainz e. V., Berlin: Aufbau 1995/4, S. 205–212.
203 Anna Seghers: Transit. Berlin: Aufbau 1951, S. 236 (alle weiteren Seitenangaben zu TRANSIT im Text).
204 Anna Seghers: Deutschland und wir. Erstveröffentlichung 1941. In: Dies.: Aufsätze, Ansprachen, Essays 1927–1953. Berlin und Weimar: Aufbau, 2. Aufl. 1984, S. 95.
205 Anna Seghers: Das Ende. In: Dies.: Erzählungen 1945–1951. Berlin und Weimar: Aufbau 1977, S. 5–66. Alle in diesem Kapitel in Klammern vermerkten Seitenangaben beziehen sich auf diese Ausgabe.
206 Vgl. Frank Wagner: Deportation nach Piaski. Letzte Stationen der Passion von Hedwig Reiling. In: Argonautenschiff. Jahrbuch der Anna-Seghers-Gesellschaft Berlin und

Mainz e. V., Berlin: Aufbau 1994/3, S. 117–126.

[207] Anna Seghers: Die Sabotage. In: Dies.: Erzählungen 1945–1951. Berlin und Weimar: Aufbau 1977, S. 67–125. Alle in diesem Kapitel in Klammern vermerkten Seitenangaben beziehen sich auf diese Ausgabe.

[208] Anna Seghers: Vierzig Jahre der Margarete Wolf. In: Dies.: Erzählungen 1952–1962. Berlin: Aufbau 1977, S. 202–219. Alle in diesem Kapitel in Klammern vermerkten Seitenangaben beziehen sich auf diese Ausgabe.

[209] Sigrid Bock: Die Last der Widersprüche. In: Weimarer Beiträge 36 (1990) 10, S. 1565.

[210] Anna Seghers: Der gerechte Richter. In: Sinn und Form 42 (1990) 3, S. 500.

[211] Friedrich Albrecht: Für und Wider, DER GERECHTE RICHTER von Anna Seghers. In: Weimarer Beiträge 36 (1990) 11, S. 1795.

[212] Sonja Hilzinger: Opfer, Täter und Richter. Versuch einer Annäherung an die Novelle DER GERECHTE RICHTER. In: Argonautenschiff. Jahrbuch der Anna-Seghers-Gesellschaft Berlin und Mainz e. V., Berlin: Aufbau 1992/1, S. 58.

[213] Walter Janka: Spuren meines Lebens. Berlin: Rowohlt 1991, S. 227 f.

[214] Vgl. Sigrid Bock: Die Last der Widersprüche. In: Weimarer Beiträge 36 (1990) 10, S. 1565; Erich Mielke, geb. 1907, war von 1957 bis 1989 Minister für Staatssicherheit in der DDR.

[215] Anna Seghers: Die Last der Widersprüche. In: Weimarer Beiträge 36 (1990) 10, S. 1565.

[216] Vgl. Sonja Hilzinger: Opfer, Täter und Richter. Versuch einer Annäherung an die Novelle DER GERECHTE RICHTER. In: Argonautenschiff. Jahrbuch der Anna-Seghers-Gesellschaft Berlin und Mainz e. V., Berlin: Aufbau 1992/1, S. 57 ff.

# Literaturverzeichnis

*Primärliteratur*

Seghers, Anna: Das siebte Kreuz. Roman. Berlin: Aufbau, 5. Aufl 1996 (= AtV 5151) (Alle in Klammern angegebenen Seitenzahlen beziehen sich auf diese Ausgabe).

Seghers, Anna: Das Ende. Erzählung. In: Dies.: Erzählungen 1945–1951. Berlin und Weimar: Aufbau 1977, S. 5–66.

Seghers, Anna: Die Sabotage. In: Dies.: Erzählungen 1945–1951. Berlin und Weimar: Aufbau 1977, S. 67–125.

Seghers, Anna: Vierzig Jahre der Margarete Wolf. In: Dies.: Erzählungen 1952–1962. Berlin und Weimar: Aufbau 1977.

Zinner, Hedda. Das siebte Kreuz. Hörspiel nach Anna Seghers Roman DAS SIEBTE KREUZ, Deutsches Rundfunkarchiv Berlin, Schallarchive, ANR 3000222X00 (= 1955).

Handke, Kristina: Die Jacke. Hörspiel nach einer Begebenheit im Roman DAS SIEBTE KREUZ von Anna Seghers. Deutsches Rundfunkarchiv Berlin, Schallarchive, KH 2914.

*Interviews/Selbstzeugnisse*

Ein Briefwechsel zwischen Anna Seghers und Georg Lukács. In: Anna Seghers: Glauben an Irdisches. Essays aus vier Jahrzehnten. Hg. v. Christa Wolf. Leipzig: Reclam 1974, S. 172–189; auch in: Marxismus und Literatur. Bd. II. Hg. v. Fritz J. Raddatz. Reinbek bei Hamburg: Rowohlt 1969.

Radvanyi, Pierre: Einige Erinnerungen. In: Argonautenschiff. Jahrbuch der Anna-Seghers-Gesellschaft Berlin und Mainz, 3/1994, S. 185–192.

Seghers, Anna: Aus dem Briefwechsel der Autorin. In: Weimarer Beiträge 11/1970, S. 13–17.

Seghers, Anna: Brief an Johannes R. Becher vom 27. 3. 1939. In: Wagner, Frank: ... der Kurs auf Realität. Das epische Werk von Anna Seghers 1935–1943. Berlin: Akademie-Verlag 1978, S. 311.

Seghers, Anna: Frauen und Kinder in der Emigration. In: Anna Seghers – Wieland Herzfelde. Ein Briefwechsel 1939–1946. Hg. v. Ursula Emmerich/Erika Pick. Berlin: Aufbau 1985, S. 112 ff.; Darmstadt und Neuwied: Luchterhand 1986, S. 128–145.

Seghers, Anna: Briefe an Leser. Berlin: Aufbau 1970.

*Biografien/Monografien*

Batt, Kurt: Anna Seghers: Versuch über Entwicklung und Werke. Leipzig: Reclam 1973.

Brandes, Ute: Anna Seghers. Berlin: Colloquium 1992.

Neugebauer, Heinz: Anna Seghers. Leben und Werk. Berlin: Volk und Wissen 1970.

Sauer, Klaus: Anna Seghers. München: Beck 1978.

Schrade, Andreas: Anna Seghers. Stuttgart: Metzler 1993.

Wagner, Frank: Anna Seghers. Bildbiographie. Leipzig: Bibliographisches Institut 1980.

Wagner, Frank/Emmerich, Ursula/

Radvanyi, Ruth (Hg.): Anna Seghers. Eine Bildbiographie. Mit einem Essay von Christa Wolf. Berlin: Aufbau 1994.

Zehl Romero, Christiane: Anna Seghers. Mit Selbstzeugnissen und Bilddokumenten. Reinbek bei Hamburg: Rowohlt 1993.

*Sekundärliteratur zum Roman »Das siebte Kreuz« und zur Exilforschung*

Abusch, Alexander: Seghers und Uhse – zwei deutsche Romane. In: Ders.: Literatur und Wirklichkeit. Berlin: Aufbau 1952, S. 96–103. Wiederabdruck u. a. in A. A.: Literatur im Zeitalter des Sozialismus. Berlin und Weimar: Aufbau 1967, S. 227–232.

Andreassen, Eva: Faschisten als ideologisches Angriffsziel und als dichterischer Gegenstand. Anna Seghers im Exil – ihr Leben und ihr Schaffen unter besonderer Berücksichtigung der Romane DER KOPFLOHN und DAS SIEBTE KREUZ. Phil. Diss., Oslo 1988.

Arens-Morch, Angelika: Das KZ-Osthofen im Spiegel neuerer Forschungen. In: Argonautenschiff. Jahrbuch der Anna-Seghers-Gesellschaft Berlin und Mainz 2/1993, S. 174–194.

Bilke, Jörg-Bernhardt: Zwiespältiges Gedenken. Begegnungen mit der Mainzerin Anna Seghers. In: Argonautenschiff. Jahrbuch der Anna-Seghers-Gesellschaft Berlin und Mainz 4/1995, S. 45–56.

Bock, Sigrid: Die Erzählerin Anna Seghers. In: Anna Seghers – Mainzer Weltliteratur. Mainz 1981.

Böhmel-Fischera, Ulrike: Realismus heute oder Realismus überhaupt. Über die Möglichkeiten realistischen Schreibens im Exil: Anna Seghers' Exilromane DAS SIEBTE KREUZ und TRANSIT. In: Studi Tedeschi, Napoli, 27/1984, 1–2.

Borchert, Elisabeth: Die Schriftstellerin Anna Seghers. In: Neues Deutschland, 12. 9. 1946.

C.: Ein Sieg deutscher Kunst. In: Internationale Literatur (Moskau) 10/1943, s. 2–3.

Degemann, Christa: Anna Seghers und das Lesebuch der BRD. In: Sammlung 4. Jahrbuch für antifaschistische Literatur und Kunst. Hg. v. Uwe Naumann. Frankfurt/M.: Röderberg 1981, S. 175–185.

Der Erfolg von Anna Seghers DAS SIEBTE KREUZ. In: Freies Deutschland (Mexiko) 12/1941/1942, S. 39.

Diersen, Inge: Rezension zu Anna Seghers, DAS SIEBTE KREUZ. In: Weimarer Beiträge 12/1972, S. 96–120.

Durzak, Manfred: Deutschsprachige Exilliteratur. Vom moralischen Zeugnis zum literarischen Dokument. In: Ders. (Hg.): Die deutsche Exilliteratur 1933–1945. Stuttgart: Reclam 1973, S. 9–26.

Fischer, Gudrun: **Ach, essen von sieben Tellerchen** – Märchen- und Sagenmotive im Roman DAS SIEBTE KREUZ. In: Argonautenschiff. Jahrbuch der Anna-Seghers-Gesellschaft Berlin und Mainz, 2/1993, S. 132–147.

Franz, Marie: Die Darstellung von Faschismus und Antifaschismus in den Romanen von Anna Seghers 1933–1949. Phil. Diss., Frankfurt/M.: Lang 1987.

Frey, Peter: **Und habt ihr etwa keine Träume ...?** Die Pariser Jahre der Anna Seghers. In: Blätter der Carl-Zuckmayer-Gesellschaft 1/1985, S. 34–41.

Frey, Peter: SIEBTES KREUZ und KZ. In: Blätter der Carl-Zuckmayer-Gesellschaft 1/1985; Unter dem Titel *AUF DER SUCHE NACH EINEM NAZI-KZ IN RHEINHESSEN* auch in: Neue deutsche Literatur 28 (1980) 11, S. 92–103.

Haas, Erika: Ideologie und Mythos. Studien zur Erzählstruktur und Sprache im Werk von Anna Seghers. Stuttgart 1975.

Hassauer-Roos, Friederike/Peter Roos: Die Flucht als Angriff. Zur Gestaltung des Personals in DAS SIEBTE KREUZ. In: Roos, Peter/Friederike J. Hassauer (Hg.): Anna Seghers. Materialienbuch. Darmstadt, Neuwied: Luchterhand 1977, S. 88–102.

Herzfelde, Wieland: Liebe zu Deutschland. In: Ingeburg Kretzschmar (Hg.): In unserer Sprache. Bd. 2. Berlin: Verlag der Nation 1962, S. 168–177.

Herzfelde, Wieland: Nachwort. In: Anna Seghers: DAS SIEBTE KREUZ. Berlin: Volk und Wissen 1950, S. 411–42 (= Bibliothek fortschrittlicher deutscher Schriftsteller).

Holm, J.: Heldenlied der Bewährung. In: Berliner Zeitung, 14. 8. 1946, S. 3.

Imgenberg, Klaus G./Heribert Seifert: Literarisches Leben im Exil. Ausgewählt und eingeleitet von K. G. Imgenberg u. H. Seifert. Stuttgart: Klett 1993.

J. W.: Hitler-Deutschland, wie's wirklich ist. In: Einheit (London) 9/1943.

Kant, Hermann: Merkwürdige Verstrickung meines Schreibens mit dem Leben der Anna Seghers. In: Argonautenschiff. Jahrbuch der Anna-Seghers-Gesellschaft Berlin und Mainz, 4/1995, S. 80–84.

Kießling, Wolfgang: Alemania Libre in Mexiko. 2 Bde. Berlin: Akademie-Verlag 1974.

Klein, Alfred: Auskünfte über ein Romanschicksal. In: Weltbühne 46/1980, S. 1461–1463.

Kowalewski, Jerzy: Über DAS SIEBTE KREUZ. In: Kuznica 1949, Nr. 38. Auch in: Manfred Diersch/Hubert Orlowski: Annäherung und Distanz. DDR-Literatur in der polnischen Literaturkritik. Halle–Leipzig: Mitteldeutscher Verlag 1983, S. 94–101.

Krämer, Wolfgang: Faschisten im Exilroman 1933–1939. Pfaffenweiler 1987.

Kuckhoff, Greta: Begegnungen mit dem SIEBTEN KREUZ. In: Kurt Batt: Anna Seghers. Ein Almanach zum 75. Geburtstag. Berlin und Weimar: Aufbau 1975, S. 149–158.

Kuckhoff, Greta: Die künstlerische Gestaltung der illegalen Arbeit. In: Aufbau (Berlin) 11/1946, S. 1162–1164.

Langanky, Mathias: Anna Seghers: DAS SIEBTE KREUZ. Untersuchungen zu Funktion und Leistung der Exilliteratur im Dritten Reich. Unveröffentl. Manuskript, Tübingen 1979.

Loriska, Irene: Frauendarstellungen bei Irmgard Keun und Anna Seghers. Frankfurt/M. 1985.

Maag, Regula: Den Faschismus überwinden. Darstellung und Deutung des Faschismus in Anna Seghers' Romanen. Zürich 1984.

Maren-Grisebach, Manon: Anna Seghers' Roman DAS SIEBTE KREUZ. In: Der deutsche Roman im 20. Jahrhundert. Hg. v. Manfred Brauneck. Bd. 1, Bamberg: Buchner 1976, S. 283–298.

Markuschewitsch, M.: A. Seghers und der sowjetische Leser. In: Tägliche Rundschau, 22. 5. 1952.

Mayer, Paul: Das siebte Kreuz. In: Freies Deutschland (Mexiko) 1/1942, 1943, S. 16. Auch in: W. Kießling: Alemania Libre in Mexiko. Bd. 2, Berlin: Akademie-Verlag 1974, S. 264–267.

Mletschina, Irina: Ein entkommener Flüchtling: zu einem Roman von Anna Seghers, heute gelesen. In: Neue Zeit. Moskauer Hefte für Politik. Moskau Nr. 16/1989.

Motyljowa, Tamara: **Unangreifbar und unverletzbar**. In: Weimarer Beiträge 17 (1971) 9, S. 153–168.

Neugebauer, Heinz: Von der Kraft des

Menschen. In: Neues Deutschland, 4.3.1972, S. 4.

Paul Rilla: Die Erzählerin Anna Seghers. In: Sinn und Form 2 (1950) 6, S. 83–113, auch in: Ders.: Vom bürgerlichen zum sozialistischen Realismus. Leipzig: Reclam 1967, S. 131–167.

Paul, W.: Das Siegel der Verfolgten. In: Die Literatur 2/1952.

Reich-Ranicki, Marcel: Nicht gedacht soll ihrer werden? Marcel Reich-Ranicki über Anna Seghers: DAS SIEBTE KREUZ. In: Ders. (Hg.): Romane von gestern – heute gelesen. Bd. 3, 1933–1945. Frankfurt/M.: Fischer 1990, S. 277–287.

Rein, Heinz: Die neue Literatur. Berlin: Henschel & Sohn 1950, S. 99–107.

Robert: Den Kämpfenden zugeeignet. In: Das andere Deutschland (Buenos Aires) 65/1943.

Roggausch, Werner: Das Exilwerk von Anna Seghers 1933–1939. Volksfront und antifaschistische Literatur. München 1979.

Roha, A.: Seghers Roman DAS SIEBTE KREUZ. In: Internationale Literatur (Moskau) 9/1943, S. 78–79.

Roos, Peter/Friederike J. Hassauer (Hg.): Anna Seghers. Materialienbuch. Darmstadt, Neuwied: Luchterhand 1977.

Schäfer, Susanne: Rezension zu Anna Seghers, DAS SIEBTE KREUZ. In: Die Zeit, 11.4.1980.

Schlenstedt, Dieter: Beispiel einer Rezeptionsvorgabe. Anna Seghers' Roman DAS SIEBTE KREUZ. In: Gesellschaft, Literatur, Lesen. Literaturrezeption in theoretischer Sicht. Hg. v. Manfred Naumann u. a. Berlin: Aufbau 1973, S. 381–418.

Staiger, Hans-Ulrich/Hans-Dieter Schwarzmann/Helmut Kern: Transit in Frankreich. Arbeitsmaterialien Deutsch. Fächerverbindender Unterricht: Deutsch/Französisch/Bildende Kunst. Klett: Stuttgart 1994.

Starke, Günther: Zur Spezifik der Textverflechtung in künstlerischer Prosa. In: Germanistik 3/1981, S. 300–313.

Stephan, Alexander: ... eine Art Zivilcourage, die ich sehr bewundere. Fred Zinnemann über seinen Film THE SEVENTH CROSS. Ein Gespräch mit A. Stephan. In: Argonautenschiff. Jahrbuch der Anna-Seghers-Gesellschaft Berlin und Mainz. 2/1993, S. 211–217.

Stephan, Alexander: Ce livre a pour moi une importance spéciale. DAS SIEBTE KREUZ. Entstehungs- und Manuskriptgeschichte eines Exilromans. In: Exil 2/1985.

Stephan, Alexander: Anna Seghers. DAS SIEBTE KREUZ. Welt und Wirkung eines Romans. Berlin: Aufbau 1996.

Stephan, Alexander: Anna Seghers' THE SEVENTH CROSS. Ein Exilroman über Nazideutschland als Hollywood-Film. In: Exilforschung Bd. 6/1988, S. 214–229.

Stephan, Alexander: Die deutsche Exilliteratur 1933–1945. Eine Einführung. München: Beck 1979.

Stephan, Alexander: Ein Exilroman als Bestseller. Anna Seghers' THE SEVENTH CROSS in den USA. Analyse und Dokumente. In: Exilforschung Bd. 3/1985, S. 238–257.

Stephan, Alexander: Vom Fortleben der Avantgarde im Exil. Das Beispiel Anna Seghers. In: Blätter der Carl-Zuckmayer-Gesellschaft 11/1985, S. 42–51.

Straub, Martin: Alltag und Geschichte in Anna Seghers' Roman DAS SIEBTE KREUZ. Studien zur Motivgestaltung. Phil. Diss. Jena 1977.

Straub, Martin: Anna Seghers und Alessandro Manzoni. Ein Beispiel produktiver Erbrezeption im Kampf gegen den Faschismus. In: Wissenschaftliche Zeitschrift der Friedrich-Schiller-Universität Jena 1/1974, S. 129–133.

Straub, Martin: Heislers Weg in das gewöhnliche Leben. In: Erzählte Welt. Hg. v. Helmut Brandt u. Nodar Kakabadse. Berlin: Aufbau 1978, S. 210–233.

Széepe, H.: Anna Seghers und die Tradition des deutschen politischen Zeitromans. In: Neue deutsche Hefte 1/1975, S. 112–118.

Trapp, Frithjof: Deutsche Literatur im Exil. Bern, Frankfurt, New York 1983.

W. K.: Rezension zu Anna Seghers, DAS SIEBTE KREUZ. In: Tägliche Rundschau, 21. 8. 1946.

Wagner, Frank: DAS SIEBTE KREUZ. Antifaschistische Widerstandsaktion und Bestandsaufnahme der Menschlichkeit. In: Ders.: ... der Kurs auf Realität. Das epische Werk von Anna Seghers 1934–1943. Berlin: Akademie-Verlag 1978, S. 114–176.

Waldinger, E.: Anna Seghers, DAS SIEBTE KREUZ und El Libro Libre. In: Solidarity (New York) April/Mai, 1943.

Walter, Hans-Albert: Das Bild Deutschlands im Exilroman. In: Neue Rundschau 3/1966. S. 437–458.

Walter, Hans-Albert: Eine deutsche Chronik. Das Romanwerk von Anna Seghers aus den Jahren des Exils. In: Anna Seghers aus Mainz. Main: Krach 1973, S. 13–47.

Winckler, Lutz: **Bei der Zerstörung des Faschismus mitschreiben.** Anna Seghers' Romane DAS SIEBTE KREUZ und DIE TOTEN BLEIBEN JUNG. In: Ders.: Antifaschistische Literatur. Bd. 3, Königstein/Ts.: Scriptor 1979, S. 172–201.

Winckler, Lutz: **Diese Realität der Krisenzeit.** Anna Seghers' Deutschlandromane 1933–1949. In: G. Eifler/A. M. Keim: Anna Seghers – Mainzer Weltliteratur, Mainz 1981, S. 71–97.

Winckler, Lutz: Die geistige Krise und die Rolle der antifaschistischen Literatur. In: Sammlung 2. Jahrbuch für antifaschistische Literatur und Kunst. Hg. v. U. Naumann. Frankfurt/M.: 1979. S. 6–15.

Winkler, Andreas/Elss, Wolfdietrich: Deutsche Exilliteratur 1933–1945. Primärtexte und Materialien zur Rezeption. Frankfurt 1982.

Winkler, Andreas: Probleme der Exilliteratur 1933–1945. In: Diskussion Deutsch 59/1981, S. 271–283.

Wolf, Christa: Nachwort. In: Anna Seghers: DAS SIEBTE KREUZ. Berlin: Aufbau 1964. Auch in A. Seghers: DAS SIEBTE KREUZ. Leipzig: Reclam 1967, 13. Aufl. 1971. Wiederabdruck u. a. in: Christa Wolf: Die Dimension des Autors. Aufsätze, Essays, Gespräche, Reden 1959–1985, Bd. 1, Berlin: Aufbau 1986, S. 263–278.

*Didaktische Literatur zum Roman »Das siebte Kreuz«*
*(chronologisch geordnet)*

Haas, Gerhard: Veränderung und Dauer. In: Der Deutschunterricht. Stuttgart, 20 (1968) 1, S. 69–78.

Urban, Werner: Möglichkeiten eines hochschulvorbereitenden Literaturunterrichts. Veranschaulicht an der Behandlung des Romans DAS SIEBTE KREUZ von Anna Seghers. In: Deutschunterricht. Berlin, 1/1968, S. 10–23.

Merkelbach, Valentin: Zur Rezeption systemkritischer Schriftsteller in der BRD. Erzählungen der Anna Seghers als Schullektüre. In: Diskussion Deutsch 10/1972, S. 389–413.

Literatur gegen Gewalt. Vorschlag für eine Unterrichtseinheit zu Anna

Seghers, *Das siebte Kreuz* und Bruno Apitz, *Nackt unter Wölfen*. In: Lesen – Darstellen – Begreifen. Lese- und Arbeitsbuch für den Literatur- und Sprachunterricht. Ausgabe A 9. Schuljahr. Frankfurt/M.: Hirschgraben 1974, S. 178–220.

Blumensath, Heinz/Uebach, Christel: Unterrichtsmodell zu Anna Seghers, *Das siebte Kreuz*. In: H. B./C. U.: Einführung in die Literaturgeschichte der DDR. Stuttgart: Metzler 1975, S. 17–24.

Köhler, Manfred/Saalfeld, Wolfgang/Schiller, Klaus: Antifaschistische Literatur 1933–1945. Frankfurt 1977.

Jaretzky, Reinhold/Taubald, Helmut: Das Faschismusverständnis im Deutschlandroman der Exilierten. Untersucht am Beispiel von Anna Seghers: *Das siebte Kreuz*, Lion Feuchtwanger: *Die Geschwister Oppermann* und Ödön von Horváth: *Ein Kind unserer Zeit*, einschließlich eines Vorschlags für die Behandlung im Unterricht. In: Sammlung 1. Jahrbuch für antifaschistische Literatur und Kunst. Hg. v. U. Naumann. Frankfurt /M.: Röderberg 1978, S. 12–36.

Naumann, Uwe: Plädoyer wider einen kopflastigen Antifaschismus. Überlegungen zur Didaktik und Methodik eines antifaschistischen Literaturunterrichts. In: Diskussion Deutsch 59/1981, S. 245–258.

Naumann, Uwe: Anna Seghers. *Das siebte Kreuz*. Materialien. Stuttgart: Klett 1981.

Eckhardt, Juliane: Die Werke von Anna Seghers im Literaturunterricht der BRD. In: G. Eifler/A. M. Keim: Anna Seghers – Mainzer Weltliteratur. Mainz 1981, S. 109–124.

Stundenentwurf zu Anna Seghers: *Das siebte Kreuz*. In: Unterrichtshilfen. Deutsche Sprache und Literatur. Klassen 11/12. Teil 2. Literaturunterricht Klasse 12. Hg. v. Wilfried Bütow. Berlin: Volk und Wissen 1981. S. 30–41.

Tischer, Heinz: Anna Seghers: *Das siebte Kreuz*. In: Deutsche Romane von Grimmelshausen bis Walser. Interpretationen für den Literaturunterricht. Bd. 2. Hg. v. J. Lehmann. Königstein/Ts.: Skriptor 1982, S. 313–338.

Delius, Annette: Anna Seghers' *Das siebte Kreuz* in einer 9. Klasse. In: Der Deutschunterricht, Stuttgart 2/1982, S. 32–41.

Winkler, Andreas/Elss, Wolfdietrich: Deutsche Exilliteratur 1933–1945. Primärtexte und Materialien zur Rezeption. Frankfurt 1982.

Merkelbach, Valentin: Rezeption und Didaktik von Anna Seghers' Roman *Das siebte Kreuz*. In: Diskussion Deutsch 73/1983, S. 532–550.

Ackermann, Michael: Der Roman des antifaschistischen Exils im Deutschunterricht. Pädagogische und historische Bestandsaufnahme. Exemplarische Romananalysen, ihre Didaktisierung und Möglichkeiten ihrer Präsentation im Unterricht, Phil. Diss. Hamburg 1983.

Ackermann, Michael: Was wissen Schüler über Exilliteratur? In: Diskussion Deutsch 15/1984, S. 104–109.

Ackermann, Michael: Schreiben über Deutschland im Exil. Irmgard Keun: *Nach Mitternacht;* Anna Seghers: *Das siebte Kreuz*. Stuttgart: Klett 1986.

Röpke, Roswitha: Methodische Entscheidungen zur Planung der Schülertätigkeit bei der pädagogisch gelenkten Aneignung des Romans *Das siebte Kreuz* von Anna Seghers. In: Methodische Beiträge zum Literaturunterricht Abiturstufe: Ein

Diskussionsangebot. Hg. v. Waldemar Freitag u. a., Berlin: Volk und Wissen 1989, S. 47–60.

Hilzinger, Sonja (Hg.): DAS SIEBTE KREUZ von Anna Seghers. Texte, Daten, Bilder. Frankfurt/M.: Luchterhand 1990.

Berkessel, Hans: DAS SIEBTE KREUZ – **an einem Ereignis die ganze Struktur des Volkes aufrollen.** Überlegungen zu einem Unterrichtsprojekt. In: Mainzer Geschichtsblätter, Heft 6, Mainz 1990, S. 49–68.

Hilzinger, Sonja: **Seghers will, daß der Leser Stellung bezieht und selbst aktiv wird.** Studierende lesen DAS SIEBTE KREUZ. In: Argonautenschiff. Jahrbuch der Anna-Seghers-Gesellschaft Berlin und Mainz, 2/1993, S. 247–259.

Prinsen-Eggert, Barbara: Werke von Anna Seghers in Lesebüchern der Bundesrepublik Deutschland in den Jahren 1980–1990. In: Argonautenschiff. Jahrbuch der Anna-Seghers-Gesellschaft Berlin und Mainz, 2/1993, S. 260–269.

Spies, Bernhard: Anna Seghers: DAS SIEBTE KREUZ. Interpretation. Frankfurt/M.: Diesterweg 1993.

Pasche, Wolfgang: Interpretationshilfen Exilromane. Klaus Mann, MEPHISTO. Irmgard Keun, NACH MITTERNACHT. Anna Seghers, DAS SIEBTE KREUZ. Stuttgart: Klett 1993.

Müller, Peter: Alltag im Faschismus und antifaschistischer Widerstand in Anna Seghers: DAS SIEBTE KREUZ. In: Raabits Deutsch/Literatur. Stuttgart: Raabe 1993.

Naumann, Uwe: Materialien. Anna Seghers DAS SIEBTE KREUZ. Stuttgart: Klett 1995.

Röttig, Sabine: Menschen auf der Flucht. Zu den beiden Flüchtlingsromanen DAS SIEBTE KREUZ und TRANSIT. In: Argonautenschiff. Jahrbuch der Anna-Seghers-Gesellschaft Berlin und Mainz, 4/1995, S. 205–212.

Spirek, Christiane: Autor und Heimat – Erarbeitet am Beispiel des Werks von Anna Seghers als literarische Spurensuche mit einem Leistungskurs 13. In: Argonautenschiff. Jahrbuch der Anna-Seghers-Gesellschaft Berlin und Mainz, 4/1995, S. 213–218.

Zimmer, Michael: Anna Seghers, DAS SIEBTE KREUZ. Erläuterungen, Interpretationen, Materialien. Hinweise zum Unterricht. Hollfeld: Beyer 1995.

# Zeittafel zu Leben und Werk

1900 19. November: Netty Reiling in Mainz, Parcusstraße 5, als einziges Kind von Isidor und Hedwig Reiling geboren. Der Vater betreibt eine Kunst- und Antiquitätenhandlung; die Mutter stammt aus einer angesehenen Frankfurter Kaufmannsfamilie. Die Familie Reiling bekennt sich zur orthodoxen Israelitischen Religionsgemeinschaft. Umzug in die Kaiserstraße.

1907 Besuch der Privatschule von Fräulein Goertz.

1910 Höhere Mädchenschule in der Petersstraße.

1914 Beginn des Ersten Weltkrieges. Einsatz von Netty Reiling und ihren Mitschülern zu Kriegshilfsdiensten.

1917 Schulbesuch an der Großherzoglichen Studienanstalt.

1918 11. November: Waffenstillstand. Mainz wird von französischen Truppen besetzt.

1919 Gründung der Weimarer Republik.

1920 5. Februar: Reifezeugnis.
20. April: Beginn des Studiums an der Badischen Ruprecht-Karls-Universität Heidelberg. Netty Reiling studiert Kunst- und Kulturgeschichte, Geschichte und Sinologie. Sie belegte Allgemeine Geschichte des 19. Jahrhunderts, Chinesische Umgangssprache, Sozialtheorie des Marxismus, die moderne Entwicklung in China und Japan, Einführung in die ägyptische Kunst. Bekanntschaft mit dem ungar. Emigranten László Radvanyi und Philipp Schaefer.

1921 Fortsetzung des Studiums in Köln. Kunstgeschichtliche Studien am ostasiatischen Museum.

1922 Zum Wintersemester Rückkehr nach Heidelberg.

1924 4. November: Promotion zum Dr. phil. mit der Dissertation JUDE UND JUDENTUM IM WERK REMBRANDTS.
In den Weihnachtsausgaben der *Frankfurter Zeitung und Handelsblatt* erscheint DIE TOTEN AUF DER INSEL DJAL. EINE SAGE AUS DEM HOLLÄNDISCHEN, NACHERZÄHLT VON ANTJE SEGHERS.

1925 10. August: Netty Reiling und László Radvanyi heiraten. Radvanyi wird aktiv in der Bildungsarbeit der KPD (Marxistische Arbeiterschule), nennt sich zuerst Johann, ab 1952 Johann-Lorenz Schmidt. Das Ehepaar wohnt in Berlin-Wilmersdorf, Helmstedter Straße 24.

1926 29. April: Geburt des Sohnes Peter.

1927 GRUBETSCH. Die Erzählung erscheint als Fortsetzungsdruck in der *Frankfurter Zeitung* und *Handelsblatt*.

1928 28. Mai: Geburt der Tochter Ruth.
AUFSTAND DER FISCHER VON ST. BARBARA, Erzählung, erscheint im Kiepenheuer Verlag. Verleihung des Kleistpreises auf Vorschlag von Hans Henny Jahnn.
Gründung des Bundes proletarisch-revolutionärer Schriftsteller. Anna Seghers – so fortan der

Schriftstellername – wird Mitglied. Sie tritt der KPD bei.
1929 Beginn der Weltwirtschaftskrise. Auf Einladung des P.E.N. Clubs Reise nach London.
1930 *Auf dem Wege zur amerikanischen Botschaft und andere Erzählungen.* Erste Reise in die Sowjetunion. Teilnahme an der Konferenz proletarischer und revolutionärer Schriftsteller in Charkow. Anfang der dreißiger Jahre Umzug der Familie Radvanyi in die Grunewaldsiedlung, Berlin-Zehlendorf, Am Fischtal.
1932 *Die Gefährten.* Roman. Teilnahme am Antikriegskongress in Amsterdam.
1933 *Der Kopflohn. Roman aus einem deutschen Dorf im Spätsommer 1932,* erscheint im Querido Verlag, Amsterdam. 30. Januar: Hitler wird zum Reichskanzler ernannt. Anna Seghers flieht in die Schweiz, sie findet Zuflucht bei Kurt Kläber, Redaktionsmitglied der *Linkskurve.* Von dort Weiterfahrt nach Frankreich, wo die Familie zusammentrifft. Gemeinsam mit Wieland Herzfelde, Oskar Maria Graf und Jan Petersen. Mitherausgeberin der Exilzeitschrift *Neue Deutsche Blätter* (1933–1935). In Paris beteiligt sie sich an der Neugründung des ›Schutzverbandes Deutscher Schriftsteller‹, dessen Vorsitzender Heinrich Mann wird.
1934 Reise nach Österreich nach der Niederschlagung des Aufstandes gegen die faschistische Regierung Dollfuß. Anna Seghers beobachtet einen Prozess gegen Beteiligte des Wiener Februar-Aufstandes. Mitarbeit bei der internationalen Kampagne für die Freilassung Ernst Thälmanns. Die Reportage-Erzählung *Der letzte Weg des Koloman Wallisch* erscheint in den *Neuen Deutschen Blättern.* In der Sowjetunion verfilmt Erwin Piscator die Erzählung *Aufstand der Fischer von St. Barbara.* Erste Verfilmung eines Werkes von Anna Seghers.
1935 *Der Weg durch den Februar.* Roman. Wanderung durch das belgische Bergbaugebiet Borinage. Rede *Vaterlandsliebe* auf dem I. Intern. Schriftstellerkongress zur Verteidigung der Kultur in Paris vom 21. bis 25. Juni. Johann Schmidt wird Leiter der Freien Deutschen Hochschule in Paris.
1937 *Die Rettung.* Roman. Teilnahme am II. Intern. Schriftstellerkongress im republikanischen Spanien. Bei Madrid Begegnungen mit Interbrigadisten. Im Flämischen Rundfunk, Antwerpen, wird das Hörspiel *Der Prozess der Jeanne d'Arc zu Rouen 1431* uraufgeführt. Erstdruck in der Moskauer Zeitschrift *Internationale Literatur.*
1938 Außerordentlicher (III.) Internationaler Schriftstellerkongress in Paris; Rede von Anna Seghers. Zwischen Juni 1938 und März 1939 Briefwechsel zu Fragen des Realismus mit dem in Moskau lebenden Ungarn Georg Lukács. Gründung der *Zeitschrift für Freie deutsche Forschung,* deren Redakteur Johann Schmidt wird.
1939 Beginn des Zweiten Weltkrieges. Der Vorabdruck des antifaschistischen Romans *Das siebte*

|      | Kreuz in der Zeitschrift *Internationale Literatur*. *Deutsche Blätter* wird nach den Verträgen zwischen dem Deutschen Reich und der Sowjetunion eingestellt. |
| ---- | --- |
| 1940 | DIE SCHÖNSTEN SAGEN VOM RÄUBER WOYNOK. SAGEN VON ARTEMIS erscheinen bei Meshdunarodnaja Kniga in Moskau. Bei Kriegsausbruch wird Seghers Mann im südfranzösischen Lager Le Vernet interniert. Anna Seghers muss sich mit den Kindern nach gescheiterter Flucht vor der deutschen Wehrmacht in Paris verbergen. Ein zweiter Fluchtversuch ins unbesetzte Gebiet gelingt mithilfe von Jeanne Stern. |
| 1941 | Entlassung Johann Schmidts aus dem Internierungslager. Vom 24. März bis 30. Juni Flucht der Familie auf einem Transportschiff von Marseilles über San Domingo nach Ellis Island (USA). Da für die USA kein Bleiberecht erteilt wird, Weiterfahrt nach Veracruz, danach Mexiko City. In Mexiko City Mitbegründerin und Präsidentin des Heinrich-Heine-Klubs. Mitarbeit an der Zeitschrift *Freies Deutschland*. Johann Schmidt wird Professor an der Arbeiter-Universität Mexiko, 1944 auch an der National-Universität. |
| 1942 | DAS SIEBTE KREUZ. ROMAN AUS HITLERDEUTSCHLAND erscheint zuerst auf Englisch in den USA und wird durch Ausgaben z. B. im Book-of-the-Month Club, in der Armed Services Edition (für die US Army), in Comic-Strip-Version ein großer Erfolg. Eine deutsche Ausgabe erscheint fast zeitgleich im Exilverlag El Libro Libre, Mexiko. |
|      | Die Mutter Hedwig Reiling wird nach Piaski bei Lublin (Polen) deportiert. Sie kommt um. |
| 1943 | Schwerer Verkehrsunfall in Mexiko, langer Krankenhausaufenthalt. Während der Rekonvaleszenz Arbeit an DER AUSFLUG DER TOTEN MÄDCHEN. |
| 1944 | TRANSIT. Roman, zuerst in Spanisch, Englisch und Französisch. Verfilmung des Romans DAS SIEBTE KREUZ durch Fred Zinnemann in Hollywood. |
| 1946 | DER AUSFLUG DER TOTEN MÄDCHEN UND ANDERE ERZÄHLUNGEN erscheint im Aurora Verlag, New York. DAS SIEBTE KREUZ erscheint zum erstenmal in Deutschland im Aufbau-Verlag. 1. Februar: Abschiedsabend des Heinrich-Heine-Klubs. Anna Seghers erhält im März die mexikanische Staatsbürgerschaft. |
| 1947 | Rückreise nach Deutschland über New York, Stockholm, Paris. Am 22. April trifft Anna Seghers in Berlin ein. Am Tag des freien Buches, dem 10. Mai, spricht sie vor der nachmaligen Humboldt-Universität Unter den Linden. Verleihung des Georg-Büchner-Preises der Stadt Darmstadt am 20. Juli. Rede auf dem I. Deutschen Schriftstellerkongress, 4.–8. Oktober: DER SCHRIFTSTELLER UND DIE GEISTIGE FREIHEIT. |
| 1948 | SOWJETMENSCHEN. LEBENSBESCHREIBUNGEN NACH IHREN BERICHTEN, Berlin. Der Roman TRANSIT erscheint zum erstenmal in deutscher Sprache bei Weller, Konstanz, ebenfalls dort die Erzählung DAS ENDE in einer zweisprachigen |

deutsch-französischen Ausgabe (Übersetzung von Jeanne Stern). Reise mit einer Delegation der ›Gesellschaft zum Studium der Kultur der Sowjetunion‹ im April in die Sowjetunion. Teilnahme im August am Weltkongress der Kulturschaffenden in Wroclaw (Breslau), Auftakt der Nachkriegs-Friedensbewegung.

1949 *Die Toten bleiben jung.* Roman. *Die Hochzeit von Haiti.* Zwei Novellen. Teilnahme am Weltkongress der Kämpfer für den Frieden (Weltfriedenskongress) in Paris. Gründung der BRD im Mai und der DDR im Oktober. In der DDR breitet sich ein Klima des Misstrauens gegenüber der einstigen Emigration außerhalb der Sowjetunion aus.

1950 *Die Linie.* Drei Erzählungen. Mitarbeit am ›Stockholmer Appell‹ des Weltfriedensrates zum Verbot und zur Ächtung aller Atomwaffen. Mitglied des Weltfriedensrates. Gründungsmitglied der Dt. Akademie der Künste. Im Juni Eröffnungsrede auf dem II. Dt. Schriftstellerkongress: *Den Toten zum Gedenken.*

1951 *Crisanta.* Mexikanische Novelle. *Die Kinder.* Drei Erzählungen. Der Aufbau-Verlag beginnt mit der Edition ›Gesammelter Werke in Einzelausgaben‹. Reise nach China. Nationalpreis I. Klasse der DDR (spätere 1959 und 1971), Intern. Stalin-Friedenspreis. Das 5. Plenum der ZK der SED deklariert den ›Kampf gegen den Formalismus in der Kunst und Literatur‹.

1952 *Der Mann und sein Name.* Erzählung.

Johann-Lorenz Schmidt kehrt aus Mexiko zurück und wird Professor für Wirtschaftswissenschaften an der Humboldt-Universität zu Berlin, später an der Akademie der Wissenschaften. Auf dem III. Dt. Schriftstellerkongress vom 22. bis 25. Mai wird Anna Seghers zur Vorsitzenden gewählt. VEB Röhrenwerk Neuhaus erhält den Namen ›Anna Seghers‹.

1953 *Der Bienenstock.* Ausgewählte Erzählungen in zwei Bänden, darin zum erstenmal *Das Argonautenschiff, die Rückkehr, der erste Schritt, Friedensgeschichten.* *Frieden der Welt.* Ansprachen und Aufsätze 1947–1953. Tod Stalins. Am 17. Juni Arbeiteraufstand in der DDR. Ende Juni diskutiert Anna Seghers mit Berliner Bauarbeitern. Teilnahme am Dt. Friedenstag in Weimar.

1954 Teilnahme am II. sowjetischen Schriftstellerkongress in Moskau. Studien im Tolstoi-Archiv in Moskau.

1955 Hörspielfassung des Romans *Das siebte Kreuz* durch Hedda Zinner, Sendung am 2. Februar.

1956 Rede *Der Anteil der Literatur bei der Bewusstseinsbildung des Volkes* auf dem IV. Dt. Schriftstellerkongress. Aufstand in Ungarn und sowjetische Intervention. Anna Seghers versucht Georg Lukács zu helfen. Walter Janka, der Leiter des Aufbau-Verlages, wird im Dezember verhaftet und beschuldigt, an staatsfeindlichen Verbindungen teilgenommen zu haben. Anna Seghers veranlasst eine Resolution Berliner Schriftsteller, die

Anhang 183

Janka entlasten soll. Sie wird beim 1. Sekretär der SED, Walter Ulbricht, vorstellig.
1957 Prozess gegen Walter Janka u.a.
1958 *Brot und Salz*. Drei Erzählungen.
1959 *Die Entscheidung*. Roman. Ehrendoktorwürde der Friedrich-Schiller-Universität Jena.
1960 Vaterländischer Verdienstorden in Gold.
1961 *Das Licht auf dem Galgen*. Erzählung.
Rede über *Tiefe und Breite in der Literatur* auf dem V. Dt. Schriftstellerkongress. Schiffsreise nach Brasilien und Besuch Jorge Amados.
1962 Nach öffentlicher Polemik erscheint im Luchterhand Verlag die erste Ausgabe des Romans *Das siebte Kreuz* in der BRD.
1963 *Über Tolstoi. Über Dostojewski*. Essays.
Im Luchterhand Verlag beginnt die erste siebenbändige Ausgabe der *Ausgewählten Werke* für die BRD zu erscheinen.
Teilnahme an der Kafka-Konferenz in Liblice bei Prag. Streit um die Aktualität Kafkas und die Entfremdung zwischen Individuum und Gesellschaft im Sozialismus. Zweite Brasilienreise.
1965 *Die Kraft der Schwachen*. Neun Erzählungen.
14.–22. Mai: Intern. Schriftstellertreffen in Berlin und Weimar, *Ansprache in Weimar*.
Karl-Marx-Orden der DDR.
1966 Rede auf der I. Jahreskonferenz des Schriftstellerverbandes: *Die Aufgaben des Schriftstellers heute. Offene Fragen*.
1967 *Das wirkliche Blau. Eine Geschichte aus Mexiko*.
1968 *Das Vertrauen*. Roman.

1971 *Überfahrt. Eine Liebesgeschichte*.
1973 *Sonderbare Begegnungen*.
Begrüßungsrede auf dem VII. Dt. Schriftstellerkongress: *Der sozialistische Standpunkt lässt am weitesten blicken*. Der Verband nennt sich von jetzt ab Schriftstellerverband der DDR.
1975 Kulturpreis des Weltfriedensrates. Verleihung der Ehrenbürgerschaft von Berlin (Ost).
Der Aufbau-Verlag beginnt eine zweite Edition der *Gesammelten Werke in Einzelausgaben* mit allen veröffentlichten Erzählungen und mit ausgewählten Essays (14 Bände).
1977 *Steinzeit. Wiederbegegnung*. Zwei Erzählungen.
Edition der *Werke in zehn Bänden* bei Luchterhand.
Verleihung der Ehrenbürgerwürde der Johannes-Gutenberg-Universität Mainz.
1978 Rücktritt als Präsidentin des Schriftstellerverbandes der DDR, sie wird Ehrenpräsidentin.
Am 3. Juli stirbt László Radvanyi.
1980 *Drei Frauen aus Haiti*.
1981 Bühnenfassung des Romans *Das siebte Kreuz* durch Bärbel Jacksch und Heiner Maaß, Premiere am 11. 4. 1981 am Mecklenburgischen Staatstheater Schwerin. Verleihung der Ehrenbürgerschaft der Stadt Mainz.
1983 Anna Seghers stirbt am 1. Juni. Staatsakt in der Akademie der Künste. Beisetzung auf dem Dorotheenstädter Friedhof in Berlin-Mitte neben ihrem Mann.
1990 *Der gerechte Richter*. Fragment.
1991 Gründung der Anna-Seghers-Gesellschaft Berlin und Mainz.